低空经济蓝皮书

钟惠波 高兴 编著

中国青年出版社

低空经济蓝皮书
编委会

顾　　问：
　　秦志辉　北京理工大学校务委员会副主任、国家中小企业创新研究院名誉院长

主　　编：
　　王兆华　北京理工大学经济学院院长、国家中小企业创新研究院院长

副 主 编：
　　李金铠　北京理工大学经济学院特聘教授、绿色低碳发展研究中心主任
　　金铁鹰　中国中小企业发展促进中心政策研究处处长
　　王　科　北京理工大学人文社会科学研究院院长
　　陈柏强　北京理工大学技术转移中心主任

执行主编：
　　钟惠波　北京理工大学经济学院院长助理、国家中小企业创新研究院副院长

编委会成员：
　　黄　璐　北京理工大学经济学院院长助理/教授
　　韩　燕　北京理工大学经济学院教授

李　明　原中国直升机设计研究所国家重点实验室副总师
石　霖　中国信息通信研究院人工智能研究所高级工程师
刘媛媛　北京理工大学（珠海）社会科学学域工作办公室
　　　　副主任
周　婧　北京理工大学经济学院副教授
孟晓丹　北京理工大学人文社会科学研究院助理研究员
文　雯　北京理工大学经济学院助理教授
王可第　北京理工大学经济学院助理教授
高　兴　北京理工大学经济学院助理教授
许克维　北京理工大学经济学院助理教授
韩　娜　中国中小企业发展促进中心政策研究处博士
范秋辞　马上消费金融科技研究分院院长

撰　稿　人：
钟惠波　北京理工大学经济学院院长助理、国家中小企业
　　　　创新研究院副院长
高　兴　北京理工大学经济学院助理教授

序 言

当前,世界正经历百年未有之大变局,新一轮科技革命和产业变革深入发展。技术进步与经济变革正以前所未有的速度交织融合,全球经济格局面临深刻重塑。党的二十大以来,围绕"发展新质生产力、推动高质量发展",不断完善支持创新发展的政策体系。低空经济作为战略性新兴产业,正以其独特的创新活力和广阔的发展空间,成为推动经济高质量发展的重要新引擎。2023年,习近平总书记在中央经济工作会议中首次提出发展低空经济等战略性新兴产业的重大部署,2024年全国两会更是首次将"低空经济"写入政府工作报告,充分彰显了党中央对这一新兴领域的高度重视和战略定位。这不仅是对新质生产力的重要布局,更是对未来发展新空间的战略谋划。

低空经济既是对传统产业链的系统性重塑,也为未来经济形态提供了多维度的想象空间。低空经济以近地空域为核心业务场景,通过飞行器的制造、管控与业务拓展,将能源、材料、人工智能等前沿领域最新成果有机融合,推动构建起"产—学—研—用"多位一体的创新驱动发展新模式,为维护国家发展和安全利益筑牢根基。低空经济是对传统产业链条的创新重塑,也是对地表平面经济活动的立体拓展。在低空空域高效开展经济活动,将有助于打破传统平面式产业格局,实现经济发展的"三维空间"拓展。这不仅关乎产业的升级，还涉及物流运输、应急救援、城市治理、旅游观光、农业植保等众多领域。因此，在数智技术与能源动力技术快速发展的今天，低空经济正成为新一轮全球竞争的战略焦点。

我们应充分认识到低空经济对我国经济社会发展的重要意义。低空经济的崛起，不仅为传统产业转型升级提供了新动能，也为区域协调发展、绿色发展和增进民生福祉开辟了新路径。通过低空经济与数字经济的深度融合，我们可以构建更加智能化、高效化的产业体系；通过低空经济的区域协作与开放合作，我们能够推动区域间资源的优化配置，促进人与自然的和谐共生；通过低空经济的国际化发展，我们有机会在全球治理体系中发挥更大的影响力。

从国家层面看，发展低空经济是深入推进供给侧结构性改革、激发创新活力、完善现代化产业体系的重要抓手。既要推动低空空域管理改革和基础设施完善，更需在技术创新、制度建设和人才培养领域持续加力，夯实发展根基。中央明确提出要加强顶层设计与政策支持，鼓励绿色与高质量增长，让低空经济在绿色转型和可持续发展上发挥更大作用。低空经济的发展还将为区域协同和对外开放注入新动能。随着国家相关改革试点工作不断激活空域资源，地方政府积极探索军地民融合的低空监管模式，各类市场主体与社会力量的创新活力也将得到有效释放。同时，广泛参与国际合作与全球治理，也将有助于我国在技术标准、产业规范方面赢得更多话语权，彰显大国担当与责任。

然而，低空经济的发展也面临诸多挑战。如何完善低空空域管理体制？如何加强基础设施建设与技术创新？如何制定科学的政策体系以保障低空经济的绿色可持续发展？这些问题都需要我们深入研究、系统谋划。本书正是在这样的背景下应运而生。

由北京理工大学国家中小企业创新研究院组织编写的《低空经济蓝

皮书》，从"战略架构、产业发展、协同普惠、开放合作"等多元维度切入，全方位、深层次地剖析了我国低空经济的发展状况。一方面，系统梳理低空经济的发展脉络。清晰呈现了从政策引领到技术创新、从基础设施建设到应用场景拓展等各方面取得的显著成就，归纳了"空域管理、技术瓶颈"等发展面临的现实困难，力求精准把握低空经济的发展现状。另一方面，凭借理工大学深厚的科研底蕴与敏锐的产业洞察，蓝皮书深入研判了低空经济的发展趋势，对产业结构演进方向、关键技术突破路径、市场需求变动取向等作出了前瞻性预测，为低空经济的未来发展勾勒蓝图。

尤为值得一提的是，本书有清晰的价值主线。无论是对低空产业形态的畅想、还是对低空空域规划的描绘、抑或对低空制度框架的构建，都落脚于三对基本关系的探讨之上：一是普惠与效率，力求在推动低空经济高速前行的进程中，确保发展成果能广泛且均衡地惠及不同区域、不同群体，让低空经济成为促进机会公平的有力杠杆；二是发展与安全，在助力低空产业规模持续壮大之际，时刻坚守安全底线，全方位保障国防、经济、环境乃至居民生命财产安全，实现稳健发展与风险防控的动态平衡；三是有为政府与有效市场，清晰界定政府在低空经济发展中的职责范畴与行动边界，充分激发市场机制活力，形成政府引导、市场主导的协同发展新局面。

展望未来，低空经济必将在推动产业升级、促进区域协调发展、增进民生福祉等方面发挥越来越重要的作用。期待本书能为政府决策提供参考，为产业发展提供指引，为广大读者开启认识和把握低空经济的新视野，为完善我国低空经济制度框架、优化产业环境、推进关键技术创新提供有益的启示和助力，共同推动中国低空经济的蓬勃发展。

编委会
2025 年 1 月

目 录

前 言 / 001

第一篇 低空经济发展综述

第一章 低空经济定义与发展环境 / 003
  一、低空经济概念介绍 / 003
  二、低空飞行器种类与应用场景 / 003
  三、低空经济发展环境演变 / 007

第二章 低空经济发展成就与现状 / 011
  一、顶层设计不断增强 / 011
  二、创新活力持续迸发 / 013
  三、发展之路任重道远 / 014
  四、中小企业中坚力量 / 015

第三章 低空经济研究进展 / 021
  一、低空经济基础设施评估与规划研究 / 021
  二、低空经济基础设施选址与可达性探讨 / 030
  三、中小企业与低空经济发展 / 034
  四、国内外低空经济研究知识图谱分析 / 045

第二篇 低空经济发展战略与规划

第四章 发展战略与指导方针 / 067
一、发展指导思想 / 067
二、发展遵循原则 / 068
三、发展战略导向 / 069

第五章 发展目标与规划展望 / 071
一、主要目标 / 071
二、未来五年重点 / 073
三、政策建议与未来展望 / 075

第六章 规划实施保障机制 / 079
一、健全统一低空经济规划体系 / 079
二、完善低空经济规划实施机制 / 081
三、加强国家低空法治建设 / 082
四、构建低空经济监管体系 / 087

第三篇 低空经济创新驱动与产业发展

第七章　坚持创新驱动发展 / 095
　　一、强化国家低空战略科技力量 / 095
　　二、提升低空产业技术创新能力 / 103
　　三、激发低空经济人才创新活力 / 115
　　四、完善低空科技创新体制机制 / 122

第八章　夯实现代低空产业体系建设 / 129
　　一、深入实施低空制造强国战略 / 129
　　二、发展壮大战略性低空产业 / 136
　　三、促进低空服务业繁荣发展 / 140
　　四、建设现代化低空基础设施体系 / 146

第九章　推动产业数字化与智能化转型 / 152
　　一、打造数字低空经济新优势 / 152
　　二、加快数字低空经济建设步伐 / 158
　　三、提高数字政府监管建设水平 / 163
　　四、完善低空经济数据管理体系 / 166
　　五、营造良好数字低空经济生态 / 168

第四篇 低空经济区域协同与普惠发展

第十章 优化区域低空经济布局 / 175
一、优化低空空域开发保护格局 / 175
二、深入实施低空区域重大战略 / 178
三、深入实施低空区域协调发展战略 / 182

第十一章 推动中小企业聚力低空经济 / 190
一、低空经济拓展中小企业发展空间 / 190
二、低空经济助力中小企业专精特新发展 / 196

第十二章 促进普惠发展与社会福祉增进 / 205
一、构建高水平低空市场经济体制 / 205
二、低空经济助力乡村振兴 / 216
三、低空经济保障弱势群体基本权益 / 224

第十三章 推动绿色低空经济发展 / 228
一、提升低空生态系统质量和稳定性 / 228
二、持续改善低空环境质量 / 236
三、加快低空发展方式绿色转型 / 240

第五篇 低空经济开放合作与安全保障

第十四章 对外开放与国际合作 / 249
一、建设更高水平开放型低空经济新体制 / 249
二、推动共建"一带一路"低空经济高质量发展 / 261
三、积极参与低空经济全球治理体系改革和建设 / 270

第十五章 安全保障体系建设 / 277
一、加强低空经济国家安全体系和能力建设 / 277
二、强化国家低空经济安全保障 / 283
三、全面提高低空公共安全保障能力 / 290

第十六章 国防现代化与军民融合 / 300
一、提高低空国防和军队现代化质量效益 / 300
二、促进低空国防实力和经济实力同步提升 / 302
三、深化低空赋能军民融合 / 304

前 言

近年来，伴随着数智技术与能源动力技术的快速发展，低空经济丰富的创新动能与广阔的成长空间逐步彰显，已经成为经济高质量发展的重要支撑与新一轮全球竞争的战略焦点。低空经济（Low-altitude economy），顾名思义，是利用低空空域（通常指1000米以下空域，视地区特性和实际需求可扩展至3000米以下空域）进行经济活动的产业集合。既是以"低空+"对传统产业链条的改造与重塑，也是对地表平面式经济活动在三维空间中的拓展，正逐步成为决策层在产业发展领域的关注重点和工作重心。2023年，习近平总书记在中央经济工作会议中首次提出，要从"发展新质生产力、推动高质量发展"的战略高度，打造"低空经济等若干战略性新兴产业"。在2024年全国两会中，低空经济首次被写入政府工作报告。随后，党的二十届三中全会审议通过《中共中央关于进一步全面深化改革、推进中国式现代化的决定》，明确发展通用航空和低空经济。

作为新兴产业形态，低空经济具有"链条重塑"和"维度拓展"的双重特征。一方面，尽管其拥有如"eVTOL、无人机"等特色鲜明的飞行器产品，却不以产品的生产流通作为市场价值的主要实现方式，而是以飞行器在各类产业情景中的多样化应用与深度交互为主要手段。因此，发展低空经济不仅是延长旧有产业链条或打造新兴产业节点，还应着力于探索"低空"概念在现有产业中的渗透场景与交互空间，本质上是对产业链条进行系统性重塑。另一方面，低空飞行器的作业区域集中在近地空域，既受到地形、气候等自然地理条件的严格约束，又与地表的社会经济行为紧密交织。因此，低空经济发展不能脱离地表的实际情况而孤立进行，而是要以地表二维平面的"交通、物流、医疗、旅游"等社会经济活动为基础，在三维空间中做延伸和拓展。

无论是对传统产业链条的系统性重塑，还是对平面经济活动的三维拓展，促进低空经济发展都离不开对现有社会经济体系的深入观察，从而全方位把握低空经济的发展态势与未来方向。由此，北京理工大学国家中小企业创新研究院从"创新协同、区域协作、开放合作"等角度切入，全方位、多领域梳理低空经济发展现状，明确发展目标并提出改进措施，致力于实现三个目标：第一，理清低空经济发展现状。通过文献检索、政策解读与应用场景分析，勾勒低空技术的演进脉络，把握低空基础设施的建设情况，并阐述低空应用场景的探索进展。第二，研判低空经济发展趋势。通过在不同领域、不同层面审视低空经济的发展空间、表现形式与面临挑战，系统刻画未来低空经济的形态结构与运行模式。第三，设计低空经济发展可行策略。因地制宜探讨低空经济发展目标与实现路径，为政府科学出台低空政策提供参考依据及工具抓手，为相关低空主体的市场布局与战略规划提供方向指引与行动指南。

报告全面梳理了低空经济发展现状，系统呈现了低空未来发展图景，并结合区域、行业等场景特征因地制宜探讨了低空经济建设思路。力求突破以单一视角对低空经济做评估与规划的局限性，实现效率与普惠的统一、发展与安全的统一，兼顾全国一盘棋下的顶层设计与细分领域特色发展的主观能动性，为低空经济领域的实践者、研究者和政策制定者呈现一份兼具深度与广度的参考资料，助力低空经济发展行稳致远、新质生产力培育走深走实。全文分为五篇：第一篇为低空经济发展综述。明确界定低空经济概念与发展环境，系统梳理低空经济发展成就与现状，并详细介绍低空经济领域学术研究进展。第二篇为低空经济发展战略与规划。凝练发展低空经济的出发点和落脚点，统筹低空发展框架与制度体系。第三篇为低空经济创新驱动与产业发展。梳理创新驱动低空产业发展的体制机制，探讨低空经济重塑现代产业体系的思路方法，并就数字经济与低空经济融合发展提出策略建议。第四篇为低空经济区域协同与普惠发展。展望低空经济促进区域协调、增进社会福祉、促进人与自然和谐共生的广阔前景。第五篇为低空经济开放合作与安全保障，归纳低空经济对外开放和全球治理的主要内容与行动方案，探讨低空安全保障的具体内涵与框架体系，并就低空赋能军民融合的路径机理给出参考方案。

第一篇
低空经济发展综述

低空经济，这一曾被视为科幻电影情节的未来产业，正在悄然成为全球经济转型与科技革新的重要引擎。低空经济与航空、物流、旅游、农业、城市治理等多个领域相融合，以1000米以下空域为舞台（视地区特性和实际需求可扩展至3000米以下空域），构建了一幅科技与商业交织、产业与社会共生的新图景。低空经济的发展，不仅关乎技术进步，更是经济形态、政策架构和社会理念的多维变革。

本篇综述立足低空经济的概念与内涵，深入剖析其在技术革新和应用场景中的多元化表现。我们将从飞行器类型演变与基础设施规划展开，展示其如何融入多领域生态，重塑传统产业格局。通过对国际国内环境的对比分析，勾勒出低空经济在不同发展模式中的共性与差异。在回顾低空经济发展历程时，我们聚焦低空经济早期的成果与突破，描绘了政策驱动、技术进步和市场需求交织下低空领域的发展脉络。在本篇结尾，我们运用知识图谱方法，分析国内外低空经济研究的热点趋势与协作网络，勾勒未来发展方向。

低空经济的价值不仅在于技术创新，更在于其对社会经济形态的深刻重构。通过第一篇内容，我们希望为低空经济的实践者、研究者和政策制定者提供启发，共同开创这片崭新的蓝天领域，探寻低空未来无限的可能性。

第一章
低空经济定义与发展环境

一、低空经济概念介绍

低空经济是指利用低空空域（通常指1000米以下空域，视地区特性和实际需求可扩展至3000米以下空域）进行经济活动的产业集合。这种经济模式以各类飞行器为基础（如直升机、无人机等），涵盖了商业、运输、物流、旅游、农业、应急救援等多个领域。具体而言，各类飞行器在不同空域中的任务作业与商业活动构成了低空经济的基本框架（如图1-1所示[1]）。

二、低空飞行器种类与应用场景

（一）低空飞行器主要类别

无人机（Drone）：无人机是低空经济中的核心飞行器，广泛应用于物流、

---

[1] 当前我国低空经济处于起步阶段，对空域资源的利用程度有限，仅1000米以下部分空域得到开发使用，1000～3000米空域尚未开发。

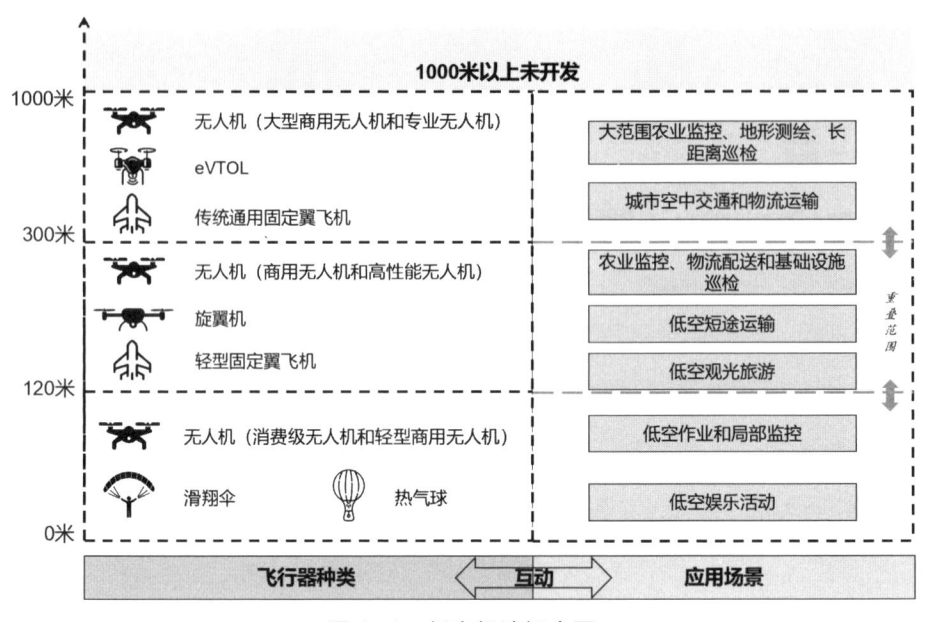

图 1-1 低空经济概念图

农业监控、基础设施巡检、快递、摄影、灾难救援等领域。无人机能够在低空进行自动化操作，尤其在"最后一公里"配送和偏远地区运输中具有显著优势。无人机的分类也很广泛，既有小型消费级无人机，也有大型商用和工业无人机。

电动垂直起降飞行器（eVTOL）：电动垂直起降飞行器是低空城市空中交通（Urban Air Mobility，UAM）的重要组成部分。这类飞行器能够像直升机一样垂直起降，同时在飞行中具有更高效的电动推进系统，被视为未来城市中短途交通的一种潜在解决方案。当前，众多公司纷纷投身于 eVTOL 飞行器的研发。其应用场景广泛，涵盖空中出租车、城市快递和急救医疗运输等。

直升机（Helicopter）：直升机是传统的低空飞行器，广泛用于旅游观光、医疗急救、石油勘探、海上救援、建筑施工等领域。因其具备垂直起降和悬停能力，在低空作业时灵活性极高，特别是在地形复杂区域扮演着关键角色，如山区救援；或者无跑道条件的区域，像海上钻井平台救援等场景中，发挥着不可替代的重要作用。

轻型固定翼飞机（Light Aircraft）：轻型固定翼飞机在低空经济里主要用于短途运输、飞行训练、观光旅游和农业喷洒等任务。这类飞机通常起飞和降落距离较短，能够在偏远地区的小型机场顺利起降，适用于空域相对空旷的地区。例如，在一些农业大县，轻型固定翼飞机用于大面积农田的农药喷洒作业，相比传统人工喷洒，大大提高了作业效率，降低了成本。

热气球和滑翔伞（Hot Air Balloon & Paragliding）：热气球和滑翔伞属于非动力飞行器，主要用途集中在旅游观光、娱乐和运动活动方面。由于其飞行高度较低且速度较慢，在风景秀丽的自然景区中能够为游客提供别具一格的飞行体验。尽管它们在整体低空经济中的价值相对较小，但在特色旅游市场等领域中仍具有一定的吸引力和发展空间。

旋翼机（Gyrocopter）：旋翼机是一种介于直升机和固定翼飞机之间的独特飞行器，它依靠旋翼产生升力，发动机则提供向前的推进动力。旋翼机结构相对简单、制造成本较低、操作较为灵活，适用于低空短途飞行。因此，它们主要应用于个人娱乐飞行，让飞行爱好者尽情享受飞行乐趣；飞行教学，为培养飞行人才提供了经济实惠的训练工具；以及小型作业任务，如一些小型区域的巡查工作等。

在低空经济的广阔领域中，不同类型的飞行器各有千秋，无人机凭借其自动化和多领域适用性引领创新潮流；电动垂直起降飞行器着眼于未来城市交通变革；直升机以其传统优势应对复杂环境作业；轻型固定翼飞机在特定区域和任务中发挥专长；热气球和滑翔伞为特色旅游增添色彩；旋翼机则在小众和基础飞行需求方面独具价值。它们相互补充、协同发展，共同推动低空经济不断迈向新的高度。

（二）低空飞行器应用场景

物流配送：无人机与轻型飞机正深刻变革传统物流格局。在偏远地区，无人机能够突破地理阻碍，高效地将物资精准投送。例如，在一些山区快递配送中，无人机成功解决了因道路崎岖导致运输不便的难题，使得物资配送时间大幅缩短。而在城市快递的"最后一公里"环节，无人机的灵活机动性得以充分发挥。像京东无人机配送项目，已在部分区域进行常态化运营，有效提升了城市末端配送效率，降低了物流成本，逐步重塑传统物流体系。

城市空中交通：eVTOL飞行器正积极投身空中出租车服务的测试探索。诸多企业纷纷布局，如亿航智能，其研发的eVTOL飞行器在城市特定区域的试运行中，展现出在缓解地面交通拥堵方面的巨大潜力。它能够利用垂直起降功能，在高楼大厦间灵活穿梭，为未来城市中短途交通提供了极具创新性的解决方案，有望让城市通勤更加高效便捷。

农业监测和喷洒：无人机和轻型飞机已深度融入农业生产流程，在农业领域的精确监测与化学喷洒作业方面成果斐然。无人机凭借其高分辨率的图像采集和数据分析能力，能够精准识别农作物的生长状况、病虫害情况等。例如，大疆农业无人机，在全国众多大型农场的应用中，帮助农户提前发现病虫害隐患，及时采取防治措施，有效提高了农作物产量与质量。轻型飞机则在大面积农田的化学喷洒作业上具备速度和覆盖范围优势，两者协同作业，极大地推动了农业生产效率的提升。

旅游和观光：热气球、直升机和滑翔伞等低空飞行器为游客们打造了别具一格的旅游体验。乘坐热气球，游客可悠然欣赏大地的广袤美景；直升机能够带领游客迅速抵达一些难以到达的旅游胜地，如山区深处的绝美景点，让游客尽享独特风光；滑翔伞则带给游客与自然亲密接触、自由翱翔的机会。以张家界景区为例，引入直升机观光项目后，游客接待量显著增长，旅游收入也得到大幅提升，充分彰显了低空旅游项目的吸引力与商业价值。

应急救援：直升机和无人机在紧急救援与医疗运输中发挥着不可替代的关键作用，尤其在自然灾害与紧急医疗场景下。在地震、洪水等自然灾害发生时，直升机可迅速运输救援人员与物资抵达受灾核心区域，像在四川泸定地震救援中，由于当地交通中断，车辆通行受阻，消防员找来木板帮伤员做好固定，然后利用直升机转运到成都治疗。同时，地震发生后，泸定县湾东村的通信、道路和电力都中断了。为此，多架国产大型无人机轮次出动，执行昼夜应急通信保障任务。

低空经济的核心在于巧妙借助各种飞行器在低空空域开展多元经济活动。随着无人机、eVTOL等飞行器技术的持续创新与突破，低空经济的商业应用必将不断拓展延伸，广泛覆盖物流、交通、农业、旅游等诸多领域，并催生出更多的新兴业态与商业模式，为经济发展注入强劲活力。

三、低空经济发展环境演变

（一）低空经济发展的国际环境

当前低空经济在全球范围内正处于快速增长进程中，这一增长态势主要得益于新一轮科技革命和产业变革的有力推动。在低空科技创新层面，先进航空制造技术取得了一系列重大突破与应用。其中，复合材料、自动化生产线以及3D打印技术在低空飞行器制造过程中得以广泛运用，使得飞行器整体性能实现了质的飞跃，不仅重量更轻、结构更强，而且实现了对制造成本的有效控制；在智能飞行控制技术领域，霍尼韦尔、泰雷兹等知名企业推出的先进系统[1]，成功实现了自动驾驶、精准避障以及智能导航等关键功能，极大地提升了飞行过程中的安全系数与稳定性；在新能源动力技术方面，空客的E-Fan全电动飞机以及西门子与罗尔斯·罗伊斯携手推进的电动飞机项目，无疑为低空飞行器的未来发展指明了环保、高效的新方向，展现出这一领域在可持续发展道路上的巨大潜力。

与科技进步相伴的是市场需求的持续放大。在全球经济稳步发展以及民众生活水平显著提高大背景下，通用航空运营市场迎来了蓬勃发展的黄金时期。公务飞行、私人飞行以及空中游览等多样化的需求呈现出快速攀升的趋势。在欧美等低空经济发展相对成熟的市场中，相关业务已经形成了较为完备的产业链条与运营模式，并且持续保持稳定增长。以低空旅游市场为例，新西兰皇后镇的直升机观光项目、法国普罗旺斯的热气球游览活动等特色旅游产品，凭借其独特的魅力吸引了来自世界各地的大量游客，充分彰显了低空旅游市场的火爆程度以及低空经济在旅游领域所蕴含的巨大商业价值。

（二）低空经济发展的国内环境

我国已迈入高质量发展的新阶段，这一宏观背景为低空经济的蓬勃兴起开辟了极为广阔的天地。随着居民生活水平的显著提升以及消费观念的显著变化，低空消费需求正呈现出强劲的上升趋势。一方面，大众对生活品质的追求促使旅游与休闲娱乐方式日益多元化。低空旅游以其独特的观赏视角和新奇的体验感脱颖而出，例如，直升机观景能够让游客从空中俯瞰壮丽山河，滑翔伞飞行则给予人们与天空亲密接触、自由翱翔的美妙感受，此类项目完美契合了

---

[1] 巴西航空工业公司.在智能飞行控制技术领域，霍尼韦尔、泰雷兹等知名企业推出的先进系统[EB/OL].(2024-2-18)[2024-11-20]. https://www.chinaerospace.com/article/show/058e4eedc2a9f9758d70156587d1ba20.

人们对高品质旅游的热切向往，因而在旅游市场中备受广大游客的热烈追捧。另一方面，国内旅游市场整体呈现出蓬勃发展的繁荣景象，旅游人数与收入均保持稳步增长的良好态势。在传统旅游方式逐渐趋近饱和的发展阶段，低空旅游作为新兴的旅游模式异军突起，展现出强大的生命力。加之社交媒体与互联网平台的广泛传播与分享，低空旅游的独特魅力得以迅速传播，极大地激发了大众的兴趣与参与热情。

在人力资源方面，我国拥有丰富的人才储备资源。长期以来，我国培养了大量航空专业人才，涵盖飞行器设计、航空发动机研发、航空电子技术等多个专业领域，这些专业人才成为发展低空经济重要的智力支撑。与此同时，我国创新创业氛围日益浓厚，各类创新创业政策扶持与平台搭建为低空经济领域的创业者提供了良好的发展环境与机遇，极大地激发了企业家创新活力与创业热情，促进了低空经济规模的快速扩张。

在智力支持方面，我国低空领域行业组织与智库力量不断壮大。低空产业联盟已经吸纳了300余家企事业单位，形成了庞大的行业组织力量。该联盟设有地区分盟，包括东北、长三角、大湾区等，能够充分结合各地的地域优势和资源特色，为低空经济发展提供因地制宜的策略。此外，联盟下设低空智能网联技术、低空装备技术、低空安全技术等多个专业委员会，会聚了飞行器设计、航空发动机研发、航空电子技术等专业领域的大量专业人才。这些专业人才凭借其深厚的专业知识和丰富的实践经验，为低空经济发展提供了坚实的技术支撑。

在基础设施建设层面，我国交通网络日益完善，公路、铁路、水运等多种交通方式相互衔接、协同发展，为低空飞行器的地面保障、人员物资运输等运行环节提供了极大的便利条件。与此同时，通用机场数量也在逐年稳步增加，布局更为合理，为低空飞行器的起降与运营提供了更为广阔的覆盖范围与便捷性。此外，我国通信基建优势显著，5G网络建设处于世界领先水平，并且已率先将5G网络应用于低空领域，实现了低空通信的高速率、低延迟与大容量，为低空飞行器的实时数据传输、远程操控等提供了强有力的技术支持。再者，北斗卫星导航系统的全面建成与广泛应用，为低空飞行器的导航定位提供了精准、可靠的服务，有效提升了低空飞行的安全性与精准度。

第二章
低空经济发展成就与现状

一、顶层设计不断增强

在政策支持方面，中央陆续出台了一系列鼓励低空经济发展的政策文件。相关政策发布位阶呈现出多元化特征，发展脉络也逐步清晰（图2-1、图2-2），为低空经济的茁壮成长营造了良好的政策生态环境。包括"低空空域管理改革、通用航空发展、无人机产业规范"在内的多方面政策举措，有力推动了低空经济相关产业的快速发展。2021年2月，中共中央、国务院印发《国家综合立体交通网规划纲要》，首次将"低空经济"概念写入国家规划，明确提出要发展交通运输平台经济、枢纽经济、通道经济以及低空经济。2023年5月23日，市场监管总局发布《民用无人驾驶航空器系统安全要求》（GB 42590—2023）。该标准适用于除航模外的微型、轻型和小型民用无人机，从电子围栏、远程识别等17个方面提出强制性技术要求及试验方法，是我国民用无人机领域首项强制性国标，为无人机产业健康发展筑牢安全底线；2023年5月31日，国务院、中央军委公布了《无人驾驶航空器飞行管理暂行条例》，从民用无人驾驶航空器及其操控员管理、空域和飞行活动管理、监督管理和应急处置以及法律责任等方面进行了全面规范，标志着我国无人机产业进入"有法可依"的规范化发展新阶段；2023年12月18日，工业和信息化部公布了《民用无人驾驶航空器生产管理若干规定》。此规定对无人机生产环节进行严格规范，包括生产企业资质、生产流程、产品质量等方面。这与国务院、中央军委的飞行管理条例相配合，从生产源头保障无人机的安全性与可靠性，完善了无人机从生产到飞行的管理链条，推动无人机产业在规范中蓬勃发展。

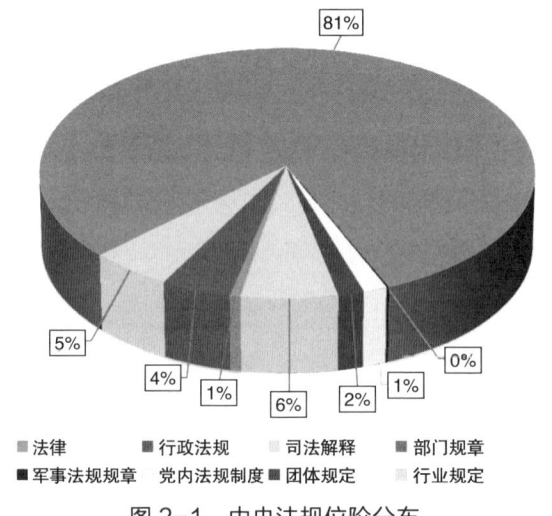

图2-1　中央法规位阶分布

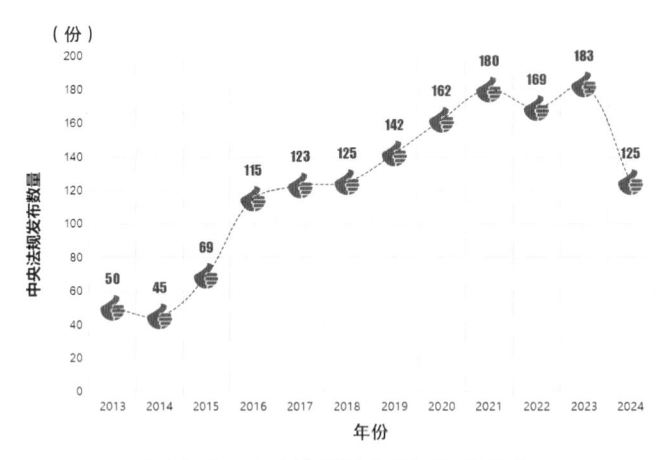

图2-2　中央法规发布数量年份分布

二、创新活力持续迸发

在低空领域，我国科技创新成果斐然，以都市圈为空间载体的技术创新较为活跃（图2-3）。在低空飞行器制造领域，中航通用精心打造的AG60E电动飞机，凭借其先进的电动动力系统设计，在节能环保与飞行性能方面实现了重大突破；武职19轻型武装直升机则在轻型直升机的武装作战功能及机动性等方面展现出独特优势，彰显了我国在武装直升机研发制造领域的技术实力；北航研制的太阳能动力微型无人机巧妙地将太阳能转化为飞行动力，在微型无人机的长航时飞行技术上取得了显著进展，为无人机在特定场景下的长时间作业提供了全新解决方案；四川腾盾科创的大型双发无人运输机以其强大的运输能力和稳定的飞行性能，填补了我国在大型无人运输机领域的空白，有力地提升了我国在无人机物流运输等相关产业的竞争力；上海御风未来的M1电动垂直起降飞行器则聚焦于城市空中交通应用场景，在电动垂直起降技术的安全性、可靠性及舒适性等方面进行了创新优化，为未来城市低空交通出行方式的变革奠定了坚实基础。这些成果全面提升了我国低空飞行器的产品性能，使其在国际市场竞争中更具优势与话语权，显著增强了我国低空飞行器制造产业的国际竞争力。

在低空通信技术层面，河北电信与中兴通讯紧密合作，成功完成5G-A新型基站感知能力技术验证。这一成果极大地提升了低空通信基站对周边环境及低空飞行器的感知精度与速度，为低空通信的稳定性与可靠性提供了强有力的技术支撑，有效解决了低空通信中信号干扰、覆盖范围等关键问题；中国联通则高瞻远瞩地发布低空智能网联体系，该体系通过整合多种通信技术与智能网络管理技术，构建起一套全方位、多层次的低空通信网络架构，实现了低空飞

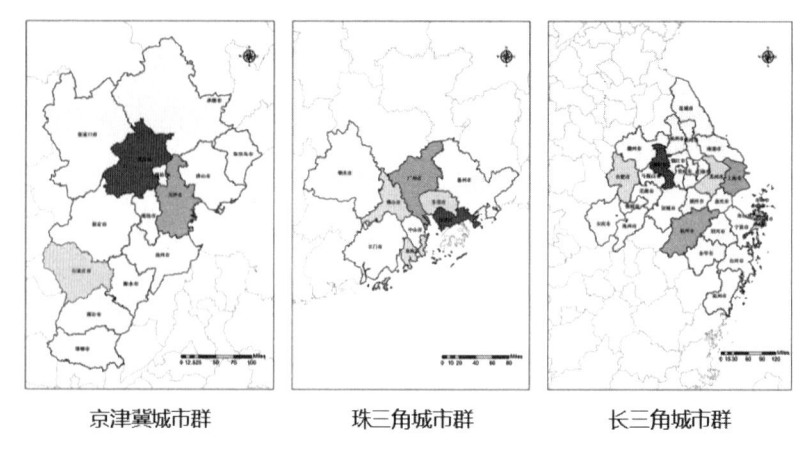

| 京津冀城市群 | 珠三角城市群 | 长三角城市群 |

图 2-3 我国主要城市集群低空技术专利空间分布

行器与地面控制中心、其他低空飞行器以及周边智能设备之间的高效、智能互联，为低空经济中的智能交通、物流配送、应急救援等众多应用场景提供了统一、便捷的通信平台；中国移动积极开展合作计划并成功创建标杆项目，在低空通信技术的实际应用与推广方面发挥了引领示范作用，加速了低空通信技术从实验室走向市场、服务社会的进程。

三、发展之路任重道远

低空飞行器制造领域核心技术与国际先进水平存在一定距离，仍需重大突破。在航空材料方面，我国在材料性能稳定性以及成本控制这两大关键方面与国际水平尚有明显差距。例如，国际先进的航空材料能够在极端环境下保持卓越的性能表现，且成本相对较低，而我国的航空材料在类似环境测试中，性能波动相对较大，且制造成本偏高，这在很大程度上限制了我国低空飞行器的整体性能提升与大规模生产应用。在飞行控制系统领域，国际先进飞行器所配备的智能化系统已经能够实现高度自主飞行、精准导航以及复杂任务的高效执行，而我国的飞行控制系统在复杂环境下的自主决策能力以及可靠性方面仍有较大的提升空间。以在山区等复杂地形环境下的飞行任务为例，国际先进飞行器能够凭借其智能化飞行控制系统，自动规划最优飞行路径并精准避开各类障碍物，而我国部分飞行器在类似场景下，仍需依赖人工干预或地面指挥，自主应对复杂环境变化的能力不足。在动力系统方面，国际先进发动机以其高效、可靠、低排放的显著优势在全球低空飞行器市场占据主导地位，我国虽在该领域已取得一定进展，但在发动机的整体性能、可靠性以及使用寿命等关键指标上仍然落后于国际先进水平。这导致我国在一些对动力系统要求较高的低空飞行器应用场景中（如长距离运输、重载作业等），难以与国际先进产品展开有力竞争。

低空经济产业链尚不完善，面临着技术封锁与市场竞争的双重压力。在制造业环节，由于缺乏核心技术与自主知识产权，我国在高端低空飞行器制造方面严重依赖进口零部件与技术支持。这不仅增加了制造成本，还使得我国在全球低空飞行器制造产业链中处于低端位置。运营环节则面临市场规模较小以及服务质量欠佳的困境，难以吸引更多的客户群体，进一步限制了产业的发展壮大；在低空旅游环节，旅游产品形式较为单一，主要集中在少数几种观光体验项目上，缺乏创新性与个性化的旅游产品设计，且在旅游产品的市场推广方面力度较弱，知名度与影响力有限，无法充分挖掘低空旅游市场的巨大潜力；培训环节同样存在体系不完善以及师资力量不足的问题，难以培养出满足低空经济发展需求的高素质专业人才，从而制约了整个产业的技术创新与服务升级能力，导致低空经济产业整体竞争力相对薄弱。

四、中小企业中坚力量

在低空经济的广阔蓝天中，中小企业如同翱翔的轻盈翼鸟，凭借着卓越的创新能力和灵活的市场反应，推动着行业的飞速发展。低空经济包括通用航空、无人机、低空物流、低空旅游等多个新兴领域，这些领域的发展潜力巨大，而中小企业正是推动这些进步的中坚力量。尽管这些企业常常面临技术研发周期长、资金需求高等多重挑战，但它们凭借敏锐的市场洞察力、强大的创新能力和灵活的运营模式，在多个细分市场中实现了技术突破和商业模式创新，为低空经济的持续增长注入了强劲的动力。

（一）低空技术取得创新突破

中小企业在低空经济中的贡献，首先体现在技术创新上。技术创新不仅仅是企业竞争力的来源，更是低空经济快速发展的根本推动力。在这一过程中，中小企业表现出了极强的创新动力和灵活的应变能力。例如，大疆创新公司通过在消费级无人机市场的深耕，逐步从一家不起眼的初创企业，成长为全球无人机行业的领导者。大疆公司的成功可视为技术创新驱动企业发展的经典案例。其在飞行稳定性、图像传输和自动化控制等关键技术领域的突破，不仅满足了消费者的娱乐需求，还推动了无人机在农业、安防、物流等领域的广泛应用。

从经济学角度看，大疆公司的崛起是一个典型的"创新扩散"[1]过程。根据埃弗雷特·罗杰斯的创新扩散理论[2]，技术创新不仅限于创造者本身，而是通过各类渠道向市场扩散，进而改变产业结构和生产方式。大疆的技术不仅在消费市场中占据主导地位，而且通过其技术的外溢效应，促进了无人机在农业监控、安防巡逻、精准物流等领域的广泛应用。这个"创新扩散"的过程展现

---

[1] 朱秀梅.知识溢出、吸收能力对高技术产业集群创新的影响研究[D].长春：吉林大学，2006.
[2] 埃弗雷特·M.罗杰斯.《创新的扩散》[M].北京：中央编译出版社，2002.

了中小企业通过技术创新带动行业变革，并通过技术扩散效应，提升整体产业的技术水平和生产力。

不仅仅是大疆公司，许多中小企业也在低空经济不同的细分领域实现了技术突破。例如，海冰科技利用智能语音技术和人工智能，在低空经济的多个应用场景中提供创新解决方案，推动了低空物流和智能飞行服务的快速发展。这些技术创新为低空经济的扩展提供了强有力的支持，展现了中小企业在行业进步中的关键作用。

（二）低空产业生态初步构建

中小企业在低空经济中的另一个重要作用，是推动产业集聚和生态系统的构建。在区域经济学中，阿尔弗雷德·马歇尔的产业集聚理论[1]指出，企业的地理集聚能够降低交易成本，提高创新的效率，促进知识和技术的快速传播。低空经济中的产业集聚效应在不同地区表现得尤为突出。例如，粤港澳大湾区的低空经济产业生态便是中小企业协同合作的成功范例。这里的中小企业通过在无人机制造、低空飞行服务、航空培训等领域的参与，推动了低空经济的快速发展。这些企业不仅在技术研发上合作共享，还在资源整合、市场拓展和资金支持上形成了紧密的协同关系，提升了整个区域的竞争力。产业集群效应在此得到了充分体现，通过资源和信息的共享、人才的流动以及技术的外溢，低空经济在粤港澳大湾区得以迅速崛起。

同样，在成都市和甘肃省，中小企业也通过政策支持和产业集聚加速了低空经济的成长。在成都，地方政府为中小企业提供了优越的政策环境和资

---

[1] Potter A and Watts H D. Revisiting Marshall's Agglomeration Economies: Technological Relatedness and the Evolution of the Sheffield Metals Cluster[J]. Regional Studies, 2012, 48(4):603−623.

源支持，使得这些企业能够形成规模效应，推动低空经济从创新到应用的全过程发展。在浙江和大连，类似的产业集聚也推动了低空经济的迅速发展。中小企业在区域内形成了生产链条和服务网络，优化了资源配置，进一步提升了整个低空产业的竞争力[1]。产业集群通过提高技术创新能力、推动效率提升和降低企业运营成本，增强了地区的整体竞争力。中小企业在低空经济中的集聚效应，不仅提升了自身的创新能力，还促进了整个区域低空经济生态系统的完善。

（三）多样化低空场景实现应用

中小企业的另一个突出贡献，是通过探索多场景应用，推动低空经济的商业模式创新。低空经济的一个显著特点就是应用场景的多样性，涵盖了无人机物流、低空旅游、农业植保等多个领域。中小企业通过不断调整产品和服务，探索适应不同需求的商业模式，促进了低空经济的多元化发展。例如，低空旅游作为新兴的市场，已成为众多中小企业开辟的新蓝海。这些企业通过定制化的飞行路线和景点低空观光服务，推动了低空经济与旅游产业的深度融合。这一商业模式的创新，不仅拓展了低空经济的市场边界，还为消费者提供了全新的体验，进一步推动了低空经济的蓬勃发展。

这种商业模式创新不局限于低空旅游。在无人机物流和智能飞行服务领域，许多中小企业也通过创新的商业模式，推动了低空经济的商业化进程。例如，一些企业通过无人机实现城市物流配送，打破了传统物流的时空限制，推动了低空物流市场的快速发展。由此，中小企业不仅推动了技术的创新，更通

---

[1] 黄鲁成.关于区域创新系统研究内容的探讨[J].科研管理，2000（2）：43-48. DOI:10.19571/j.cnki.1000-2995.2000.02.007.

过商业模式的突破，拓宽了低空经济的应用空间。

杭州的"五链协同"模式也是商业模式创新的成功案例。在这一模式下，中小企业通过在技术、资金、应用、政策和市场五大链条上的协同作用，推动了低空经济的高质量发展。在杭州的"五链协同"模式中，政府的角色尤为关键。新制度经济学强调，制度安排对经济活动和产业发展具有重要影响。在低空经济这一新兴领域中，市场规则尚不完善，技术标准和安全规范尚未完全建立，传统的市场机制在初期可能难以有效调动资源。因此，政府通过建立和完善相关制度，提供了一个相对稳定且高效的市场环境，帮助中小企业规避初期市场风险，实现可持续发展[1]。例如，在技术链条上，政府通过资金支持和税收优惠，鼓励企业加大研发投入，推动技术突破。在资金链条上，政府通过设立专项基金和风险投资基金，帮助中小企业解决融资难题，支持其在市场中快速扩展。在政策链条上，政府出台了专门的低空经济产业政策，保障了行业的规范发展，提供了企业成长所需的政策保障。

（四）资金短缺约束的应对

尽管中小企业在技术创新和市场开拓方面表现出色，但资金短缺始终是其发展的瓶颈。由于技术创新周期长、研发风险大、市场不确定性高，许多中小企业难以获得足够的资金支持。因此，如何解决资金瓶颈成为推动低空经济持续发展的关键。

为应对这一挑战，一些地方政府和金融机构开始加大对中小企业的支持力度。例如，广州和甘肃等地通过设立专项产业基金，为低空经济相关企业提供

---

[1] 朱旭峰，张友浪.创新与扩散：新型行政审批制度在中国城市的兴起[J].管理世界，2015（10）：91-105，116. DOI:10.19744/j.cnki.11-1235/f.2015.10.009.

研发支持和市场开拓资金。这些政策的出台不仅帮助企业克服了资金困境，还通过政府资金的引导作用，带动了更多的社会资本流入低空经济领域[1]。

此外，越来越多的中小企业开始借助资本市场，通过股权融资、风险投资和众筹等方式获得发展资金。金融创新理论指出，金融工具的创新能够帮助企业突破资金困境，从而推动整个产业的发展[2]。在低空经济领域，资本市场的创新为中小企业提供了更多的融资渠道，也为整个行业的技术创新和市场扩展提供了资金支持。

---

[1] 肖兴志，姜晓婧.战略性新兴产业政府创新基金投向：传统转型企业还是新生企业[J].中国工业经济，2013（1）：128-140. DOI:10.19581/j.cnki.ciejournal.2013.01.011.

[2] 鞠晓生，卢荻，虞义华.融资约束、营运资本管理与企业创新可持续性[J].经济研究，2013，48（1）：4-16.

第三章
低空经济研究进展

一、低空经济基础设施评估与规划研究

低空经济基础设施指为低空飞行器安全飞行与商业化应用提供保障和支撑的配套设施，包括通信和导航基础设施、低空机场及起降设施以及能源供应基础设施。明确低空经济基础设施的功能、评估方式与建设思路，是面向未来打造万亿级低空经济产业的关键前提（本节综述框架如图 3-1 所示）。

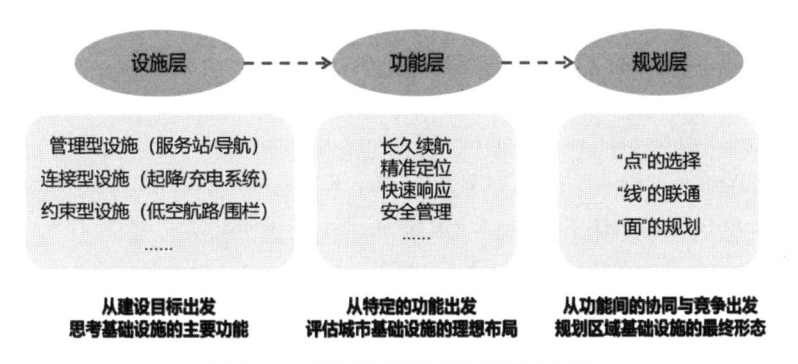

图 3-1 低空经济基础设施综述框架

（一）低空经济基础设施功能研究

低空经济基础设施的功能围绕低空飞行设备的各类应用场景展开，是对低空经济平稳运行各类保障和前提条件的抽象和凝练。其一，长久的续航能力与便捷的充能设施，是低空飞行器在长时段下实现商业化运营的重要保障。现有研究主要从改良充电方案、优化充电效率两个角度入手给出基础设施层面的应对策略。面向充电方案改良，现有研究主要针对特定场景的充电需求进行，Barrile等[1]设计了一套智能充电系统，把高效的智能充电网络、无人机通信系统与数据传输系统相结合，试图在农业、测绘、物流等多个行业中延展无人机工作的续航时间。Vichitkunakorn等[2]则聚焦仓储物流场景设计了一套自适应算法，为无人机提供路径规划与沿途充电策略，从而在不改变充电设施相对位置的情况下，最大化无人机工作效率与工作时间。Dukkanci等[3]综述了无人机单独与联合配送（例如"无人机+卡车"）情境下，无人机基地、充电站、补给站等设施的选址策略，从而为无人机长时段运营提供稳定的能源和物资供给。国内学者安红恩等[4]则是依托近年来无线充电技术的快速发展[5]，以磁共

---

[1] Barrile V, La Foresta F, Genovese E. Optimizing Unmanned Aerial Vehicle Electronics: Advanced Charging Systems and Data Transmission Solutions[J]. Electronics, 2024, 13 (16).

[2] Vichitkunakorn P, Emde S, Masae M, et al. Locating charging stations and routing drones for efficient automated stocktaking[J]. European Journal of Operational Research, 2024, 316 (3): 1129-1145.

[3] Dukkanci O, Campbell J F, Kara B Y. Facility location decisions for drone delivery: A literature review[J]. European Journal of Operational Research, 2024,316(2): 397-418.

[4] 安红恩，杨少沛，许强.无人机空中充电智能系统研究[J].信息记录材料，2022，23（5）：18-20.

[5] 陈绍南，陈千懿，高立克，等.基于轻量化磁耦合机构的无人机高效无线充电系统设计[J].电器与能效管理技术，2021（12）：58-63.

振无线充电为基础，设计了一套无人机空中充电智能系统，为各类长距离运输场景提供解决方案。面向充电效率优化，当下研究主要在锂电子电池充电策略方面展开。焦永磊[1]总结了四类充电策略，分别探讨了不同策略的优缺点及适用场景。史志勤等[2]则聚焦单个充电站，探讨多块锂电池同时充电时的最优策略，在满足无人机电池快速充电的同时，降低了充电对锂电池的损耗，大大延长了无人机锂电池的使用寿命。

其二，精准的空间定位与导航系统，是低空飞行器在多样自然环境下实现商业化运营的关键支撑。现有研究主要基于全球卫星导航系统（GNSS）设计精度优化策略，并努力寻找替代方案以克服GNSS的内在缺陷。Sun等[3]研究提出了一种GNSS/INS集成方法，通过集成完整性监测，增强了无人机导航系统的鲁棒性、准确性和完整性。Li等[4]则从红外视觉和高度传感器融合的角度入手，尝试提供独立于GNSS的外部基础设施解决方案。具体而言，通过机载近红外（NIR）信标、与信标波长相同的外部窄带通视觉传感器以及内置高精度高度传感器，一定程度上克服了复杂地理条件下由信号遮蔽导致的GPS定位偏移[5]。

其三，信号的实时传输与指令的快速响应，是低空飞行器在瞬息万变的环境中实现商业化运营的必然要求。现有研究以实现无人机的超可靠低延迟通信（URLLC）为出发点和落脚点，主要探讨技术层面的可行性与适用性问题。

---

[1] 焦永磊.小型电动无人机锂离子动力电池的充电策略浅析[J].装备制造技术，2017（5）：66-68.

[2] 史志勤，张智豪，凌凯，等.无人机充电仓多块锂电池充电策略的研究[J].南方农机，2023，54（22）：28-30.

[3] Sun R, Zhang W, Zheng J, et al. GNSS/INS Integration with Integrity Monitoring for UAV No-fly Zone Management[J]. Remote Sensing, 2020, 12 (3): 524.

[4] Li Y, Wang Q, Hao Z, et al. IRAL: Robust and versatile UAV localization using infrared vision and altitude sensor fusion[J]. Measurement, 2024, 242: 115917.

[5] Niu Z, Nie P, Tao L, et al. RTK with the Assistance of an IMU-Based Pedestrian Navigation Algorithm for Smartphones[J]. Sensors, 2019, 19 (14): 3228.

Fakhreddine 等[1]比较了基于 Wi-Fi 的空对空通信，以及基于 lTE-A 和 5G 的地面通信，分析了不同技术路线在通向低延迟和高可靠性目标方面的开发和应用潜力。Han 等[2]提出了一种两阶段传输协议，利用无线蜂窝领域设备到设备（D2D）通信技术应对来自地面基站的强干扰，实现了与无人机群间的高可靠性与低延迟通信。Militaru 等[3]则专注于卫星中继的通信渠道，探讨了无人机如何与卫星建立稳定的通信链路，并讨论了提高通信可靠性和安全性的方法。

其四，多层次的无人机管理系统与全方位的安全预防措施，是低空飞行器在复杂变动场景中实现商业化运营的重要基础。现有研究主要探讨无人机管理方案与管理框架的设计思路，力求确保将所有低空飞行器纳入合法合规的监管渠道，并尽可能提升无人机在多变自然条件与任务场景下飞行的稳定性与安全系数。Rezaee 等[4]综述了无人机避免碰撞的解决方案，重点分析了低空时代，如何在受约束的空域资源中利用创新的无人机管理方法来降低低空撞击事故的发生概率。Qiao 等[5]提出了现有飞行器认证的替代方案，一种高效的基于区块链的无人机互联网跨域身份验证方案（BCDAIoD）。通过使用具有多链架构的联盟链，所提方法可以有效地查询和更新不同类型的数据，从而应对高通量的无人机身份验证需求，缓解了攻击者的潜在威胁。

---

[1] Fakhreddine A, Raffelsberger C, Sende M, et al. Experiments on Drone-to-Drone Communication with Wi-Fi, LTE-A, and 5G: 2022 IEEE Globecom Workshops (GC Wkshps) [C]. 2022.

[2] Han Y, Liu L, Duan L, et al. Towards Reliable UAV Swarm Communication in D2D-Enhanced Cellular Networks[J]. IEEE Transactions on Wireless Communications, 2021, 20 (3): 1567−1581.

[3] Militaru G, Popescu D, Ichim L. UAV to Satellite Communication Systems: 2019 IEEE Radio and Antenna Days of the Indian Ocean (RADIO) [C]. 2019.

[4] Rezaee M R, Hamid N A W A, Hussin M, et al. Comprehensive Review of Drones Collision Avoidance Schemes: Challenges and Open Issues[J]. IEEE Transactions on Intelligent Transportation Systems, 2024, 25 (7): 6397−6426.

[5] Qiao G, Zhuang Y, Ye T, et al. BCDAIoD: An Efficient Blockchain-Based Cross-Domain Authentication Scheme for Internet of Drones[J]. Drones, 2023, 7 (5): 302.

综上所述，作为面向未来的新型基建，现阶段学界对低空经济基础设施功能的探讨，主要以"续航、定位、通信、管理"等低空飞行器商业化应用的现实需求为出发点和落脚点。内容上集中于技术改进与方案规划，尚未涉及对社会、经济、生态层面内涵的思考和讨论，具有较为丰富的拓展空间。以高速铁路为例，同为交通基础设施，国内对其功能的探讨就涵盖了城市空间分布、区域经济发展、社会人口流动、生态环境效应等多个维度。比如，汪德根等[1]就以长江经济带37个高铁设站城市为样本，探讨了高铁枢纽建设驱动城市发展中心转移的趋势特征与内在机理。易其国等[2]以336个城市的面板数据为基础，探讨高铁开通对区域经济发展的溢出效应。黄春芳和韩清[3]以长三角城市为研究对象，运用渐近双重差分的方法探讨了高铁开通下区域人口流动的分布格局与演进规律。

究其原因，与高速铁路一类的交通基础设施相比，当下低空经济的内涵尚未得到清晰界定，难以在更广泛的层面上探讨设施功能。其一，在技术路线方面，低空经济基础设施建设尚未取得一致意见。在产业规划实践中，不同的技术路线对社会、经济、生态等方面的综合影响往往存在较大差异。以新能源汽车产业为例，Horesh等[4]的研究评估了当下三类新能源汽车充电思路的生态效应，包括直流快速充电（DCFC）、电池更换（BSS）和动态无线功率传输（DWPT）。结果发现，车辆电气化的成本和温室气体强度，会因为对充电系统的不同选择而发生显著变化。同理，由于现阶段低空经济尚在起步阶段，其基

---

[1] 汪德根,翟云利,朱梅,等.高铁枢纽驱动下长江经济带城市空间扩展效应与作用机制[J].地理学报,2023,78(6):1443-1466.

[2] 易其国,马灿,丁锐.高铁对区域经济发展的空间溢出效应分析[J].统计与决策,2021,37(19):129-133.

[3] 黄春芳,韩清.长三角高铁运营与人口流动分布格局演进[J].上海经济研究,2021(7):39-54.

[4] Horesh N, Trinko D A, Quinn J C. Comparing costs and climate impacts of various electric vehicle charging systems across the United States[J]. Nature Communications, 2024, 15 (1): 4680.

础设施建设缺少统一的技术路线与标准规范。因此，现有研究无法从技术的使用成本和次生影响出发，对基础设施功能做深入思考。

其二，在应用场景方面，低空经济基础设施仍然缺少低空商业模式作为建设标的。基础设施应当为市场交易的平稳有序进行提供保障，而市场交易离不开供求双方围绕特定商业模式而形成的场景化需求。以外卖行业为例，国内学者王世琼和张文姣[1]的研究评估了外卖柜这一基础设施存在的必要性与优越性。研究认为，在外卖配送这一运营模式下，由于商家配送与用户取餐之间存在无法压缩的时空距离，设置外卖柜是推进外卖有序存取、优化外卖存放管理的合理举措。同理，现阶段尚未形成成熟的低空经济商业模式，低空基建缺少场景标的，对低空基建功能的思考也就无法深入展开。

（二）低空经济基础设施评估研究

一般而言，基础设施评估拥有两大基本内涵：第一，评估区域综合情况，为基础设施建设提供方案设计与战略规划；第二，评估区域基础设施建设情况，结合区域客观禀赋，为基础设施优化与改进提供对策。当下，低空经济基础设施仍处于前期规划与试点探索阶段，大规模标准化建设尚未铺开，因此，对基础设施的评估研究主要侧重第一部分，落脚于区域低空容量估计以及飞行风险测算。

低空容量方面，当下学者以展望和模拟为主，搭建起城市低空容量评估的基本框架。Liu等[2]以无人交通在欧洲低空空域的广泛应用为出发点，认为空中无人交通将重塑人员和货物运输格局，对低空容量的评估就是对低空运力的

---

[1] 王世琼，张文姣.大学生外卖存取情况调查研究[J].现代商业，2019（30）：8-9.
[2] Liu Z, Munoz-Gamarra J L, Ramos Gonzalez J J. Characterization of Strategic Deconflicting Service Impact on Very Low-Level Airspace Capacity[J]. Drones, 2024, 8 (9): 426.

评估。研究发现，飞行器操作的时空灵活性是容量评估的主要难点。对此，科学合理的低空空域管理有望极大提升低空容量，使无人机安全有效地集成到欧洲空域。国内学者张洪海等[1]综述了空域容量评估的基本方法，并以此为基础为低空空域容量评估设计了估算框架。研究认为，低空空域的分类划设是低空容量评估的基本前提，低空起降机场的选址和内部结构是容量评估的重要节点，而影响因素分析是容量评估的关键步骤。李玲玲等[2]则聚焦北京市低空空域容量评估，以"可用空间识别、结构特征，以及无人机碰撞风险"为约束条件，以无人机为主要对象，综合使用地理围栏技术和冲突检测与解决模型，对北京市主城区低空空域容量进行了模拟。

飞行风险方面，当前学界从不同角度入手界定风险内涵，构建起多样化的风险评估框架。耿增显等[3]以"人－机－环－管"为框架拆解低空无人机运行过程中各类风险因素，通过专家先验知识与模糊集，以贝叶斯网络（BN）评估风险事件的先验概率，并以实例验证了网络的可行性。黄静洋等[4]根据通用航空规章政策，将低空风险分解为"飞行计划复杂度、通信导航监视资源覆盖度、障碍物、飞行冲突、人员环境"共五个维度，形成了面向中低空通用航空飞行计划安全的风险评估体系。鲍耿忠等[5]则从军事角度入手，对超低空飞行

---

[1] 张洪海，夷珈，李姗，等.低空空域容量评估研究综述[J].交通运输工程学报，2023，23（6）：78-93.

[2] 李玲玲，韩瑞玲，张晓燕.城市低空空域可用空间识别与容量评估——以北京市为例[J].科学技术与工程，2021，21（19）：8253-8261.

[3] 耿增显，陈俊宇.基于模糊贝叶斯网络的低空无人机运行风险评估[J].中国安全科学学报，2024，34（8）：53-60.

[4] 黄静洋，潘璇，付小蓉，等.中低空通用航空飞行计划安全风险评估[J].中国安全科学学报，2023，33（12）：23-30.

[5] 鲍耿忠，洪伟，兰旭，等.超低空飞行器威胁因素评估分析[J].北京测绘，2024，38（2）：161-165.

器执行任务面临的主要威胁做归类，分"气象威胁、遮蔽威胁、安全距离威胁、飞行障碍威胁"对低空飞行风险做了指标测算和综合分析。

综上所述，当下面向低空经济基础设施建设开展的评估研究，仍然停留在基建前对区域整体情况的评估阶段。在内容上以"容量"和"风险"为主，尚未涉及更加多元的评估维度。相比之下，同样作为面向基础设施建设的评估类研究，以绿色基础设施为核心的相关研究就涵盖了更加丰富的维度与内涵。例如，国内学者顾康康等[1]以合肥市中心城区为研究区域，运用GISP模型，从"雨洪管理、缓解热岛效应、绿色空间可达性、景观连通性、净化空气"五个角度探讨了中心城区绿色基建的选址优先级。丁金华和王梦雨[2]以江苏省苏州市黎里镇为研究场景，运用生态学"千层饼"模式对区域绿色基建开展评估工作，综合"河道、湖荡、鱼塘、耕地、道路、居民点"六个层面分析了绿色基建在区域内部的敏感性分布。于亚平等[3]则是基于形态学的MSPA方法，将南京市划分为"核心区、岛状板块、孔隙、边缘区、桥接区、环岛区、支线"七大部分，以此为基础分析绿色基础设施建设的区域时空演化特征与未来发展思路。

究其原因，当前低空经济发展还在早期酝酿阶段，低空基建自身的标准与形制尚未明晰，也就无法从不同角度评估基建的布局策略乃至合理性。然而，对传统基建评估方法的参考和借鉴仍然是有必要的。核心启示在于，与传统基建的评估研究类似，从多元角度出发评估低空经济基础设施，可能会获得不同的乃至相互排斥的建设方案和布局策略。此时，如何权衡以达到综合效益最大

---

[1] 顾康康，程帆，杨倩倩.基于GISP模型的城市绿色基础设施多功能性评估[J].生态学报，2018，38（19）：7113-7119.

[2] 丁金华，王梦雨.水网乡村绿色基础设施网络规划——以黎里镇西片区为例[J].中国园林，2016，32（1）：98-102.

[3] 于亚平，尹海伟，孔繁花，等.基于MSPA的南京市绿色基础设施网络格局时空变化分析[J].生态学杂志，2016，35（6）：1608-1616.

化，就成为基建评估必须思考的问题。

（三）低空经济基础设施建设与规划研究

基础设施的规划建设以区域评估为基础，关键在于对多种评估结果的选择与权衡。在低空经济基础设施领域，由于缺乏围绕区域低空基建开展的综合评估研究，系统性进行区域基建规划的时机尚不成熟。不过，仍可以从其他领域基建规划的成熟案例中，为未来低空基础设施建设提供经验支撑与思路借鉴。

围绕多重目标下的选择与权衡，生态学与农学领域的探讨较为丰富，现有研究在判断目标间协同与竞争关系的基础上，对如何最大化综合效益做思考与讨论。李连强等[1]评估了辽宁仙人洞国家级自然保护区生态服务的物质量，将物质量细分为支持服务、调节服务与供给服务，依托 Pearson 相关系数判定细分类型间的交互关系。刘仁杰[2]在展望生物多样性评估与保护的未来时认为，通过将多种约束因素（如土地利用、土地所有权、生态连通性等）结合起来，可以运用 GIS 进行空间权衡与冲突分析，确定最优的保护区划定方案。张会婷等[3]面向河南省进行生态保护重要性评价，具体划分为"生态系统服务功能、生态脆弱性"两大维度，并基于此构建了生态保护重要性等级判别矩阵，最终明确了生态保护重要性评价标准。仲俊涛等[4]则是以宁夏盐池县草地为研

---

[1] 李连强，杨会侠，丁国泉，等.辽宁仙人洞国家级自然保护区森林生态服务物质量评估及权衡与协同[J].北京林业大学学报，2023，45（9）：83-94.

[2] 刘仁杰.地理信息系统在生物多样性评估与保护方面的空间分析与决策支持[J].科技与创新，2024（13）：181-184.

[3] 张会婷，王银苹，程传兴.基于生态保护重要性评价的生态保护红线评估调整——以河南省为例[J].河南科学，2024，42（10）：1488-1496.

[4] 仲俊涛，王蓓，米文宝，等.农牧交错带禁牧草地生态系统服务空间权衡与协同关系[J].农业工程学报，2020，36（12）：268-275.

究对象，对农牧交错带不同类型的生态系统功能进行了测算和评估，包括"草地碳储存、水源涵养、土壤保持"三个子类，并通过逐像元相关系数法对三种功效的空间权衡关系做了定量的可视化表达。

在明确了综合效益最大化的建设方向后，具体到技术层面，基础设施的规划布局往往与城市区域空间的规划布局紧密结合，遵循"点—线—面"的一般思路。赵万民等[1]以重庆市九龙坡新城为例，阐述了生态文明视角下该区域绿色基础设施的规划布局。具体而言，以要素网络构建作为基建规划的依托，以"水"要素为例，"自然湿地与潜在湿地"是点，"自然水道、修复水道和恢复水道"是线，"汇水区与水域"是面，由此构成区域水要素网络的规划体系。樊凡等[2]以河南周口市川汇区为例，探讨了县级绿色基础设施网络的构建思路。基于MSPA方法，以形态学处理后的"核心区"为绿色基础设施（GI）网络中心（即"点"），基于景观连通性、最小累积阻力模型和中立模型构建GI廊道（即"线"）。最终设计形成了"一轴、两楔、四带、多点"的绿色基础设施网络总体结构。

二、低空经济基础设施选址与可达性探讨

低空经济对城市空间结构的影响和重塑，以低空基础设施的选址和建设为依托，是多重目标与约束下的最优化选择，当下研究围绕基础设施的选址策略与可达性评估展开了卓有成效的探索，为低空时代城市经济的规划设计提供了

---

[1] 赵万民，冯矛，李云燕，等.生态文明视角下山地城市绿色基础设施规划研究——以重庆市九龙坡区新城为例[J].城市规划，2021，45（7）：91-103.

[2] 樊凡，田国行，樊巍，等.国土空间规划下县级绿色基础设施网络构建——以河南省周口市川汇区为例[J].地域研究与开发，2023，42（6）：66-71.

理论工具与经验素材（本节综述框架如图 3-2 所示）。

图 3-2　低空基建驱动城市发展的综述框架

（一）低空经济基础设施选址研究

基础设施选址与城市空间结构紧密相关，往往受到城市空间形态的多方面约束。在低空经济基础设施选址方面，现有研究主要围绕"低空航路、无人机场、低空飞行服务站"三类设施展开，通过从不同角度界定设施的选址目标与约束条件，评估最优化布局策略。

低空航路方面，廖小罕等[1]认为，低空公共航路网是支撑低空无人机运行的关键新型基础设施。面向未来大规模商用无人机飞行需求，科学的航路规划管理是高效利用有限的空域资源、提升低空经济效益的必然选择。具体到实现方法上，依然是多重约束下的最优化路径选择，徐晨晨等[2]的研究将相关约束划分为正约束地理要素、负约束地理要素两类，其中，正约束地理要素指无人机在飞行中可利用的地面基础设施，如地面路网及其沿途加油/气站等交通服务设施，以及城市绿地和水域等，其上空域为无人机可利用空间；负约束地理要素则指无人机在飞行过程中需避开的"障碍物"，如建筑物、电力线（杆）

---

[1] 廖小罕, 徐晨晨, 叶虎平, 等. 无人机应用发展关键基础设施与低空公共航路网规划[J]. 中国科学院院刊, 2022, 37（7）: 977-988.

[2] 徐晨晨, 叶虎平, 岳焕印, 等. 城镇化区域无人机低空航路网迭代构建的理论体系与技术路径[J]. 地理学报, 2020, 75（5）: 917-930.

以及政策限制区等，其上空域及障碍物周边为无人机禁飞空间。无人机场方面，李高磊等[1]将无人机机场选址因素归纳为"限制性因素、风险性因素、经济因素"三类，以此为基础规划了三阶段的机场选址方案。通过逐步加入限制性、风险性与经济因素的约束，迭代得到机场选址的最优区域。低空飞行服务站方面，陈华群等[2]设立了多重目标以求得最优选址解集。研究认为，低空飞行服务站要满足低空飞行器不定期的时间需求、经济活动聚集的安全保障空间需求，以及低空飞行面临的不确定性约束。因此，服务站选址要同时追求最短飞行服务响应目标、最大服务覆盖范围目标，以及最低服务站总成本目标，通过遗传算法求解多目标规划模型，得到了飞行服务站最优选址区位。

需要指出的是，与传统民用航空基础设施相比，低空基础设施天然具有"交互性"特征。一方面，低空基建会与各类产业发生交互作用。传统民用航空的货运、客运功能较为明确，商业模式相对单一，这使得基础设施建设可以以统一标准大规模展开。而低空应用场景较为复杂，是以低空概念对各类传统产业内涵在三维空间中做拓展。这使得低空基建不仅要考虑支持无人机等低空飞行器的持续运行，还要为各类可能的商业模式与场景化应用留足弹性和冗余。另一方面，低空基建会与地面要素紧密关联。具体而言，高空飞行几乎不受地面要素约束，而低空飞行地面制约要素尺度跨度大、种类多，具有较大的时效性与不确定性，这可能会改变传统意义上的基建规划思路与选址模式。

---

[1] 李高磊，高扬，郭钒，等.大型无人机机场选址方法[J].科学技术与工程，2022,22（17）：7212-7219.

[2] 陈华群，熊静，黄炬凯.基于多目标规划的低空飞行服务站选址[J].科学技术与工程，2021,21（11）：4717-4723.

（二）低空经济基础设施时空可达性研究

作为基础设施选址的关键驱动因素之一，可达性用于测算交通网络中各节点相互作用机会的大小[1]，与区域市场潜力紧密相关，对理解经济发展格局的演变具有重要意义。由于低空基建尚未全面铺开，围绕"机场、停机坪、充电设备与低空服务站"等基础设施可达性的相关研究较少。鉴于此，对传统设施可达性研究的梳理与讨论，可以为低空经济基础设施选址，以及低空城市的科学规划提供参考和启发。

一方面，对基础设施可达性的定性探讨与定量测算，是评估区域经济发展时空演化规律的必要前提。冯俊新等[2]以中国内地公路网为研究对象，将道路交通可达性内涵归纳为"地理可达性、整体经济可达性与区域经济可达性"，其中，地理可达性指各城市通过公路抵达其余城市的平均旅行时间；整体经济可达性则考虑了城市间经济规模的差异，以各城市社会经济规模加权计算平均旅行时间；区域经济可达性则考虑到区域内部更为频繁的经贸往来，区域范围之外的公路运输需求很小，因此，对区域经济可达性的计算着重考虑公路运输经济半径内的运输需求。王彦开等[3]基于2SFCA方法，对广州中心城区快递网点的"潜在可达性与观测可达性"进行了测算，通过比对两类可达性的空间差异，实现了对城区基础设施服务能力与运行现状精确评估，将"理论"

---

[1] Hansen W G. How Accessibility Shapes Land Use[J]. Journal of the American Institute of Planners, 1959, 25 (2): 73-76.

[2] 冯俊新, 李墨寒, 李时宇. 中国内地公路可达性演变研究——基于三种可达性指标的视角 [J]. 经济地理, 2024: 1-18.

[3] 王彦开, 姚玥希, 张玉阳, 等. 末端物流设施的潜在可达性与观测可达性——以广州中心城区快递网点为例 [J]. 地理科学进展, 2024, 43（6）: 1133-1144.

与"观测"结合为末端物流设施的配置优化与规划建设提供了工具手段与经验素材。

另一方面，对基础设施可达性与经济效益关联性的机理探究，是推动基建服务区域高质量发展的必然要求。王振华等[1]以283个城市夜间卫星灯光数据为基础，运用空间计量分析技术探讨了交通可达性提升对城市经济增长的影响。研究表明，交通可达性会促进劳动力流动、提升产业结构、促进产业集聚从而推动城市经济增长，且表现出显著的空间溢出效应。蒋海兵等[2]聚焦长三角地区，探讨了交通一体化背景下城市可达性提升对区域生产性服务业形态的作用机理。研究发现，可达性对区域生产性服务业存在直接和间接作用，在直接作用中，综合可达性提升显著促进了区域生产性服务业的发展；在间接作用中，可达性通过空间集聚、空间竞争和市场潜力等因素对生产性服务业空间格局产生重要影响。特别的，可达性不但具有推动生产性服务业企业扩散的"离心力"，也包含促进企业集聚的"向心力"，二者共同影响生产性服务业企业空间选址与区位迁移决策。

三、中小企业与低空经济发展

（一）中小企业是促进低空经济高质量发展的重要驱动力

相较于大企业，中小企业具有明显的敏捷性和灵活性。在快速变化的市

---

[1] 王振华，李萌萌，江金启. 交通可达性提升对城市经济增长的影响——基于283个城市DMSP/OLS夜间卫星灯光数据的空间计量分析[J]. 中国经济问题，2020（5）：84-97.

[2] 蒋海兵，张文忠，余建辉，等. 交通一体化驱动下可达性对生产性服务业空间格局演化的作用机理——以长三角地区为例[J]. 地理科学进展，2024，43（4）：657-673.

场环境中，中小企业能够更迅速地适应市场变化并进行创新。它们能够及时捕捉到市场需求的细微变化，迅速调整生产策略和产品结构，满足消费者不断变化的需求。这种特性使得中小企业在优化资源配置、推动产业转型升级方面具备独特优势。在低空经济产业领域，中小企业往往能够率先推出创新产品和服务，引领市场发展方向。它们可以快速响应多样化需求，灵活调整生产规模和产品种类，提高资源利用效率，为经济发展注入新的活力。中小企业在提高创新效率和资源利用率方面也表现出色。由于其规模相对较小，决策流程相对简单，能够更快地将创新想法转化为实际产品和服务。同时，中小企业更加注重资源的高效利用，通过精细化管理和创新技术应用来降低生产成本，提高企业竞争力。低空产业链上中小企业的创新不仅提高了企业自身的生产率，还为整个低空经济产业链的发展提供了有力支持。专精特新中小企业在推动低空经济高质量发展的目标上表现得尤为突出。它们以其专业化、精细化的内部管理，进一步提升了其创新能力与运营效率。专业化使得企业能够在低空经济领域深入钻研，掌握核心技术和关键工艺，提高产品质量和市场竞争力。精细化管理则有助于企业优化生产流程、降低成本、提高资源利用效率，实现可持续发展。它们以创新为驱动，不断推出新技术、新产品、新服务，有助于提升整个低空经济产业链的水平，促进产业协同创新，推动低空经济实现高质量发展。

  首先，在经济基础良好且政策环境优越的地区，中小企业凭借其在市场中的庞大群体优势，已然成为推动区域低空经济发展的先锋力量。众多中小企业的参与，能够有效助力低空经济产业链的构建以及应用场景的生成，对区域低空经济整体发展起到积极的推动作用。例如，在浙江、广东等低空经济发展较为活跃的地区，众多中小企业围绕低空飞行器制造、低空旅游、航空物流等领域开展业务，形成了较为完整的低空经济产业链。这些中小企业通过合作与竞争，不断推动产业创新和发展，为区域低空经济的整体发展起到了积极的推动作用。其次，技术创新是连接中小企业与低空经济发展的桥梁。中小企业的创新不仅提高了自身的竞争力，还促进了创新在产业集群中的应用与扩散[1]，在区域内形成创新链，产生创新集聚效应从而使得该区域低空产业获得整体的创新优势[2]。最后，中小企业通过推动产业转型升级、优化区域竞争与合作，实现降本增效，成为促进地区低空经济发展和高质量产业体系构建的重要驱动力。中小企业的创新和发展有助于推动传统产业向低空经济领域转型，拓展产业发展空间，提高产业附加值。同时，中小企业之间的竞争与合作也有助于优化区域产业结构，提高资源配置效率，增强区域经济的整体竞争力。

（二）中小企业的区域分布特征对低空经济的影响

世界银行在2009年《世界发展报告》中指出，一切经济活动的地理分布主要受到三个因素的影响：密度（Density）、距离（Distance）和分割（Division）。这为我们理解不同地理空间条件和政策环境塑造中小企业在低空经济发展中的作用，提供了必要的分析框架。其中，密度能够解释为何在经济活动高度集中的区域，专精特新中小企业更能有效促进低空经济的发展；距离则揭示了这些企业在不同地理位置获取资源与推动创新扩散时所面临的难易程度；而分割则阐明了政策和市场整合不充分将如何制约低空经济的均衡发展。3D因素基本框架如图3-3所示：

---

[1] 朱小斌，林庆.中小企业集群竞争优势来源的演化差异——基于浙江绍兴纺织业集群的案例研究[J].管理世界，2008（10）：75-86，187.

[2] 刘友金，罗发友.基于焦点企业成长的集群演进机理研究——以长沙工程机械集群为例[J].管理世界，2005，（10）：159-161.

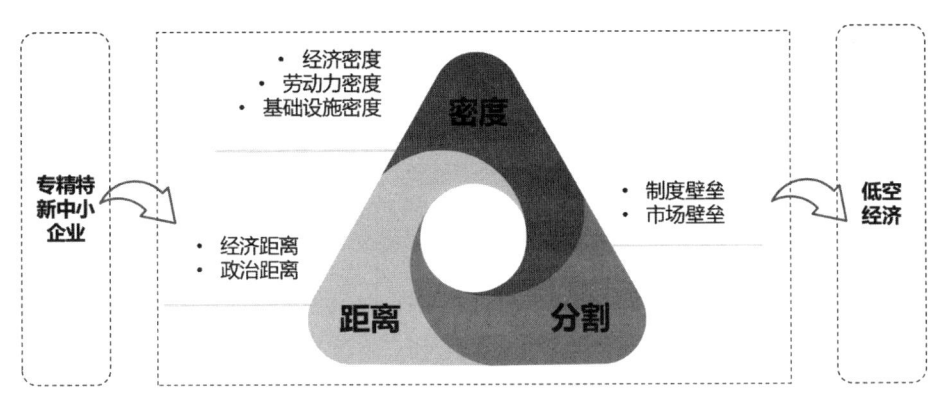

图 3-3　3D 因素基本框架

从密度的维度来看，中小企业在空间上的"多点集聚"及产业集聚对低空经济发展有着重要推动作用。在密度纬度，中小企业在空间上具有明显的"多点集聚"特征。丁建军等[1]指出，中小企业的多点集聚引致经济密度的提高是生产力进步和产业发展的重要动力，这一观点在覃一冬[2]的研究中也得到了印证。具体来说，产业集聚通过科学技术突破和生产要素配置对低空经济的发展产生正向影响。罗爽和肖韵[3]的研究表明，产业集聚带来的科技创新能够为低空经济注入新的活力，使低空产业不断创新发展。同时，合理的生产要素配置也能极大地提高低空经济的效率。正如 Krugman[4] 所强调的，高密度的专业化劳动力储备、专业经济、知识外溢为企业创新和成长带来正外部性。专业化的劳动力能够为企业提供充足的人才支持，专业经济则有助于企业降低成本、提

---

[1] 丁建军，刘贤，王淀坤，等.国家级专精特新"小巨人"企业空间分布及其影响因素[J].经济地理，2022，42（10）：109-118.

[2] 覃一冬.空间集聚与中国省际经济增长的实证分析：1991～2010年[J].金融研究，2013（8）：123-135.

[3] 罗爽，肖韵.数字经济核心产业集聚赋能新质生产力发展：理论机制与实证检验[J].新疆社会科学，2024（2）：29-40，148.

[4] Krugman P. Increasing Returns and Economic Geography[J]. Journal of Political Economy, 1991, 99(3), 483-499.

高效益，知识外溢更能激发企业的创新活力。王燕和徐妍[1]的实证研究表明产业空间集聚能够促进技术进步，且在不同门槛区间的行业技术梯度特征较明显。这意味着产业集聚能够推动低空经济领域的技术不断升级，提高整个产业的竞争力。产业专业化集聚提高企业要素配置效率，多样化集聚加剧企业要素错配，进而使宏观经济效率发生变动。产业集聚形成的降低资本门槛和优化劳动力结构能够在资本配置过度和劳动力配置不足时改善资源错配[2]，进而提高产业全要素生产率[3]。

从距离这一维度来看，企业和市场间的距离会对低空经济发展产生重大影响。从空间和经济距离的视角来看，企业与市场之间的距离关系到低空技术传播、劳动力流动以及关键投入品的获取。对于低空经济而言，中小企业与创新中心或主要经济中心之间的地理距离深刻影响着知识和技术的流动。正如叶静怡等[4]以及卞元超等[5]所指出的，地理和经济距离邻近性越高、时间距离越短，知识溢出对区域创新活动的开展和绩效水平的正向效应就越大。这意味着，当企业与创新源头距离较近时，更容易获取前沿的技术和知识，从而为低空经济的发展注入新的活力。中国大规模的交通基础设施建设在缩短企业和市场间距离这一过程中发挥了积极的作用。胡鞍钢和刘生龙[6]以及周浩和郑筱

---

[1] 王燕，徐妍.中国制造业空间集聚对全要素生产率的影响机理研究——基于双门限回归模型的实证分析[J].财经研究，2012，38（3）：135-144.

[2] 张天华，陈博潮，雷佳祺.经济集聚与资源配置效率：多样化还是专业化[J].产业经济研究，2019（5）：51-64.

[3] 季书涵，朱英明，张鑫.产业集聚对资源错配的改善效果研究[J].中国工业经济，2016（6）：3-90.

[4] 叶静怡，林佳，姜蕴璐.知识溢出、距离与创新——基于长三角城市群的实证分析[J].世界经济文汇，2016（3）：21-41.

[5] 卞元超，吴利华，白俊红.高铁开通是否促进了区域创新？[J].金融研究，2019（6）：132-149.

[6] 胡鞍钢，刘生龙.交通运输、经济增长及溢出效应——基于中国省际数据空间经济计量的结果[J].中国工业经济，2009（5）：5-14.

婷[1]的研究表明，交通基础设施建设缩短了地区间的经济距离，对全要素生产率和区域经济增长有正面促进作用。具体到低空经济领域，距离的缩短可以使中小企业更便捷地获取经济、政治资源，矫正中间投入扭曲和劳动投入扭曲，从而提高资源配置效率，促进低空经济高质量发展[2],[3]。因此，通过缩短地理和经济距离，促进知识和技术的流动，提高资源配置效率，可以为低空经济的繁荣发展创造有利条件。

从分割的视角来看，低空产业的中小企业发展受经济一体化程度影响，其发展有助于促进低空经济一体化。在中国经济转轨过程中，分割的国内市场与高速的经济增长是两个主要特征[4]。地方贸易壁垒所导致的国内市场扭曲带来了诸多不利影响，不但降低了资源配置效率，还严重制约着产品市场的扩大、产业结构的升级以及企业规模经济的形成。然而，与那些依赖地方政府保护从而免受竞争影响的传统企业不同，低空产业的中小企业展现出了独特的优势。低空产业的中小企业因其专业化与新颖化所提供的竞争力，降低了地方保护主义的动机[5],[6]，这些企业能够凭借自身的特色，创建超越地区界限的创新网络和知识网络。在低空经济领域，中小企业的专业化运营使得它们在产业链中发挥着重要作用，低空产业相关的中小企业在产业链中高度专业化运营，形成强

---

[1] 周浩，郑筱婷. 交通基础设施质量与经济增长：来自中国铁路提速的证据[J]. 世界经济，2012，35（1）：78-97.

[2] 刘秉镰，武鹏，刘玉海. 交通基础设施与中国全要素生产率增长——基于省域数据的空间面板计量分析[J]. 中国工业经济，2010（3）：54-64.

[3] 步晓宁，张天华，张少华. 通向繁荣之路：中国高速公路建设的资源配置效率研究[J]. 管理世界，2019，35（5）：44-63.

[4] 曹春芳，赵宏亮，曹航. 城乡居民基本医疗保险制度整合情况的调研报告[J]. 预算管理与会计，2017（12）：40-42.

[5] 白重恩，杜颖娟，陶志刚，等. 地方保护主义及产业地区集中度的决定因素和变动趋势[J]. 经济研究，2004（4）：29-40.

[6] 付强. 市场分割促进区域经济增长的实现机制与经验辨识[J]. 经济研究，2017，52（3）：47-60.

有力的区域间整合，进而带动低空经济生产力的提升[1]。通过创建创新网络和知识网络，以及实现区域间整合，低空产业的中小企业为低空经济的一体化发展提供了强大的动力。它们打破了地方保护主义的束缚，促进了资源的高效流动和配置，推动了产品市场的拓展、产业结构的升级以及企业规模经济的形成，为低空经济的持续健康发展奠定了坚实基础。

（三）中小企业的创新与演化对低空经济发展的影响

演化经济地理学（EEG）的理论框架为论述中小企业的演变及其对特定地理区域低空经济发展的影响提供了坚实的理论基础。部分中小企业（如专精特新中小企业、隐形冠军等）在其特定行业中已取得显著增长并占据有利位置，它们可以通过路径依赖促进区域规模经济。在创新能力方面，这些企业通过战略性创新网络，利用"区位机会窗口"（Window of Locational Opportunity），扩展其影响力并增强所在区域的整体创新能力，从而带动区域低空产业创新发展。达尔文主义的原则（如自然选择）说明了成功企业如何在低空经济发展的浪潮中通过数字化与智能化来适应环境变化。这个演化视角突显了中小企业通过适应数字化转型顺应低空经济发展趋势以增强其竞争优势的过程，最终提升区域低空经济发展水平。图3-4展示了从演化经济地理学视角出发，中小企业所涉及的各个因素及其通过这些机制对区域低空经济发展水平的影响。

中小企业的增长潜力直接影响区域低空经济的发展水平。中小企业受益于市场细分和精简及扁平化的组织架构，能够迅速抓住低空经济这一新兴市场

---

[1] 曹芳芳，程杰，武拉平，等.劳动力流动推进了中国产业升级吗？——来自地级市的经验证据[J].产业经济研究，2020（1）：57-70，127.

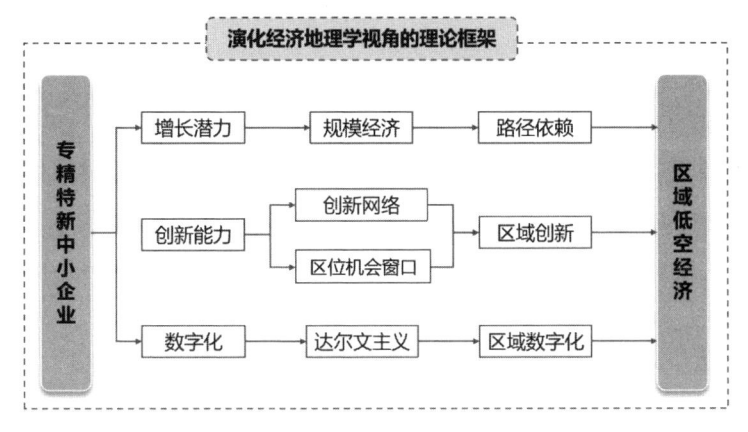

图 3-4　演化经济地理学视角下的机制图示

和技术前沿，同时推动生产效率的提高。参与低空经济产业生态构建的大多数中小企业往往深耕制造业细分领域多年，积累了丰富的行业链条特定领域经验，从而能够从路径依赖中获得益处。此外，早期参与低空经济产业发展的中小企业往往在产业链中获取先发优势及话语权，在质量、标准和品牌发展等方面参与构建低空产业标准化管理体系，从而为区域及行业层面的低空实践树立标杆[1]，引导低空经济的发展轨迹朝有利方向发展，在路径依赖上形成正反馈。在演化经济地理学（EEG）的框架下，中小企业的增长潜力在塑造低空经济和推动区域经济发展中发挥着关键作用，从而为低空产业的规模经济和生产效率提升奠定基础。

中小企业凭借其独特的优势，可以避免路径依赖的负面效应，并仅表现出积极的生产性改善。路径依赖的一个显著负面效应是空间"近视"，通常出现在面临较大生存压力的大企业中[2]。这种类型的路径依赖可能导致区域的锁定，

---

[1] China SME Development Promotion Center. Available online: https://www.chinasme.org.cn/html/mcms//daohang/zhongxingailan/neishejigou/xuanchuanbaodao/meitiguancha/1749628611998715906.

[2] Mizik N. The Theory and Practice of Myopic Management[J]. Journal of Marketing Research, 2010(47): 594−611.

过度关注短期的区域比较优势，忽视长期规划，最终可能导致集群衰退[1],[2]。然而，中小企业相对较低的债务资产比率、高净利润与营业收入比率以及强劲的销售收入增长率等特点使其表现出显著的增长潜力。这些特点使它们能够避免来自生存或同行的压力，从而减少空间"近视"的风险。因此，中小企业能够提高区域自组织效率，提高整体灵活性和适应性，通过在路径依赖条件下展现这些优势，为低空经济注入了新的活力和增长动力。

中小企业创新过程中的网络动态在EEG框架中具有重要地位[3]。学者们关于网络与创新关系的研究主要涉及地理邻近性[4]等方面。地理邻近性指的是参与者之间的物理距离，这显著促进了通过面对面的互动在同一网络内的正式和非正式知识交流[5],[6]。地理邻近性对于建立区域创新网络至关重要，通过增加直接沟通和合作机会，促进了隐性和复杂知识的动态交换[7]。这种交流通过劳动力流动、企业与学术机构的合作以及积极参与区域创新网络等多种渠道实现。中小企业在区域经济中占据重要地位，其发明专利申请数量、研发人员比例和研发投入与营业收入之比[8]等指标共同彰显了企业对技术进步和资源高效

---

[1] Newey L R. and Coenen L. Lock-In, Paradox and Regional Renewal[J]. Regional Studies, 2021, 56(8): 1333-1346.

[2] Crespo J., Suire R., Vicente J. Lock-In or Lock-Out? How Structural Properties of Knowledge Networks Affect Regional Resilience[J]. Journal of Economic Geography, 2013(14): 199-219.

[3] Freeman C. Networks of Innovators: A Synthesis of Research Issues[J]. Research Policy, 1991(20): 499-514.

[4] Rallet A., Torre A. Is Geographical Proximity Necessary in the Innovation Networks in the Era of Global Economy?[J]. GeoJournal, 1999(49): 373-380.

[5] Howells J. Tacit Knowledge. Technology Analysis & Strategic Management 1996, doi:https://doi.org/10.1080//09537329608524237.

[6] Boschma R. Proximity and Innovation: A Critical Assessment[J]. Regional Studies, 2005(39): 61-74.

[7] Knoben J., Oerlemans L., Roel H. The Effects of Spatial Mobility on the Performance of Firms[J]. Economic Geography, 2009(84): 157-183.

[8] SMEs, Entrepreneurship and Innovation[M]. OECD, 2010 (ISBN 9789264080317).

利用的坚实承诺，是企业创新能力的保证。此外，中小企业的创新在空间动态演变中发挥着关键作用。Boschma 的区位机会窗口（WLO）概念[1],[2]为理解这些企业如何通过创新和路径创建推动区域经济发展提供了重要的理论框架。中小企业作为熊彼特式的创新企业主体，具备将想法转化为创新的能力、动机和意愿，通过在人员和资本资源上的大量投资[3]，成为变革的推动者。这些企业能够创造一个区位机会窗口，推动路径创建，为区域内低空产业和经济活动的出现和发展提供更好的创新环境[4]。因此中小企业的创新不仅使它们能够利用先进的创新技术，还在区域商业集群的发展中发挥了重要作用。它们的探索增强了区域企业的创新能力，促进了低空经济的发展。

在达尔文理论框架下，企业的数字化、智能化转型可以被视为一个演化过程，通过该过程，企业适应向低空经济转型的压力，市场机制充当了自然选择的代理人[5]。通过数字化、智能化转型，企业发展出新的商业模式、流程创新和技术应用，形成多样化的创新变体[6],[7]。首先，这些变体包括引入新的数字

---

[1] Boschma R. The Window of Locational Opportunity-Concept[J]. RePEc: Research Papers in Economics, 1996 (260).

[2] Boschma R A. New Industries and Windows of Locational Opportunity: A LongTerm Analysis of Belgium (Neue Industrien Und Das "Windows of Locational Opportunity" Konzept. Eine LangfristAnalyse Belgiens)[J]. Erdkunde, 1997 (51): 12–22.

[3] Śledzik K. Schumpeter's View on Innovation and Entrepreneurship[J]. SSRN Electronic Journal, 2013.

[4] Morisson A., Turner C. Agents of Change and Window of Locational Opportunity (WLO) in Crypto Valley in Zug, Switzerland. Lecture notes in networks and systems, 2022: 914–923.

[5] Johnson D D P., Price M E., Vugt M V. Darwin's Invisible Hand: Market Competition, Evolution and the Firm[J]. Journal of Economic Behavior & Organization, 2012(90): S128–S140.

[6] Rachinger M., Rauter R., Müller C., et al. Digitalization and Its Influence on Business Model Innovation[J]. Journal of Manufacturing Technology Management, 2018(30): 1143–1160.

[7] Parida V., Sjödin D., Reim W. Reviewing Literature on Digitalization, Business Model Innovation, and Sustainable Industry: Past Achievements and Future Promises[J]. Sustainability, 2019(11): 391.

工具，如大数据、人工智能和物联网，使企业能够更快、更准确地捕获低空经济发展动态及消费市场信息[1]。这增强了它们对外部变化的敏感度，提高了它们对消费者需求和市场波动的反应能力。其次，数字化涉及业务流程的重组和供应链的整合[2]。这种整合推动了区域产业结构的优化，淘汰了低效产业，筛选出区域先进、高效的低空产业。从广义的达尔文视角来看，保留机制体现在成功的数字创新模式在企业网络中的复制和传播[3]。通过数字化，企业积累的高效生产模式、成功的商业流程和有效的管理实践在企业内部被保留，并通过学习和模仿在同一地区的其他企业之间传播。此外，数字化进一步促进了企业间的合作与共生，如在数字平台上的资源共享[4]。这些协作关系有助于在区域内建立一个健康的低空商业生态系统，提升区域整体的低空经济发展水平。数字化、智能化的广泛应用重塑了经济生态系统的生态地位，可能淘汰传统低效产业，并为低空经济创造新的市场空间。因此，数字化不仅提升了单个企业的效率和竞争力，还通过变异、选择和保留机制促进了低空创新模式在区域内的复制和扩散。这一过程有助于区域经济从数量增长向质量提升转型，最终实现低空经济的高质量发展。

---

[1] Zaki M. Digital transformation: harnessing digital technologies for the next generation of services[J]. Journal of Services Marketing, 2019(33): 429–435.

[2] Holmström J., Holweg M., Lawson B., et al. The Digitalization of Operations and Supply Chain Management: Theoretical and Methodological Implications[J]. Journal of Operations Management, 2019(65): 728–734.

[3] Abatecola G., Belussi F., Breslin D., et al. Darwinism, Organizational Evolution and Survival: Key Challenges for Future Research[J]. Journal of Management & Governance, 2015(20): 1–17.

[4] Dubey R., Bryde D J., Blome C., et al. Alliances and Digital Transformation are Crucial for Benefiting from Dynamic Supply Chain Capabilities during Times of Crisis: A Multi-Method Study[J]. International Journal of Production Economics, 2024(269), 109166.

四、国内外低空经济研究知识图谱分析

（一）数据来源与研究方法

开展知识图谱分析的文献数据来源于中文数据库（如中国知网 CNKI）和外文数据库［如 Web of Science（WOS）］，检索策略如下：第一，基于中国知网（CNKI）数据库，检索条件为主题检索"低空"。同时，为保证数据与主题相关度、避免冗余数据影响分析结果，本文过滤掉研究综述、会议和评论等类型，选取来源类别为"北大核心""CSSCI""AMI"，学科为社会科学、管理科学类相关的文献，最后得到文献 533 篇（检索发文截止日期为 2024 年 10 月 24 日），并保存为 Refworks 格式。第二，基于 WOS 检索，检索条件为"low altitude" include "uav"，文献类型为 Article，语言为 English。学科领域为社会科学类，最后得到文献 1314 篇。

本文使用 CiteSpace 6.4.R1 Advance 版本对中文文献 533 篇和英文文献 1314 篇进行知识图谱分析，时间阈值选择 1992—2024 年，时间切片（time slicing）按照每年一个时间段进行划分。网络修剪方式选择 Pathfinder 和 Pruning sliced networks，其余参数均为系统默认，节点类型分别设置为关键词、作者、发文机构。经 CiteSpace 软件去重得到有效中文文献为 425 篇、有效英文文献 1313 篇，以可视化图谱的形式展现低空领域研究现状、研究热点和前沿趋势。

（二）年度发文量分析

CNKI 和 WOS 围绕低空经济主题发表的文献趋势如图 3-5 所示。可以看出，国内关于低空领域的研究起步相对较早，在1992年至2002年十年间共发表论文45篇，低空领域的英文文献于2003年后逐渐增加，整体发文量超过国内。

自2000年以来，中文文献发文量呈现出明显的增长态势，在2024年达到峰值，发文50篇，这可能与围绕低空经济展开的政策设计密切相关。具体而言，2021年，低空经济写入《国家综合立体交通网规划纲要》。2023年底举行的中央经济工作会议提出"打造生物制造、商业航天、低空经济等若干战略性新兴产业"。2024年全国两会，"积极打造生物制造、商业航天、低空经济等新增长引擎"被写入政府工作报告。英文文献在2013年后开始增加并呈现稳步上升趋势，在2023年（205篇）达到峰值。这主要归因于2023年全球低空经济和未来空中交通（AAM）在多个方面取得里程碑式进展，例如，多家eVTOL厂商完成了全尺寸飞机的首次飞行测试，eVTOL厂商积极进入全球市场抢占国际化先机，全球民航部门也在加速完善eVTOL监管体系建设。

总体而言，在外部宏观环境的影响下，国内外相关文献数量呈现出"运动式波动上升"的年度趋势。其研究演变轨迹的变化和阶段性特征主要表现为以下几个阶段：

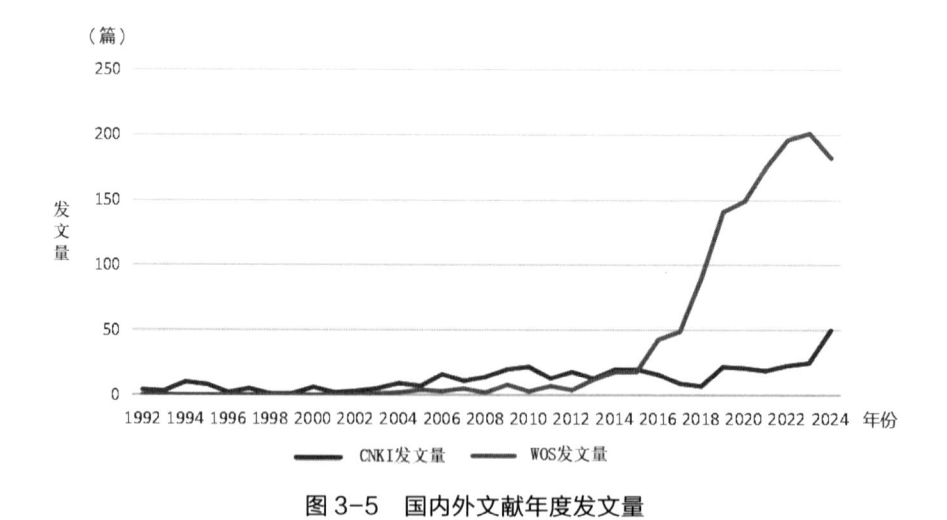

图3-5 国内外文献年度发文量

- 初步探索阶段（1992—2003年）

1992年至2003年期间，低空领域的概念逐渐被学术界所关注，研究文献数量开始缓慢增长，整体发文量相对较少。国内研究起步较早，但国外研究也逐渐跟进，双方差距并不显著。这一阶段，由于低空领域的技术门槛较高，国内外学者主要围绕低空领域的基本概念、技术原理、应用场景等进行初步探索。研究内容相对宽泛，尚未形成系统的理论体系和实践框架。

- 稳步发展阶段（2004—2013年）

进入21世纪后，随着技术的不断进步和应用需求的日益增长，低空领域的研究逐渐进入稳步发展阶段。该阶段CNKI和WOS的发文量均呈现快速增长的趋势，且国内研究发文量超过国外。在这个阶段，国内外学者开始关注低空领域的具体应用和解决方案，如无人机技术、低空监测、低空通信等。同时，随着相关技术的不断成熟和标准化进程的推进，低空领域的研究逐渐形成了系统的理论体系和实践框架，国内外学者就低空领域的安全监管、法律法规等问题深入探讨，为低空领域的健康发展提供了有力保障。

- 快速发展阶段（2014—2024年）

近年来，随着低空领域的广泛应用和技术的不断创新，相关研究呈现快速发展态势，文献数量显著增加。随着5G、人工智能等新技术的快速发展，低空领域的研究开始向更高层次的智能化、网络化方向发展。无人机的集群控制、智能物流、城市空中交通等新兴领域成为研究热点。此外，国家高度重视低空领域发展，相关政策出台为低空领域的研究提供了广阔的空间和机遇。研究开始朝着跨学科、跨领域的方向发展，低空领域的内涵不断丰富和拓展。

（三）发文作者及合作网络分析

低空领域文献的作者分析见表3-1，以及图3-6到图3-9。从整体上看，低空领域研究呈现出一定的合作趋势，但合作网络的紧密程度和稳定性存在差异。具体来说：

中文作者网络图谱中共有 550 个节点、543 条连接线，网络密度为 0.0036（图 3-7）。其中，中文文献发文量排名前 3 的作者分别是沈春林（11 篇）、叶文（7 篇）、李海（7 篇）。沈春林主要关注点在低空领域中的低空突防，其在 1992 年发表的《地形跟随适应角控制方法》中探讨了如何根据地形变化优化飞行轨迹，确保飞行器以最优路径飞行，从而提升低空飞行的安全性。

由图 3-7 低空研究国内作者共现图谱可知，中文合作网络的节点连线数量较高（E=543），低空研究领域各作者之间形成了复杂的合作网络关系，合作团队较为稳定，主要以沈春林团队、金长江团队、李海团队、张洪海团队为低空研究的核心队伍。但总体结构较为松散，群体之间的合作强度偏弱，研究群体呈现"部分集中，整体分散"的状态。

英文作者网络图谱中共有 555 个节点、654 条连接线，网络密度为 0.0043（图 3-9）。其中，Lan, Yubin 和 Cenkeramaddi, Linga Reddy 分别发文 9 篇和 8 篇，居英文文献发文量突出位置。由图 3-8、图 3-9 可知，国外低空方面的研究学者较多，但发文数量较少，单个学者发文量均未超过 10 篇，缺乏核心领军学者。此外，英文合作网络中存在交流学习、合作研究关系的学者，但是总体数量较少，未形成紧密的合作网络。

表 3-1　中英文文献发文量前 10 位的作者

中文文献			英文文献		
排名	作者	发文量/篇	排名	作者	发文量/篇
1	沈春林	11	1	Lan, Yubin	9
2	叶文	7	2	Cenkeramaddi, Linga Reddy	8
3	李海	7	3	Wu, Qingqing	6

续表

中文文献			英文文献		
排名	作者	发文量/篇	排名	作者	发文量/篇
4	金长江	6	4	Zhang, Rui	6
5	张洪海	6	5	Nguyen, Ba Cao	6
6	谢华	5	6	Wang, Wei	5
7	刘宇	5	7	Ye, Huping	5
8	范洪达	5	8	Shi, Yeyin	5
9	孙秀霞	4	9	Wierzbicki, Damian	5
10	张杰	4	10	Hoang, Tran Manh	5

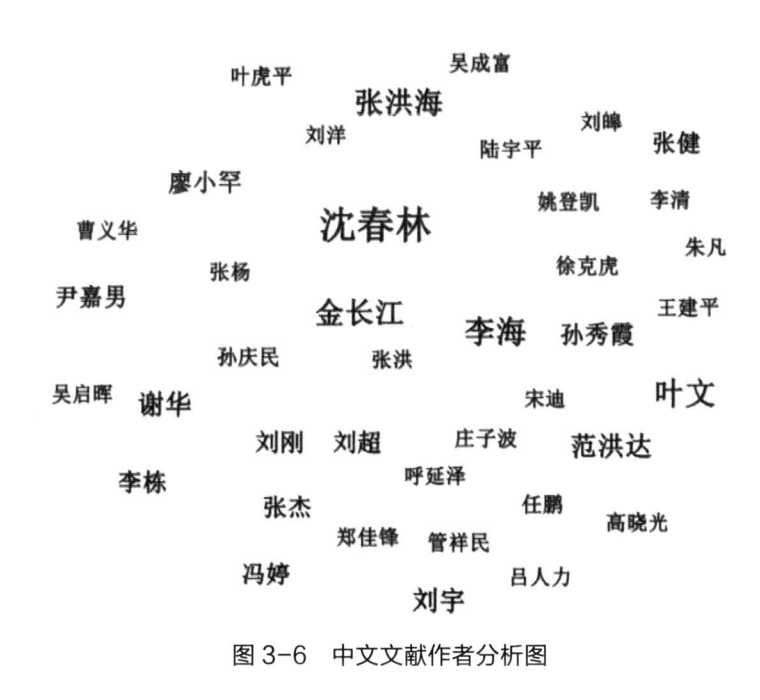

图 3-6　中文文献作者分析图

图 3-7 低空研究国内作者共现图谱

图 3-8 英文文献作者分析图

图 3-9　低空研究国外作者共现图谱

（四）研究机构合作分析

在国内低空研究领域，众多研究机构已然汇聚成一股规模可观且研究渐趋成熟的力量（图3-10）。在其中，航天航空类院校及其附属科研单位凭借深厚的学术积淀与专业优势，稳稳占据着核心地位，发挥着引领性作用。以南京航空航天大学民航学院为例，其在低空研究方面成果丰硕，累计发表相关研究文献多达14篇，在诸如低空飞行器运行管理、民航运输优化等细分领域有着深入的探索与独到的见解；空军工程大学工程学院同样表现卓越，发表9篇文献，其研究聚焦于空军低空作战效能提升、低空飞行器军事应用技术等关键面，为我国军事航空领域的低空技术发展贡献了重要力量；中国民航大学天津市智能信号与图像处理重点实验室也不甘示弱，11篇文献彰显了其在低空领域智能技术应用方面的强劲实力，如利用先进的图像处理技术对低空飞行器的飞行环境监测、目标识别等方面取得了显著进展。这些核心机构不仅自身研究实力强劲，而且在内部构建起了具有一定规模与深度的合作关系网络，通过整合资源、共享数据、协同创新等方式，有力地推动了相关研究的深入开展与成果转化，进而在国内低空研究领域树立起了标杆形象，引领着整个行业的研究方向与发展趋势。

在国外低空研究的广阔舞台上，相关研究机构主要分布于发达国家，但也不乏部分发展中国家积极参与其中（图3-11）。其中，印度技术学院系统（IIT System）作为发展中国家的代表机构，在低空技术研究方面展现出独特的创新活力，其在低空飞行器的新型材料应用、低成本制造技术等方面的研究成果，为全球低空经济的可持续发展提供了新思路与新方案；美国农业部（USDA）则将研究重点置于低空农业应用领域，通过开展大规模的低空农业监测、精准农业作业等项目研究，为美国乃至全球农业现代化进程中的低空技术应用提供了丰富的实践经验与技术支撑；法国国家科学研究中心（CNRS）以其广泛而深入的基础研究著称，在低空飞行器的空气动力学原理、新型动力系统研发等基础科学研究方面取得了一系列具有国际影响力的突破，为低空技术的创新发展奠定了坚实的理论基础；伦敦大学在低空领域的研究则涵盖多个学科交叉领域，如低空城市交通规划与社会学、经济学的融合研究，以及低空环境影响评估与生态学的协同探索等，通过多学科的综合研究视角，为解决低空经济发展过程中的复杂社会、环境问题提供了全面而系统的解决方案。这些国外的主要研究机构之间通过复杂而紧密的网络结构相互交织、相互关联，形成了一个庞大而高效的国际研究合作体系。在这个体系中，各机构之间通过频繁的学术交流、联合研究项目、人员互访等多种形式，实现了资源的全球共享与技术的跨国传播，极大地促进了低空领域研究的国际化进程与技术创新的全球化发展。值得注意的是，中国在英文文献发表中的表现相当出色，这反映了中国科研实力的提升、对低空领域的高度重视以及国际学术交流的加强。

图 3-10　国内研究机构合作分析图谱

图 3-11　国外研究机构合作分析图谱

（五）关键词贡献分析

国内研究关键词共现图谱得到节点524个、连线750条，网络密度0.0055（图3-12）。从表3-2可以看出，国内文献关键词"低空突防"节点最大，"无人机"中心性最高，说明国内学者在关注低空突防的同时，更加注重低空领域中无人机这一产品的发展。具体而言，国内文献关键词的热点研究领域可分为：（1）低空突防与无人机技术。关键词"低空突防"和"无人机"的频次分别高达59次和57次，显示出这两个领域是国内研究的重点。李春成和张驰[1]分析了当前无人机防御的主流技术，包括无人机探测技术和无人机反制技术。随后结合典型的应用场景，探讨了实战场景自身特点，并提出了与之相应的无人机防御建议；潘栓龙和季帅[2]提到了无人机探测与反制技术现状及发展，针对当前无人机"黑飞"对社会公共安全造成威胁的问题，提出了公共安全领域无人机防御的主要任务，并介绍了雷达等多种无人机探测手段。（2）低空空域管理与航迹规划。关键词"低空空域"和"航迹规划"的频次分别为25次和26次，表明这两个领域也是研究的热点。低空空域管理涉及空域的划分、使用规则、安全监管等，而航迹规划则是无人机或飞行器在执行任务时如何规划最优飞行路径的问题。（3）低空经济与相关技术应用：虽然"低空经济"的频次为26次，但其中心性受到其他更具体技术词汇的影响而显得稍低。然而，低空经济作为一个新兴领域，涵盖了低空飞行服务、物流、旅游等多个方面，

---

[1] 李春成，张驰.关于"低慢小"无人机防御技术现状及发展趋势[J].中国军转民，2024（15）：27-29.

[2] 潘栓龙，季帅.雷达探测与毁伤一体化设计[J].科技视界，2015（18）：73-74，168. DOI:10.19694/j.cnki.issn2095-2457.2015.18.051.

表 3-2　国内外低空研究排名前 10 的高频关键词

国内			国外		
关键词	频次（次）	中心性	关键词	频次（次）	中心性
低空突防	59	0.18	unmanned aerial vehicle	177	0.17
无人机	57	0.25	unmanned aerial vehicle (uav)	140	0.1
航迹规划	26	0.05	unmanned aerial vehicles	136	0.07
低空经济	26	0.04	uav	109	0.03
低空空域	25	0.1	optimization	103	0.02
低空飞行	11	0.09	altitude	90	0.07
地形跟随	11	0.01	design	84	0.09
数字地图	11	0.01	autonomous aerial vehicles	71	0.02
遗传算法	10	0.01	remote sensing	68	0.06
航路规划	9	0.02	communication	67	0.05

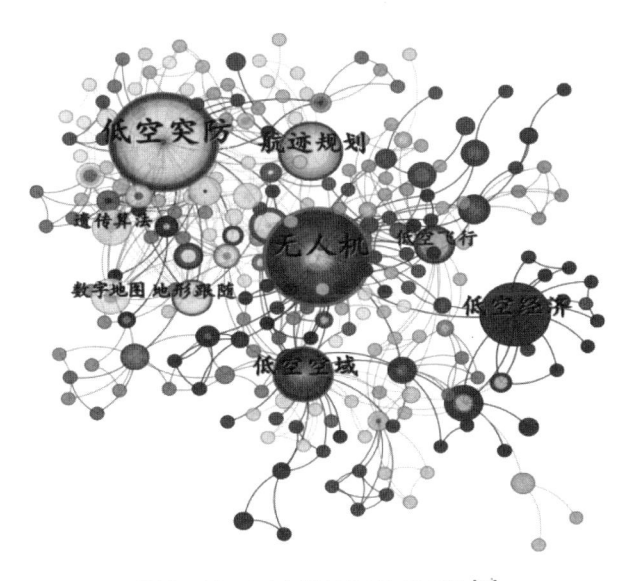

图 3-12　国内关键词共现图谱[1]

---

[1] 关键词共现知识图谱解读：圆圈越大表示关键词出现的频次越高，最外圈粉红色圆环大小代表该关键词的中介中心性，取值范围为 0～1，越大则节点越重要，大于 0.1 时表明为关键节点。

具有巨大的发展潜力。廖小罕等[1]针对当前低空经济科学定义和发展路线模糊等问题，文章尝试从地理学角度，提供一种通过构建低空路网基础设施及空域收益机制来释放低空经济发展潜力的技术方案。同时，"数字地图"作为与低空飞行密切相关的技术应用，也受到了一定的关注。（4）此外，"遗传算法"和"航路规划"。虽然二者出现频次相对较低，但作为一种优化算法，遗传算法在航迹规划、无人机控制等领域有着广泛的应用前景，也值得进一步关注。

国外研究关键词共现图谱得到节点585个、连线1697条，网络密度0.0099（图3-13）。从表3-2可以看出，国外文献关键词"unmanned aerial vehicle"节点最大，且中心性最高，说明国外学者非常关注低空领域中无人机这一产品的发展，这与前文的中文文献结果分析一致。因此，国际文献的热点研究领域可分为：（1）研究无人机技术（Unmanned Aerial Vehicles，UAVs），旨在提高无人机的操作效率和安全性。Cao[2]探讨了在没有GPS的环境下，无人机如何仅通过距离测量来环绕未知目标飞行，为无人机在复杂环境中的导航提供了解决方案。（2）开发算法以优化（Optimization）无人机的路径和任务效率。Murray C C.[3]提出了一种基于分支定界的方法，用于无人机的动态重路由问题，这种方法有助于在动态环境中优化无人机的路径规划。（3）研究高度控制即研究无人机在执行任务时的飞行高度管理，以适应不同的环境条件和任务

---

[1] 廖小罕, 徐晨晨, 叶虎平. 低空经济发展与低空路网基础设施建设的效益和挑战[J]. 中国科学院院刊, 2024, 39（11）: 1966-1981. DOI:10.16418/j.issn.1000-3045.20240614002.

[2] Cao Y. UAV circumnavigating an unknown target under a GPS-denied environment with range-only measurements[J]. Control Science Center of Excellence, Air Force Research Laboratory, United States, 2015(55): 150-158.

[3] Murray C C., Chu A G. The flying sidekick traveling salesman problem: Optimization of drone-assisted parcel delivery[J]. Transportation Research Part C: Emerging Technologies, 2015(54): 86-109.

需求，确保飞行的效率和安全性。Babel[1]探讨了曲率受限的旅行商巡回问题，用于有障碍物场景下的空中监视，为无人机在复杂地形中的高度控制提供了技术支持。

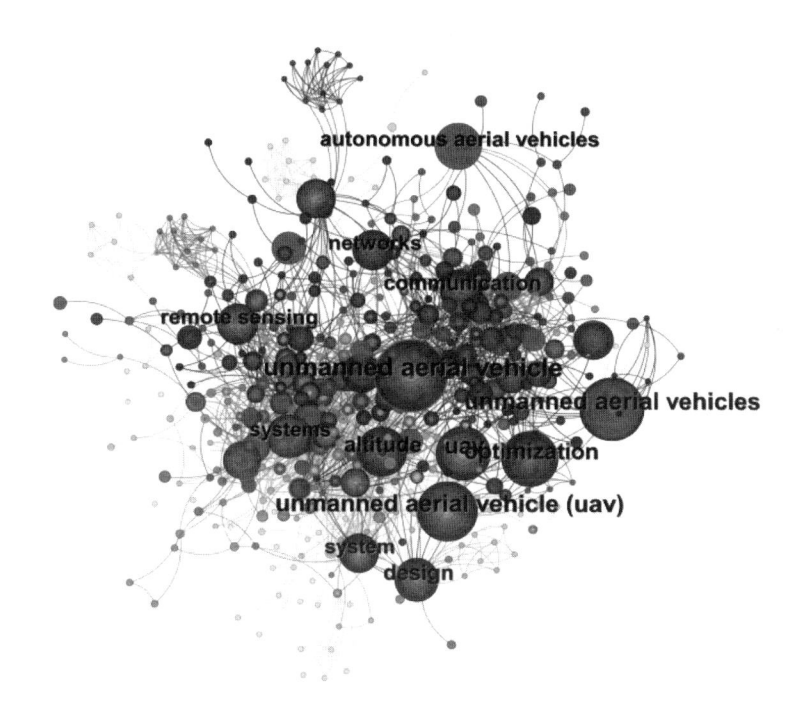

图 3-13 国外关键词共现图谱

（六）关键词聚类分析和时间线分析

为了呈现国内外对"低空"研究关键词变迁的趋势，本研究对关键词进行聚类分析和时间线分析，得到国内外研究关键词聚类图谱和时间线图谱（图3-14 至图 3-17）。在聚类图谱中，"#0""#1"等表示聚类的规模，编号越小

---

[1] Babel L. New heuristic algorithms for the Dubins traveling salesman problem[J]. Journal of Heuristics, 2020(26): 503–530 (2020). https://doi.org/10.1007/s10732-020-09440-2.

表明该聚类数量级越大。

- 国内低空研究关键词聚类分析（图3-14）

#0聚类"低空突防"，以"低空隐蔽突防策略"和"低空战术规避技术"为核心，致力于探索如何在复杂电磁环境和多变地形中，通过尖端战术规划和突破技术，增强飞行器的隐蔽性和生存能力。该聚类不仅关注低空突防装备的创新与改进，还致力于战术训练和演练，目标是提升我国在这一领域的整体实力和实战能力。

#1聚类"无人机"，以"无人机自主飞行技术"和"无人机载荷应用能力"为核心，主要聚焦于无人机在侦察、打击、运输等领域的应用及其性能提升。该聚类特别关注如何通过先进的无人机技术和载荷设备来提高无人机的任务执行效率和作战效能。同时，该聚类也涉及对无人机飞行安全的保障与监管，以及对无人机技术的研发与创新，旨在推动我国无人机技术的快速发展和广泛应用。

#2聚类"地形"，以"地形特征分析与利用"和"地形辅助导航技术"为核心，探讨了地形如何塑造飞行活动，并寻找利用地形特征来增强飞行器性能的方法。目标是发掘地形特征如何帮助飞行器更好地隐藏，提高其在复杂环境中的生存能力，并通过地形辅助导航技术来增强飞行器的定位和飞行稳定性。此外，该聚类致力于地形数据的收集和分析工作，以及研究如何将地形特征融入飞行活动中，以支持我国飞行器的安全和性能提升。

#3聚类"低空空域"，以"低空空域资源规划与管理"和"低空飞行安全监管"为核心，主要聚焦于低空空域资源的有效利用和飞行安全的保障。该聚类特别关注如何通过科学合理的规划和管理来优化低空空域资源的使用，以及如何通过先进的监管技术和手段来提高低空飞行的安全性。同时，该聚类也涉及对低空空域政策的制定与执行，以及对低空飞行活动的协调与调度，旨在推动我国低空空域的可持续发展和飞行安全的全面提升。

#5 聚类"低空经济"，以"低空飞行活动经济价值"和"低空经济产业链构建"为核心，探讨低空飞行活动如何促进经济增长和产业链的发展。尤其关注如何通过低空飞行活动的广泛应用和创新发展来推动产业升级和转型，以及如何通过优化产业链布局和协同发展来提升经济效益。该聚类关注低空经济政策的制定与执行，以及市场的培育与监管，以推动我国低空经济的健康发展和国际竞争力的提升。

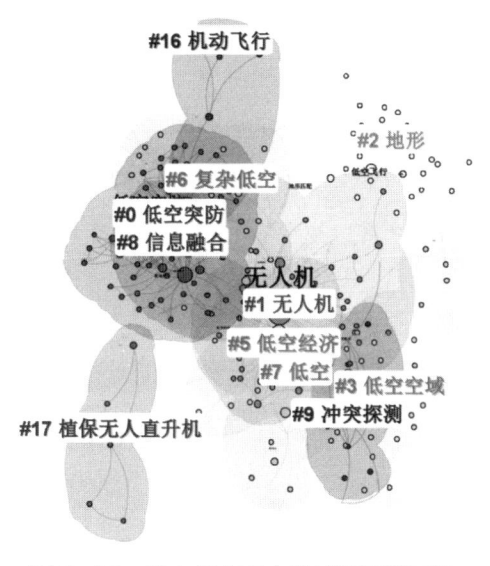

图 3-14　国内低空研究关键词聚类图谱

- 国外低空研究关键词聚类分析（图 3-15）

#0 聚类"energy efficiency"，该聚类专注于"能源效率"的优化，以"低空飞行能耗降低"和"绿色能源技术应用"为核心，特别关注低空飞行器的能源管理系统和节能技术，旨在提升低空飞行的能源效率和环境友好性。

#1 聚类"photogrammetry"，专注于"摄影测量学"，以"低空高分辨率测绘"和"遥感数据融合技术"为核心。着眼于如何利用低空飞行平台进行高精度地理信息获取，以及如何整合多源遥感数据以提高地图和模型的准确性，

旨在通过摄影测量技术提升低空飞行的地理信息服务能力。

#2聚类"remote sensing"，以"低空多光谱遥感"和"实时数据处理"为核心。研究如何通过低空遥感技术进行高效的环境监测和资源管理，以及如何实现遥感数据的实时处理和分析。该聚类致力于提高低空遥感技术的应用效率和数据的实时性。

#3聚类"unmanned aerial vehicle"和#6聚类"uav"都以"无人机"为研究对象，以"无人机飞行安全"和"载荷集成技术"为核心，关注如何确保无人机在低空飞行中的安全性，以及如何通过集成多种载荷来扩展无人机的功能。该聚类旨在推动无人机技术在低空领域的安全应用和功能多样化。

#4聚类"fmcw radar"，专注于"调频连续波雷达"技术，以"低空目标精确探测"和"环境适应性雷达技术"为核心，致力于研究如何在低空环境中提高雷达的目标探测精度和环境适应性。该聚类旨在通过调频连续波雷达技术

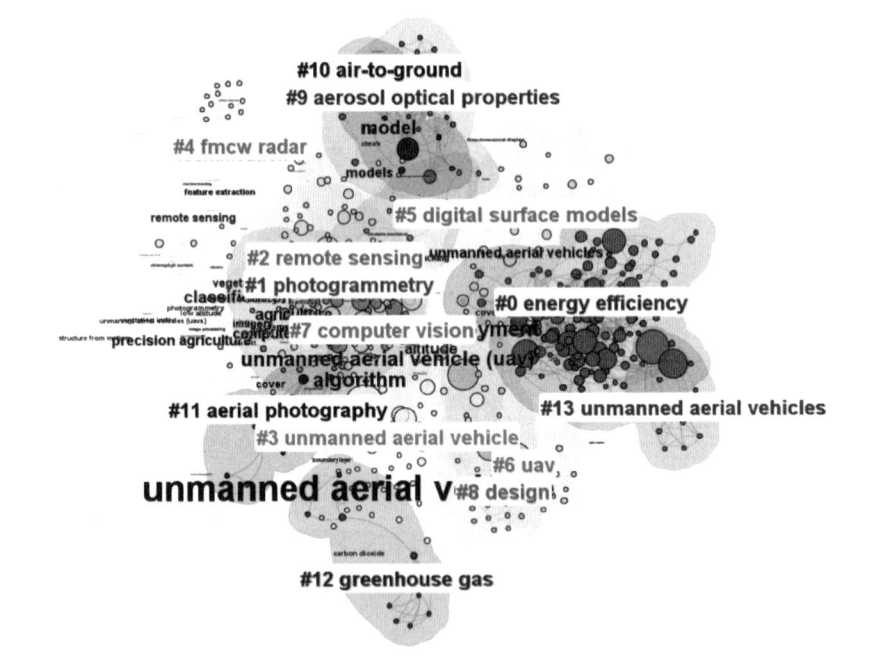

图3-15 国外低空研究关键词聚类图谱

增强低空飞行的安全监控能力。

#5 聚类 "digital surface models"，以"数字表面模型"为研究重点，以"低空地形精确建模"和"地理信息系统整合"为核心，探索如何利用低空飞行数据进行高精度地形建模，以及如何将这些模型整合到地理信息系统中。该聚类致力于提升低空飞行的地形建模精度和地理信息服务的整合度。

- 关键词文献时间线分析（图 3-16、图 3-17）

以时间序列为坐标对国内外研究关键词进行分析，得到国内 1992 年至 2024 年、国外 2003 年至 2024 年关于低空研究关键词共现时序叠加图，如图 3-16、图 3-17。每一聚类各有相关主题的关键词组，以此研究该领域核心研究主题的动态变化。

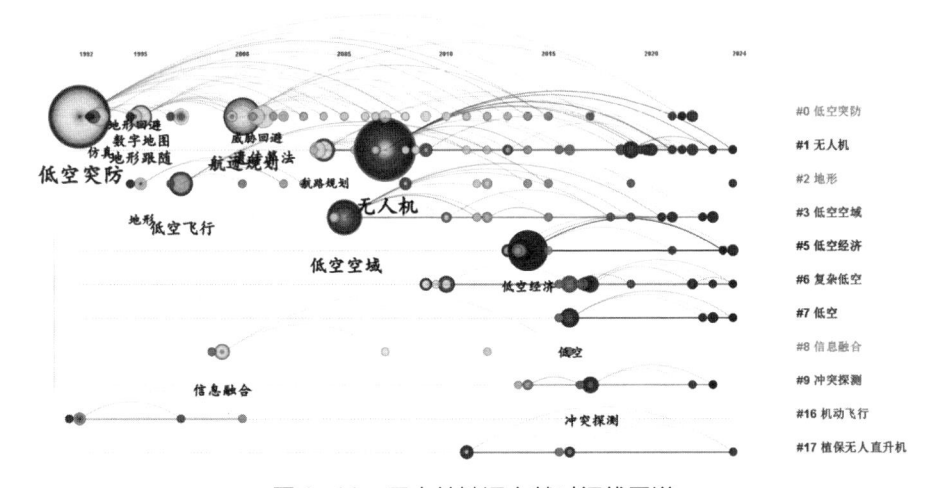

图 3-16　国内关键词文献时间线图谱

由图 3-16，国内"低空突防"和"无人机"聚类的关键词组最多、排名最靠前，是近几年关键词组出现最密集的聚类之一，始终是研究的重点所在。相比之下，"低空经济""复杂低空"则是近十年的新兴话题，代表着国内对低空领域的关注重点逐渐从技术层面向更多元的应用场景拓展。这一转变预示着未来研究的新趋势，即低空领域的研究将更加注重实际应用与场景创新，辐射带动相关产业发展。

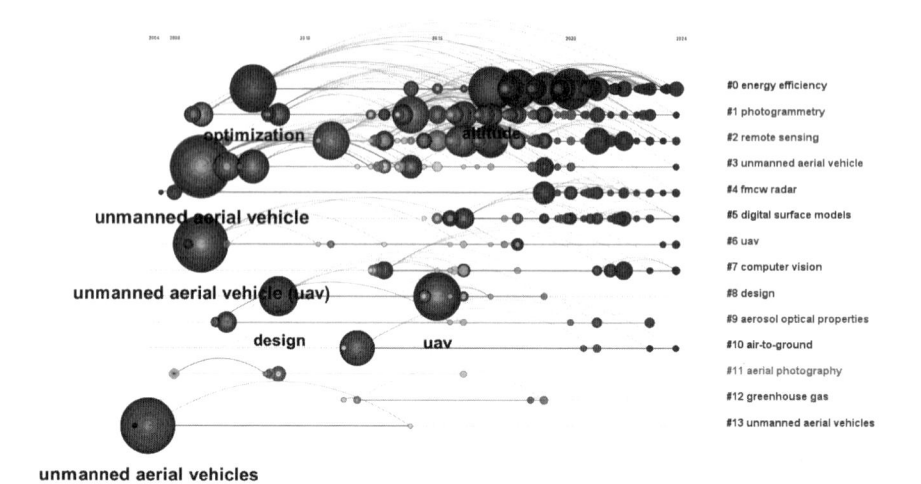

图 3-17　国外关键词文献时间线图谱

由国外关键词文献时间线图谱（图 3-17）可知，"unmanned aerial vehicle (uav)"和"design"等主题出现较早，表现为围绕低空领域的基础性和理论性探讨。随着技术持续进步和应用需求不断增加，新兴主题和类别开始涌现，例如，"optimization""remote sensing"等主题在中期得到了更多的关注和研究。而近期出现的"air-to-ground"和"aerial photography"等主题则与无人机的广泛应用和商业化进程密切相关。

（七）关键词突现分析

突现词分布揭示了核心关键词的被引频次、强度及其显著被引频次的起止年份。通过分析特定年份中出现的关键转折点和新概念，可以在一定程度上映射出研究领域的发展趋势、当前的研究热点以及与之相关的前沿议题。利用 Cite Space 的 Burstness 功能（γ 值设置为 0.7）检测得到中文文献有 10 个突现词，英文文献有 56 个突现词（选择 20 个），详见图 3-18、图 3-19。

由图 3-18，国内关键词突现图呈现以下特征：（1）从突现强度来看，突现强度最大的关键词是"无人机"（7.26），其次是"低空突防"（4.5）、"航迹规划"（3.99），表明这些关键词受到学者们的广泛关注；（2）从突现词出现时间来看，"数字地图""地形跟随"等关键词 1995 年就已经出现，反映了这些领域对数字化地图信息处理探索的前瞻性与先进性，与地理信息系统（GIS）、遥感技术、航空及地面导航等领域的快速发展和技术进步紧密相关；（3）从突现时间分布来看，2020 年以来，跟随低空发展新的现实需求，"风速估计"成为学者研究前沿；（4）从突现时间跨度来看，突现词时间跨度最长的是"低空空域"和"无人机"，均为 17 年，表明学者对这两方面关注较为持久。其余关键词时间跨度大多为 10 年以上，表明国内低空研究更新迭代速度较慢。

国内排名前10的突现词

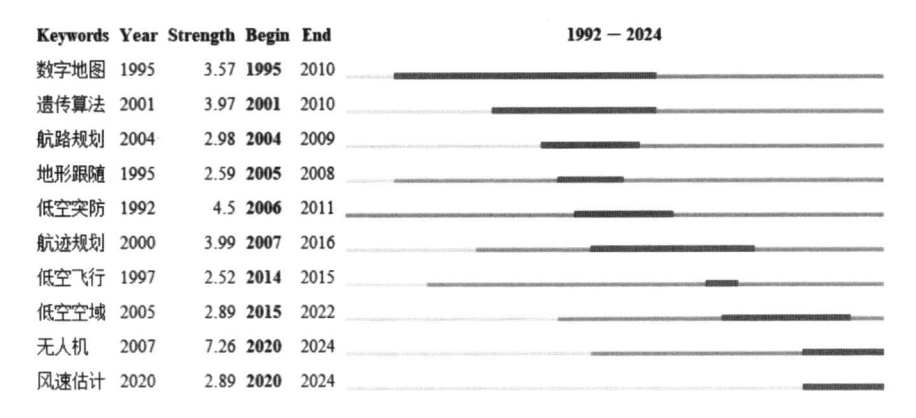

Keywords	Year	Strength	Begin	End	1992 — 2024
数字地图	1995	3.57	1995	2010	
遗传算法	2001	3.97	2001	2010	
航路规划	2004	2.98	2004	2009	
地形跟随	1995	2.59	2005	2008	
低空突防	1992	4.5	2006	2011	
航迹规划	2000	3.99	2007	2016	
低空飞行	1997	2.52	2014	2015	
低空空域	2005	2.89	2015	2022	
无人机	2007	7.26	2020	2024	
风速估计	2020	2.89	2020	2024	

图 3-18 国内关键词突现图

由图 3-19，国外关键词突现图呈现以下特征：（1）从突现强度来看，突现强度最大的关键词是"autonomous aerial vehicles"（15.47），其次是"unmanned aerial vehicles"（10.56），表明这些关键词受到学者们的广泛关注。（2）从突现词出现时间来看，"imagery""unmanned aerial vehicle"在 2006 年就已经出现，这两者在低空领域的研究中具有重要意义，它们代表了该领域的关键技术和核心应用。随着技术的不断进步和应用场景的不断拓展，这两个领域的研究将会更加深入和广泛。（3）从突现时间分布来看，自 2022 年起，"network"与"performance analysis"成为学者研究的两大前沿领域。前者聚焦于低空通信网络、空域管理网络及数据共享网络的构建与优化，后者则着重于飞行器性能、通信网络性能及空域管理性能的评估与提升。这两个领域的研究不仅推动了技术创新与跨学科合作，也为低空经济的持续发展和创新提供了有力支撑。（4）从突现时间跨度来看，关键词时间跨度都较短，均为 4 年以下，表明国外低空研究更新迭代速度较快。

国外排名前10的突现词

Keywords	Year	Strength	Begin	End
systems	2014	5.91	2014	2018
precision agriculture	2015	5.92	2015	2019
imagery	2006	5.44	2015	2017
uav	2015	3.88	2015	2017
photogrammetry	2016	6.12	2016	2020
low altitude	2016	5.8	2016	2020
unmanned aerial vehicle	2006	4.44	2016	2017
yield	2016	4.01	2016	2020
tool	2016	3.97	2016	2018
structure from motion	2016	3.85	2016	2019
index	2017	5.04	2017	2020
parameters	2017	3.6	2017	2019
unmanned aerial vehicles	2004	10.56	2020	2021
resource management	2021	3.57	2021	2024
autonomous aerial vehicles	2020	15.47	2022	2024
object detection	2021	6.67	2022	2024
network	2022	3.82	2022	2024
performance	2018	3.77	2022	2024
uav communications	2020	3.56	2022	2024
performance analysis	2022	3.54	2022	2024

图 3-19　国外关键词突现图

第二篇 低空经济发展战略与规划

在全球经济一体化与新兴技术日新月异的背景下，作为新兴的经济形态，低空经济正以前所未有的速度崛起，成为推动经济社会发展的新引擎。低空经济不仅关乎航空产业的转型升级，更与交通出行、物流运输、应急救援、旅游观光等多个领域紧密相连，承载着推动经济高质量发展的历史使命。本篇旨在明确发展战略与指导方针，规划未来目标与实施路径，为我国低空经济的持续健康发展提供方向指引与行动指南。

通过明确发展原则、树立长远目标，并突出科技创新的关键作用，我们致力于构建一个可持续发展、安全高效且产业协同的低空经济体系。此外，本篇还着重阐述如何加强党中央的全面领导，构建统一的低空经济规划体系，完善规划实施机制，以及完善国家低空法治建设和监督体系，为低空经济的蓬勃发展提供坚实的制度保障与法治支撑。

本篇内容既是对低空经济发展战略的深入剖析，也是对低空经济未来形态的美好憧憬。展望未来，随着技术不断革新、政策持续引导以及市场需求快速增长，低空经济将以其广阔前景和巨大价值，成为我国经济发展的新亮点。

第四章
发展战略与指导方针

一、发展指导思想

高举中国特色社会主义伟大旗帜，深入贯彻党的二十大和二十届二中、三中全会精神，坚持以马克思列宁主义、毛泽东思想、邓小平理论、"三个代表"重要思想、科学发展观、习近平新时代中国特色社会主义思想为指导，全面贯彻党的基本理论、基本路线、基本方略，统筹推进经济建设、政治建设、文化建设、社会建设、生态文明建设的总体布局，协调推进全面建设社会主义现代化国家、全面深化改革、全面依法治国、全面从严治党的战略布局，坚定不移贯彻创新、协调、绿色、开放、共享的新发展理念，坚持稳中求进工作总基调，以推动高质量发展为主题，以深化供给侧结构性改革为主线，以改革创新为根本动力，以满足人民日益增长的美好生活需要为根本目的，统筹发展和安全，加快建设现代化经济体系，加快构建以国内大循环为主体、国内国际双循环相互促进的新发展格局，推进国家治理体系和治理能力现代化，实现经济行稳致远、社会安定和谐，推动全面建设社会主义现代化国家进程。

二、发展遵循原则

坚持党的全面领导。加强党对低空经济发展的全面领导，确保党的路线方针政策在低空经济领域得到全面贯彻落实。建立健全低空经济发展领导体制和工作机制，明确各级政府和相关部门职责分工，确保党的领导贯穿于低空经济规划、决策、执行和监督全过程，形成推动低空经济发展的强大合力。

坚持创新驱动发展。鼓励低空经济领域企业加大研发投入，推动技术创新，提高自主创新能力。支持高校、科研院所与企业合作，开展关键核心技术攻关，突破低空通信、导航等领域的瓶颈问题。推动技术创新与模式创新、业态创新相结合，形成一批具有自主知识产权的核心技术和产品，培育低空经济新业态、新模式。

坚持深化改革开放。深化低空空域管理改革，优化空域资源配置，提高空域使用效率，为低空经济发展提供空域保障。推进低空经济领域"放管服"改革，简化审批流程，降低企业成本，提高政府服务效率。加强国际合作与交流，学习借鉴国际先进经验，推动低空经济领域更高水平的开放与合作。

坚持系统观念。推动低空经济与旅游、物流、应急救援等领域深度融合，形成一批具有特色的低空经济新业态、新模式。加强低空经济领域基础设施建设和人才培养，构建低空经济生态圈，提升低空经济整体竞争力。推动低空经济领域数字化、智能化发展，提高低空经济整体运行效率和服务水平。

坚持安全发展。建立健全低空经济安全监管体系，加强飞行安全、空域安全、信息安全等方面的监管，确保低空经济健康、有序发展。加强低空经济领域应急管理和风险防范能力建设，提高应对突发事件的能力，保障人民群众生命财产安全。推动低空经济领域安全标准制定和实施，提高低空经济领域安全水平。

三、发展战略导向

贯彻新发展理念，提供行动指南。推动低空经济高质量发展需要贯彻创新、协调、绿色、开放、共享的新发展理念。低空经济正迈向快速发展新阶段，理解其阶段特征与要求是关键，而新发展理念则为把握这一阶段提供明确行动指引。

深化供给侧结构性改革，引领创造新需求。坚持深化供给侧结构性改革来推动低空经济发展，依靠创新驱动、以高质量供给引领和创造新需求意义重大。通过提升供给体系的韧性以及对国内需求的适配性，满足人民群众在低空交通、旅游、物流等多方面呈现出的多样化需求，从而为低空经济持续健康发展筑牢根基。

建立扩大内需的有效制度，培育完整的内需体系。加强需求侧管理不可或缺，借此建设强大的国内低空经济市场，保障低空国内市场需求稳定且持续扩张。

破除制度障碍，推动要素循环与环节衔接。坚定不移地破除制约低空经济循环的制度障碍，畅通生产要素在低空经济领域流转渠道，有机衔接生产、分配、流通、消费各环节，使低空经济的运行更加高效有序，避免因制度阻碍而影响发展步伐。

持续扩大开放，吸引全球要素参与发展。持续深化要素流动型开放，稳步拓展制度型开放，依托国内低空经济循环体系，形成对全球低空经济要素资源的强大引力场，吸引国际资本、技术、人才等要素参与其中，为低空经济注入更多发展活力。

强化国内大循环主导，促进双循环互促共进。强化国内低空经济大循环的主导作用，同时借助国际循环提升国内大循环的效率和水平。通过国内国际双循环相互促进，助力中国低空经济在全球市场上获取战略优势地位，达成高质量、高效率、可持续的发展目标。

第五章
发展目标与规划展望

一、主要目标

低空经济远景目标如图 5-1 所示，主要包括以下五方面：

实现技术创新与产业升级。实现无人机与载人低空飞行器在能源效率、飞行速度、载重能力、自动驾驶技术等方面的重大突破，开发出能够执行复杂任务、长距离飞行且具备高度安全性的飞行器。建立全球领先的低空交通管理系统（UTM），实现无人机与载人飞行器的无缝集成，确保空中交通的高效、安全运行。推动电动、氢能等清洁能源在低空飞行器中的广泛应用，显著降低碳排放，实现绿色低空经济。

拓展场景应用。低空物流网络覆盖全国主要城市，实现快速、高效的货物配送服务，成为物流行业的重要组成部分。开发并普及低空载人飞行器，提供城市内部交通及短途出行的新选择，缓解地面交通压力。针对环境监测、农业植保、森林消防等公共服务领域，建立基于低空飞行器的应急救援体系，提高灾害响应速度和救援效率。

建设基础设施。基础设施的布局、数量会极大影响交通网络的运行效率，

低空环境也不例外[1]。未来需要在全国范围内建设数量充足、分布合理的低空

扩展场景应用	建设基础设施	完善政策与法规
• 低空物流网络 • 低空个人飞行器 • 低空公共服务	• 低空起降点 • 低空起降设施网络	• 国际统一的低空规则 • 低空经济相关法律法规体系
技术创新与产业升级	实现可持续发展	
• 飞行器创新 • 低空交通管理系统 • 清洁能源的应用	• 保护生态环境 • 创造就业 • 培养高素质专业人才	

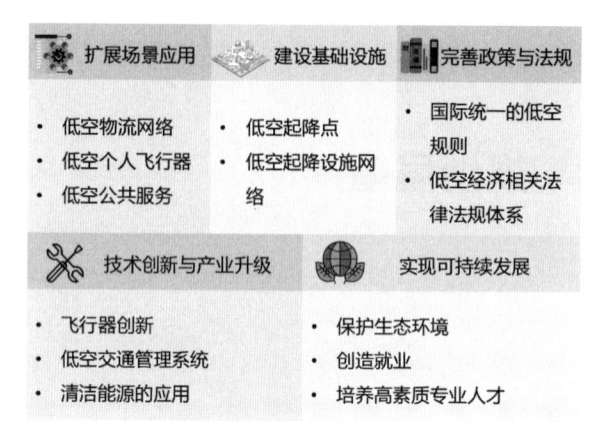

图 5-1 远景目标图解

起降点（包括垂直起降站、无人机停机坪等），形成完善的低空起降设施网络。配套建设充足的充电站、换电站及飞行器维护中心，保障低空飞行器的日常运营需求。

完善政策与法规。推动国内各地区低空经济规则的统一与协调，制定全国统一的低空飞行安全标准、数据保护法规及空域使用协议。建立健全低空经济相关法律法规体系，明确空域管理、飞行许可、责任保险等方面的规定，为低空经济的健康发展提供法律保障。

实现可持续发展。低空空域某种程度上是一种自然资源，低空空域及其气候资源蕴藏着极大的社会经济价值，科学合理的开发利用会产生巨大的社会、经济和生态效益[2]。确保低空经济活动符合可持续发展原则，通过技术创新和政策引导，减少噪声污染、空气污染，保护生态环境。促进低空经济产业链上

---

[1] 廖小罕，屈文秋，徐晨晨，等.城市空中交通及其新型基础设施低空公共航路研究综述[J].航空学报，2023，44（24）：6-34.

[2] 覃睿，李卫民，靳军号，等.基于资源观的低空及低空经济[J].中国民航大学学报，2011，29（4）：56-60.

下游企业的发展，创造大量就业机会。提升公众对低空经济的认知与接受度，加强相关领域的专业教育与培训，培养高素质的专业人才。

二、未来五年重点

奋进全面建设低空经济战略新征程中，未来五年需要在如下几个方面取得成效：

显著提升低空经济规模。低空经济产业规模实现快速增长，总产值大幅提升，占 GDP 的比重逐步增加。打造低空经济产业集群，培育一批具有国际竞争力的领军企业。推动低空经济在促进区域经济发展、带动就业等方面发挥重要作用。

不断完善基础设施。建设一批通用机场和起降点，完善低空交通管理和服务保障体系，提高低空交通运行效率和安全性。加快低空空域管理改革，优化全国航路航线网，提高空域资源使用效率。加强低空经济领域基础设施建设，包括通信、导航等设施的建设和升级，为低空经济发展提供坚实保障。

推动技术创新取得突破。关键核心技术是国之重器，而低空经济的知识密集度较高，必须注重关键核心技术的创新突破[1]。为实现低空经济高质量发展，需要在低空通信、导航、监视等关键技术领域取得重大突破，形成一批具有自主知识产权的核心技术和产品。推动低空经济技术创新与产业融合发展，形成一批特点鲜明的新业态、新模式。加强低空经济领域人才培养和引进，为技术创新提供人才保障。

初步形成产业生态。当前，低空经济在无人机、通用航空等技术领域已

---

[1] 周钰哲.低空经济发展的理论逻辑、要素分析与实现路径[J].东南学术，2024（4）：87–97.

经取得显著进展，但在应用方面仍有待进一步拓展和深化。应当制定并推广统一的行业技术标准，推动低空经济领域相关技术在各行各业的应用，促进市场需求与技术研发的对接，推动前沿技术与应用领域的深度融合[1]。加强低空经济领域产业链协同发展，形成一批具有竞争力的产业集群。推动低空经济领域国际合作与交流，形成开放、包容、普惠、平衡、共赢的低空经济发展格局[2]。

健全安全监管体系。低空应用场景开发不断深入，低空航空器数量逐年增加，对空中交通管理和安全监管提出了更高的要求。未来，我国急需重构、迭代升级低空飞行安全监管体系，进一步提升安全监管效率[3]。需要建立健全低空经济安全监管体系，加强飞行安全、空域安全、信息安全等方面的监管。加强低空经济领域应急管理和风险防范能力建设，提高应对突发事件的能力。推动低空经济领域安全标准制定和实施，提高低空经济领域安全水平，保障人民群众生命财产安全。

完善政策法规体系。加快制定和完善低空经济相关法律法规和政策措施，为低空经济健康发展提供有力的法治保障。推动低空经济领域政策创新，为低空经济发展创造良好环境。加强低空经济领域法律法规和政策宣传普及工作，提高全社会对低空经济的认知度和参与度。

---

[1] 张夏恒.低空经济赋能新质生产力的逻辑、阻碍及建议[J/OL].当代经济管理，[2024-12-26]. http://kns.cnki.net/kcms/detail/13.1356.F.20240827.1151.004.html.

[2] 沈琪.推动经济全球化朝着更加开放、包容、普惠、平衡、共赢的方向发展[EB/OL].(2023-04-18)[2024-11-26]. http://politics.people.com.cn/n1/2023/0418/c1001-32667353.html.

[3] 王康伟.我国低空经济产业发展现状、问题及对策研究[J].产业创新研究，2024（15）：49-51.

三、政策建议与未来展望

（一）政策建议

低空经济政策涉及领域较为广泛，不仅包括核心的产业布局规划，还有一系列空域管理制度和信息安全架构，应该加强政策协同，利用多元化政策工具，推动低空经济的良性健康发展。

其一，注重运用鼓励创新的政策工具，引导市场资本和社会资本进入低空经济场域，实现公私双赢模式[1]。有利于创新的政策工具包括税收优惠、政府援助、创业投资、政府采购等。应该遵循多元化路径，多利用高位阶手段和经济手段，优化市场资源配置，减少政府直接干预，充分实现向市场放权和授权，减少行政审批程序，提高行政效率，从而实现资源与服务的帕累托最优。

其二，完善冲突协调机制。在低空经济政策层面，中国基本形成了从中央到地方的多层级政策体系，政策内容聚焦低空飞行保障体系建设、低空制造业发展、低空飞行应用场景拓展、低空科技创新能力提升和低空经济保障等主题[2]。即使不考虑政府部门的自身利益，各部门分工的格局也会造成低空经济政策"合力"的削弱。各决策部门根据国家宏观政策目标进行任务分解，制定本部门的相关政策，并设定具体、量化的任务目标以推进宏观政策落实。长期而言，应切实增强行政主管部门权力，避免政出多门导致相互掣肘而难以协调；短期内，应该定期召开与低空经济发展有关的联席会议，加强低空相关部

---

[1] 李秀辉，张世英.PPP与城市公共基础设施建设[J].城市规划，2002（7）：74-76.

[2] 孔得建，袁泽.低空经济政策法律体系的现状、经验与展望[J].北京航空航天大学学报（社会科学版），2024，37（5）：85-95.

门之间的联系，充分交流信息、减少沟通障碍。

其三，将时间维度纳入促进低空经济良性健康发展的政策考量之中。在同一时间，不同地区经济基础、政策支持力度、技术发展水平、市场需求等方面的不同会造成低空经济发展水平的差异。在同一时间，某些地区可能因为政策的先行先试、产业集聚或者特定技术的应用而较为领先，而其他地区可能由于起步较晚、基础设施不足或市场尚未成熟而处于落后的位置。此外，低空经济发展也受到政策时效性的影响。国家和地方层面的规划通常涵盖了从短期到长期的多个时间维度，如国家级规划可能展望至2035年，而省市级规划则多为三年左右。政策制定者需要制定灵活且具有前瞻性的政策[1]，以适应不同地区的发展需求和速度，确保低空经济能够在不同地区均衡发展。

（二）低空经济未来展望

未来，我国低空经济将在技术研发、产业、政策保障、基建与城市管理各方面取得长足进步。

1. 技术研发领域

无人机：无人机技术是低空经济的核心，包括军用、消费级和工业级无人机。未来无人机在载荷能力、续航时间、智能化水平等方面将不断取得突破，在航时、载重和稳定性方面显著提升，且具备执行更复杂任务的能力。

直升机：国内直升机市场稳步增长，在通用航空领域直升机应用大大普及拓展。国产直升机在性能和成本方面逐渐具备竞争力，市场份额逐步提升。

空管系统：空管系统由空中交通服务（AT）和通信导航监视（CNS）组

---

[1] 王宝义.我国低空经济的技术经济范式分析与发展对策[J].中国流通经济，2024，38（9）：14-26.

成。大量无序飞行的低空无人机运行会对地面设施、公共安全、空中载人飞行器等带来危害[1]，低空空域的释放将助力空管市场持续增长，以提高飞行安全和效率。

新型航空器研发制造及维修改善：新型航空器的研发制造，如电动垂直起降飞行器（eVTOL），将推动低空经济的创新发展[2]。eVTOL技术的研发和应用将为城市空中交通提供新的解决方案。同时，航空器的维修和改善也将成为产业链条的重要环节。

低空相关软件信息服务：软件信息服务在飞行计划、空中交通管理、数据分析等方面发挥重要作用，提高低空经济的智能化水平。

空天信息服务：低空经济发展需要卫星通信、导航和遥感技术同步提升，偏远地区和复杂环境下的通信和监测技术是发展重点。

技术创新与产业融合发展：技术创新是推动低空经济发展的关键，包括新材料、新能源、人工智能等技术的应用，以及与传统产业的融合发展。

2. 产业领域

低空物流：无人机在短途配送、紧急物资运输等方面展现出显著的优势，能够快速响应市场需求，降低物流成本。随着电子商务的迅猛发展，低空物流将会逐渐成为提升配送效率的重要手段。

低空旅游与娱乐：低空旅游、无人机表演及其与虚拟现实技术的结合，将会为娱乐产业注入新活力。

农林植保与监测：当下，无人机在农业领域的应用日益广泛，尤其是在农林植保、病虫害监测及作物生长监测等方面。通过高效的空中作业，无人机将会显著提高农业生产的效率和质量，推动现代农业的发展。

---

[1] 全权,李刚,柏艺琴,等.低空无人机交通管理概览与建议[J].航空学报,2020,41（1）：6-34.
[2] 沈海军.从飞行汽车看低空经济新业态[J].人民论坛·学术前沿,2024（15）：69-75.

3. 政策保障领域

航空与空域管理及服务：政策支持是低空经济发展的基础，包括空域管理、飞行审批、安全监管等方面的政策制定和执行。

教育与培训：专业的航空人才，包括飞行员、维修工程师、空管人员等，是低空经济发展的关键。未来需要更多专业的航空学院和培训机构，更健全的教育体系提供系统的低空教育和实操训练。

通航营造和管理：通航机场的建设、管理和运营，以及通航服务的提供，是低空经济发展的基本设施。可以预见，随着低空经济成为普遍现象，为扩大覆盖范围、提高通航服务的质量，需要建设更多的通用机场和起降点。

低空经济产业规范政策：需要制定和完善低空经济产业的规范政策，确保产业健康发展。低空政策法规的完善将会与产业发展同步并行。

4. 基建与城市管理领域

城市空间出行：城市空中交通系统的建设将深刻改变城市居民的出行方式。

基础设施巡检与维护：低空技术，特别是无人机技术将在基础设施（如电力线、桥梁、管道等）的巡检和维护中发挥重要作用[1]，提高基础设施的安全性和维护效率。

完全监控与应急救援：无人机在城市监控、应急救援等方面呈现出快速响应和灵活机动的优势。未来无人机可以广泛应用于交通监控、灾害评估和救援物资的快速投送。

基础设施与运营：机场与起降点的建设（包括充电与加氢设施）、空中交通管理系统的完善，以及低空综合枢纽的建设，是低空经济发展的基础。未来低空基础设施将会在全国范围内广泛铺开。

---

[1] 刘智勇，赵晓丹，祁宏昌，等.新时代无人机电力巡检技术展望[J].南方能源建设，2019，6（4）：1-5.

第六章
规划实施保障机制

坚持党的全面领导，是健全低空经济发展规划实施保障机制，更好履行政府职责，最大限度激发各类主体的活力和创造力，形成全面建设低空经济战略新征程强大合力的坚强后盾。

一、健全统一低空经济规划体系

贯彻党中央的集中统一领导，充分发挥中央与地方的协同作用，强化各部门的分工合作，有效打破体制机制障碍，形成发展合力，推动低空经济从试点探索向规模化、规范化迈进。各级党委和政府要提高政治站位，强化责任担当，严格落实党中央关于低空经济发展的战略部署，确保低空经济的发展方向符合国家整体利益和安全需求，为经济社会高质量发展注入新动能。

为此需要加快建立健全以低空经济总体规划为统领，以空域管理规划、产业发展规划、基础设施规划为支撑，由专项发展规划、地方发展规划等各级各类规划共同组成，定位准确、边界清晰、功能互补、统一衔接的国家低空经济规划体系。

（一）强化低空经济总体规划的统领作用

更好发挥低空经济总体规划战略导向作用，强化空域管理规划、产业发展规划、基础设施规划对本规划实施的支撑。按照本研究阐述的低空生态系统保护要求和重点任务，制定实施国家级低空经济发展规划，为重大战略任务落地提供空间保障。聚焦本研究探讨的战略重点和主要任务，在科技创新、数字智能、场景开拓、绿色生态、民生保障等领域，制定实施一批国家级重点专项规划，落实发展任务的时间表和路线图。根据本研究探索的低空空域国土空间开发保护格局，制定实施一批国家级低空区域协调发展实施方案。

（二）加强规划衔接协调

完善低空经济发展规划管理制度是规划有序推进的关键。通过制定空域管理规划、产业发展规划、基础设施规划等目录清单，明确具体规划的实施内容，助力规划有序推进。同时推进规划编制备案，利用依托国家规划综合管理信息平台来进行管理监督，实现各类规划协调一致管理，实现低空经济发展规划从编制到实施全过程有效管控。

建立并完善低空经济发展规划衔接协调机制至关重要。该机制旨在确保各级各类专项及地方发展规划能够与总体发展规划实现紧密的衔接与协调。这一过程旨在实现以下目标：确保所有规划在发展目标上保持一致；促进发展方向的协同性；实现总体布局协调，优化资源配置；确保重大政策统一，形成政策协同效应；实现风险防控同步，为低空经济的全面发展提供全方位的保障。

二、完善低空经济规划实施机制

加强对低空经济发展规划的组织、协调和督导，建立健全规划实施监测评估、政策保障、考核监督机制。

（一）落实低空经济发展规划实施责任

为确保低空经济发展规划的有效实施，各地区、各部门要根据职责分工，并将规划目标转化为具体行动。各地区、各部门需制订详细实施方案，明确本地区、本部门在低空经济发展中的具体目标和任务，确保与国家整体规划保持一致。明确各项任务时间表和进度要求，明确责任主体和进度要求，确保公共资源和社会资源合理配置，以支持规划按计划推进。本规划提出的预期性指标和低空产业发展、基础建设支撑等领域任务，主要依靠发挥市场主体作用实现，各级政府要创造良好的政策环境、体制环境和法治环境。年度计划应与低空经济总体规划提出的发展目标和重点任务相一致，根据总体规划的目标和任务，合理确定工作重点，将本规划确定的主要指标分解纳入计划指标体系，设置目标并做好各时间段内目标的综合平衡。

（二）加强低空经济发展规划实施监测评估

动态追踪并监测低空经济发展规划执行情况，规划执行中期进行系统评估，检查规划目标实现情况及实施效果。确保规划的执行不偏离既定目标，并符合国家相关政策和法律法规。将低空经济总体规划实施情况纳入有关部门评价体系，评估结果用于指导政府工作改进，以提高低空经济发展效率与效果。

（三）强化政策协同保障

构建低空经济总体规划与宏观政策协调联动机制，明确低空经济发展目标、加强财政政策保障、开发金融服务支持，建立跨部门协调机制，确保不同政策间的一致性与协同性。着重提升财政支持力度，并确保中期财政规划、年度预算以及政府投资计划与低空经济总体规划的有效对接。

财政资金优先支持重点工程项目，确保项目实施与资金分配的一致性。遵循"规划引领项目，资金和资源配套跟进"的原则，依据总体规划制定详细的重大工程项目清单。简化清单内项目审批和核准流程，优先满足其在规划选址、土地供应和资金需求方面的需求。对于重大单体项目的相关保障措施，可以由国家提供统一的保障，以确保低空经济总体规划的顺利实施和低空经济的高质量发展。

（四）加快低空经济发展规划立法

遵循依法制定、实施规划的原则，将党中央、国务院关于低空经济规划体系建设和发展规划的指导方针、要求以及实践中证明有效的措施，通过法律形式予以明确，为规划的编制和实施提供法治保障。加快出台专门针对低空经济发展的规划法律，确保规划的法律地位，强化规划实施的法治化管理。

三、加强国家低空法治建设

加强低空法治建设，对于维护国家主权、保障低空活动安全、促进低空经济健康发展具有至关重要的作用。随着无人机、通用航空等新兴业态的快速发展，低空领域活动的复杂性和多样性日益增加，传统的监管模式和法律法规体系已难以满足当前和未来的需求[1]。因此，需要加快低空法治建设步伐，构建适应新时代要求的低空活动监管体系，为低空经济的繁荣发展提供坚实的法治保障。

（一）完善低空法律法规体系

法治创新是低空经济高质量发展的根本保障。随着低空关键技术的不断突破，我国低空经济的法治建设正面临前所未有的挑战[2]。针对低空活动的特点和需求，需要制定一套涵盖低空空域使用规定、无人机飞行管理规定、通用航空安全管理规定等各方面的低空活动法规体系。在制定法规时要充分考虑低空活动的复杂性和多样性，确保法规的针对性和可操作性。加强与国际组织和相关国家的交流与合作，借鉴国际先进经验，提升我国低空法规的国际化水平。另外还需修订现有航空法规。在修订现有航空法规时，要充分考虑低空经济发展的新趋势和新需求。如在《中华人民共和国民用航空法》中增加关于低空旅游、低空物流等新兴业态的条款，明确其法律地位、权利义务和监管要求。以及对《通用航空飞行管制条例》进行修订，简化飞行审批流程，提高审批效率，为低空活动的顺利开展提供便利。加强对无人机等新兴业态的监管，明确其适航标准、飞行规则、法律责任等内容，确保低空活动的安全性和规范性。与此同时，强化法律实施力度和监管效能。建立健全低空活动监管机制，加大执法力度，确保法律法规得到有效执行。对于违法违规行为，要依法进行严厉打击，形成有效的法律震慑。完善监管队伍建设，提高监管人员的专业素养和

---

[1] 张晓兰，黄伟熔.低空经济发展的全球态势、我国现状及促进策略[J].经济纵横，2024（8）：53-62.

[2] 高志宏.低空经济高质量发展的法治保障研究[J].人民论坛·学术前沿，2024（15）：25-37.

执法能力，确保监管工作的科学性和公正性。加强对监管工作的监督和评估，确保监管工作的有效性和高效性。

（二）建立健全低空监管机制

构建低空活动综合监管平台。利用大数据、云计算等现代信息技术手段构建低空活动综合监管平台，为低空监管筑牢根基。借助实时监控、数据分析、预警预测等功能实现对低空活动全面且精准的监管。同时，加强与其他部门信息共享与协作，凝聚监管合力。通过平台建设，提升监管智能化与精准化水平，削减监管成本并提高效率。

明确职责权限，促进协调配合。清晰界定民航局、空军、地方政府等各方于低空监管中的职责与权限，并建立协调机制，确保各方形成合力[1]。定期召开联席会议、共同制定监管政策，推动沟通协调，规避监管盲区与重复监管。

强化跨部门协作与信息共享。加强民航、军航、公安、交通等部门跨部门协作与信息共享，建立联合执法机制汇聚监管力量。借助信息共享平台收集、分析低空活动数据，实现数据实时交换互通，以期提高监管效率与准确性，并为政策制定和监管决策提供有力依据。

（三）提升公众法治意识与参与度

低空经济是全民参与的经济体系，要推动低空经济领域中立法、执法、司法和守法等法治环节的相互联动，从而形成一个上下贯通、左右衔接的低空经

---

[1] 张克勤.低空管理中政府机构职能问题研究[J].北京航空航天大学学报（社会科学版）：2024，37（5）：120-133.

济法治系统[1]。

开展低空法治宣传教育活动。通过媒体宣传、社区讲座、学校教育等多种方式，开展低空法治宣传教育活动。重点宣传低空法规、无人机飞行管理规定等内容，提高公众对低空法规的认识和遵守意识。加强对青少年的法治教育，培养他们的法治观念和责任感。通过宣传教育活动，营造全社会共同关注低空法治的良好氛围。鼓励民众参与低空治理实践。

鼓励民众通过举报违法飞行活动、参与应急演练等方式，积极参与低空治理实践。建立举报奖励机制，激发民众参与低空治理的积极性。完善对举报人的保护，确保他们的合法权益不受侵害。通过民众的参与和监督，提高低空治理的透明度和公信力。建立低空治理政策反馈机制，广泛收集民意和建议。通过问卷调查、座谈会等方式，了解公众对低空治理政策的看法和需求。

对于公众的合理诉求和建议，要及时回应和调整，确保政策更加符合实际、贴近民生。加强对政策执行情况的评估和监督，确保政策得到有效落实。通过反馈机制的建设，增强政策的针对性和实效性，提高低空治理的满意度和认可度。

【案例：无人驾驶航空器飞行管理暂行条例公布】

2023年5月31日，国务院与中央军委联合行动，重磅公布了《无人驾驶航空器飞行管理暂行条例》，此条例自2024年1月1日起正式施行。这一事件标志着我国在低空经济法治规范进程中迈出了关键一步，为管理无人驾驶航空器确立了准则框架，彰显了国家在顶层设计层面对低空经济有序发展的高度重视与战略布局。

《无人驾驶航空器飞行管理暂行条例》包含6章共63条内容。从源

---

[1] 高志宏.低空经济高质量发展的法治保障研究[J].人民论坛·学术前沿，2024（15）：25-37.

头的适航管理出发，依据分类管理的科学思路，针对无人驾驶航空器的设计、生产、维修以及组装等各个环节，大力强化质量把控与适航规范要求，同时创新性地建立产品识别码与所有者实名登记制度，从根本上保障航空器的安全性与可追溯性。在使用主体资质方面，明确规定了使用单位和操控人员的资质要求，确保每一次飞行操作都有专业素养和技能的支撑。飞行活动管理上，严谨划设飞行管制空域与适飞空域，构建飞行活动申请制度，并对飞行活动规范进行了详尽界定，保障了低空空域资源的合理有序利用。此外，在监督管理与应急处置维度，着力打造一体化综合监管服务平台，清晰明确应急处置责任主体与完善的处置措施，全方位构建起了科学高效的无人驾驶航空器飞行及相关活动管理制度体系。

该条例深度契合低空经济法治建设的各项举措，具有开创性价值。在低空法治宣传教育活动中，它为宣传内容提供了核心素材与精准聚焦点，使得低空法规宣传尤其是无人机飞行管理规定宣传更具权威性与专业性，极大提升了公众对低空法规的认知深度与遵守意愿，营造了全社会关注低空法治的良好氛围。对于鼓励民众参与低空治理实践，条例中的实名登记制度为民众举报违法飞行活动提供了明确依据与便捷渠道，而应急处置责任的明确以及相关规范要求，使得民众参与应急演练更具针对性与有效性，举报奖励机制与举报人保护制度的建立也进一步激发了民众参与低空治理的热情与积极性，显著提高了低空治理的透明度与公信力。在低空治理政策反馈机制方面，条例的实施情况成为民意收集与政策评估调整的关键对象，公众在条例执行过程中的诉求和建议能够精准反馈至政策制定与执行环节，促使政策不断优化完善，确保政策紧密贴合低空经济发展实际与民生需求，有效增强了政策的针对性和实效性，大幅提升了低空治理的满意度和认可度，为低空经济在法治轨道上的高速、稳健发展筑牢了坚实根基。

四、构建低空经济监管体系

低空经济不仅为物流、农业、旅游等多个行业带来了革命性的变化，也对社会治理和监管提出了新的挑战。为了确保低空经济的健康发展，构建一个全面、高效、公正的监管体系显得尤为重要。

（一）优化监管机构设置

调整优化监管机构职能。在全面梳理现有监管机构职能的基础上，根据低空经济活动的特性和发展趋势，对监管机构职能进行精准定位和合理划分。明确各监管机构在低空经济领域的具体职责、权限和业务范围，确保监管机构能够全面覆盖低空经济活动的各个环节，形成上下联动、左右协同的监督网络。促进监管机构之间的信息共享和沟通协作，建立定期会商和联合执法机制，形成监管合力，提高监督效能，增强监管机构的独立性。

为确保监管机构能够独立、公正地行使监督权，应进一步完善相关法律法规，明确监管机构的法律地位、职责权限和运行机制。完善对监管机构的经费保障和人员配置，确保其具备足够的资源和能力来履行监督职责。建立监管机构独立评估机制，定期对监管机构的独立性、公正性和有效性进行评估，确保监管机构始终保持独立性和权威性。其中，提升监管人员专业能力、专业素养是做好监督工作的关键。

应定期组织监管人员参加专业培训，提升其法律素养、业务能力和技术水平。培训内容应包括低空经济相关法律法规、政策规划、标准体系以及监督技巧和方法等。建立监管人员考核机制，将考核结果与职务晋升、薪酬待遇等挂钩，激励监管人员不断提高自身素质和工作能力。鼓励监管人员积极参与低空经济活动实践，深入了解低空经济领域的发展动态和趋势，提高监管工作的针对性和实效性。

（二）构建多元化监管机制

明确政府在低空经济中的监管角色。政府作为低空经济的主要监管者，应明确其在低空经济中的监管角色和职责。政府职责包括制定和完善低空经济相关法律法规、政策规划和标准体系，为低空经济发展提供法治保障；加强对低空经济活动的日常监管和执法检查，确保各项政策措施得到有效落实；推动低空经济领域的技术创新、产业升级和绿色发展等。加强与行业协会、企业和社会公众的沟通与协作，共同推动低空经济持续健康发展。发挥行业协会自律作用。

行业协会作为政府与企业之间的桥梁和纽带，在推动低空经济健康发展中发挥着重要作用。应鼓励和支持行业协会建立健全自律机制，制定行业规范和标准，引导企业遵守行业规范，促进行业健康发展。加强对会员企业的监督和管理，对违法违规行为进行查处和曝光，维护行业秩序和公平竞争环境。积极参与低空经济领域的技术创新、标准制定和政策研究等工作，为政府和企业提供决策支持和咨询服务。引导社会公众参与监督过程。

社会公众是低空经济活动的直接参与者和受益者，也是监督工作的重要力量。应建立健全公众参与监督机制，鼓励社会公众通过举报、投诉等方式参与低空经济活动的监督过程。加强宣传引导，提高公众对低空经济监督工作的认识和支持度，形成全社会共同关注低空经济的良好氛围。建立公众监督反馈机制，及时回应公众关切和诉求，增强公众对监督工作的信任感和满意度。

（三）优化监督资源配置

合理分配监督资源。监督资源的有限性要求必须合理分配和使用监督资源。应根据低空经济活动的特点和规律，科学制订监督计划和工作方案，明确监督重点和优先级。开展对监督资源的动态管理和调整，确保监督资源能够随着低空经济活动的发展变化而不断优化配置。

加强对监督资源的绩效评估和管理，提高监督资源的利用效率和效果。利用现代信息技术手段提高监督精准度。现代信息技术的发展为监督工作提供了新的手段和工具。应充分利用大数据分析、人工智能等技术手段，对低空经济活动进行实时监测和预警分析，提高监督的精准度和时效性[1]。加强信息化建设，构建低空经济监督信息平台，实现监督信息的共享和互通，提高监督工作的效率和水平。加速对新技术、新方法的研发和应用，不断探索和创新监督方式和手段。定期评估监督效果。

监督效果是检验监督工作成效的重要标准。应建立健全监督效果评估机制，定期对监督工作进行评估和总结，分析存在的问题和不足，提出改进措施和建议。加强对评估结果的运用和反馈，将评估结果作为调整监督策略、优化监督资源配置的重要依据。开展对监督工作的监督和问责，确保监督工作得到有效落实和持续改进。

（四）强化责任追究与激励机制

明确责任主体和责任范围。根据低空经济活动的特点和规律，合理划分各

---

[1] 庄苗.人工智能赋能低空经济：应用场景与未来方向[J].人民论坛·学术前沿，2024（15）：38-44.

级政府和部门的监督职责和权限，确保每项监督任务都有人负责、有人落实。加强对责任主体履行职责情况的监督和考核，确保责任主体能够切实履行好监督职责。对于失职渎职、违法违规等行为，要依法依规进行严肃处理。

建立健全违规行为处罚制度。对违法违规行为进行严肃处理是维护低空经济秩序的重要保障。应建立健全违规行为处罚制度，明确违法违规行为的认定标准和处罚措施。对于违法违规行为，要依法依规进行查处和处罚，形成有效的法律震慑和警示作用。加大对处罚结果的公示和通报力度，提高公众对违法违规行为的认知和警惕性。建立责任追究制度。责任追究制度是确保监督工作有效性的重要手段。应建立健全责任追究制度，对失职渎职行为进行严肃问责和处理。对于因监督不力、监管不到位等导致低空经济活动出现重大问题的责任主体和责任人，要依法依规进行问责和追究责任。加强对责任追究结果的运用和反馈，将责任追究结果与职务晋升、薪酬待遇等挂钩，形成有效的激励和约束机制。

设立激励措施鼓励守法经营。为鼓励企业和个人守法经营、积极参与低空经济活动监督过程，应设立相应的激励措施。如对表现优秀的企业和个人给予表彰奖励、提供政策支持和资金扶持等。通过激励措施的设立和实施，可以激发企业和个人的积极性和创造力，推动低空经济持续健康发展。促进对激励措施的宣传和推广，提高公众对激励措施的知晓度和参与度。

加强国际合作与交流。随着低空经济的全球化发展，国际合作与交流已成为推动低空经济持续健康发展的重要途径[1]。应积极参与国际低空经济领域的合作与交流活动，学习借鉴国际先进经验和做法，推动低空经济领域的国际合作与发展。进一步促进与国际组织的沟通与协作，共同制定和完善低空经济领域的国际标准和规则体系，为低空经济的全球化发展提供有力保障。

---

[1] 吕人力.低空经济的背景、内涵与全球格局[J].人民论坛·学术前沿，2024（15）：45-56.

【案例：关于深化我国低空空域管理改革的意见】

2010年，国务院、中央军委下发了《关于深化我国低空空域管理改革的意见》，民航局贯彻落实意见要求，制定《通用航空飞行服务站系统建设和管理指导意见（试行）》，明确了飞行服务站建设管理基本要求。2018年，国家空管委批准在四川进行低空空域综合管理改革试点，形成以地方政府为主导、军地民三方共同参与的低空管理模式。民航局制定《低空飞行服务保障体系建设总体方案》，规划建设国家、区域和飞行服务站三级服务保障体系。2020年以来，低空空域管理改革试点扩大至湖南、江西和安徽等地。民航局制定专门文件，规范飞行动态数据传输、低空飞行服务系统技术要求和专业人员基础培训，构建无人驾驶航空法规标准体系。随着一系列政策举措推进实施，我国低空飞行服务保障体系基本成形。截至2023年底，全国建成通用机场449个，完成国家信息管理系统、7个区域信息处理系统和32个飞行服务站建设，上线民用无人驾驶航空器综合管理平台，实现低空飞行监管、服务全覆盖。我国正在筹划建设低空飞行国家综合监管服务平台[1]。整合面向通航运行的国家信息管理系统、区域信息处理系统和飞行服务站三级飞行服务体系，以及民用无人驾驶航空器综合管理平台，建设低空飞行国家综合监管服务平台，将航路规划、空中避障、空域管理、交通管制等低空飞行要素高效贯通，逐步实现任务执行、资源配置、安全监管等"一站式"服务与监管。

这一系列举措与低空经济发展紧密相连且意义深远。在明确责任主体和责任范围方面，通过各级政府和部门在低空空域管理改革中的职能划分与协作，如地方政府主导试点工作、民航局制定多方面规则标准等，为

---

[1] 中国民航网.宋志勇：高质量建设低空飞行服务保障体系[EB/OL].(2024-04-09)[2024-04-09]. http://www.caacnews.com.cn/tt/202404/t20240409_1377211.html.

低空经济活动中的监督任务分配提供了有益借鉴，确保各项监督责任落实到人，避免出现管理真空。建立健全违规行为处罚制度和责任追究制度方面，在低空飞行服务保障体系建设过程中对相关违规行为的处理以及对失职渎职行为的问责探索，为低空经济活动中的秩序维护提供了范例，有助于形成规范的市场环境，保障低空经济健康发展。设立激励措施鼓励守法经营方面，在改革推进过程中对积极配合、表现优秀的单位或个人给予一定政策倾斜或支持，可转化为对低空经济参与者守法经营的激励思路，激发企业和个人在低空经济活动中的积极性与创造力。加强国际合作与交流方面，我国低空空域管理改革借鉴国际经验并积极参与国际规则制定的尝试，为低空经济在全球化背景下的国际合作发展提供了实践基础，有利于我国低空经济更好地融入全球格局，共同推动低空经济领域国际标准和规则体系的完善。

第三篇 低空经济创新驱动与产业发展

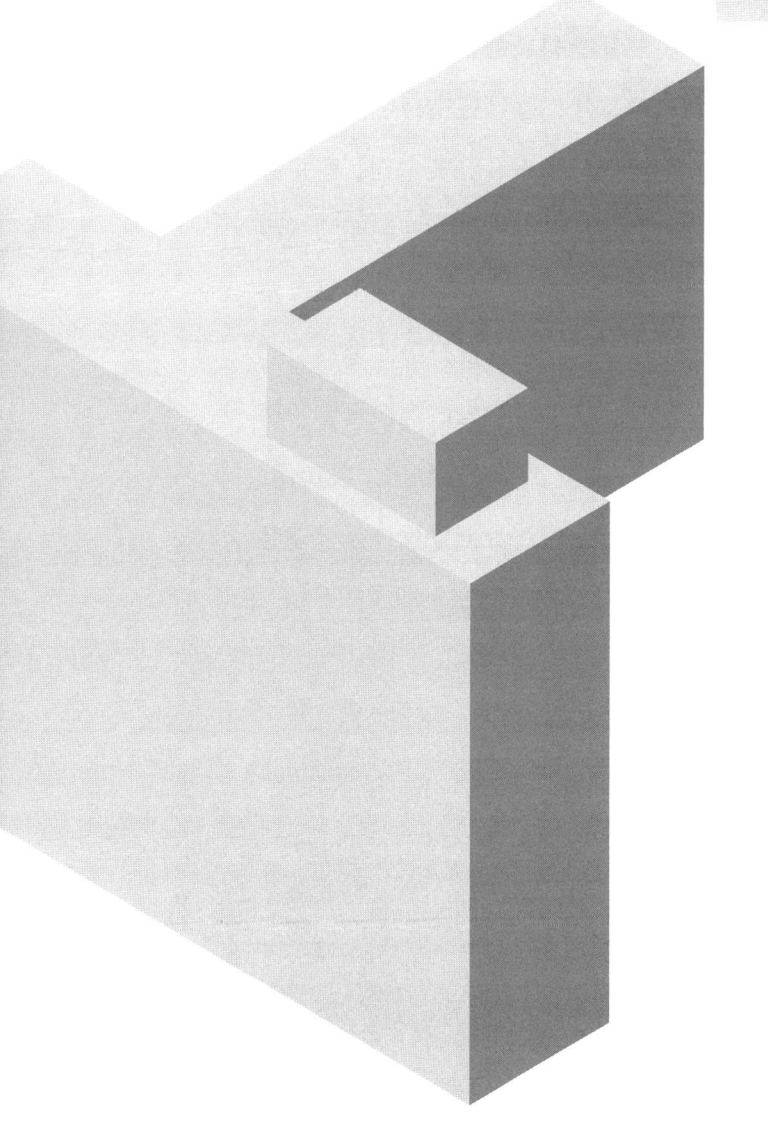

创新位于我国五大新发展理念之首，是引领发展的第一动力。作为战略性新兴产业和高新技术产业，低空经济需要依靠创新驱动。本篇将聚焦于"低空经济创新驱动与产业发展"，探索如何通过创新驱动，全面塑造低空经济发展的新优势，进而构建现代低空产业体系，推动产业数字化与智能化转型，为低空经济的蓬勃发展注入强劲动能。

本篇深入剖析如何强化国家低空战略科技，提升产业技术创新能力，激发人才创新活力，并完善科技创新体制机制。这是低空经济持续健康发展的基石，也是我们塑造低空经济发展新优势的关键所在。在此基础上，一个结构合理、竞争力强、可持续发展的现代低空产业蓝图徐徐展开。从深入实施低空制造强国战略，到发展壮大战略性低空产业，再到促进低空服务业的繁荣发展，以及建设现代化低空基础设施体系，不仅要升级改造传统产业，更要培育发展新兴产业。此外，低空经济与数智技术密不可分。通过打造数字低空经济新优势、加快数字低空经济建设步伐、提高数字政府监管建设水平、完善低空经济数据管理体系，以及营造良好数字低空生态，实现低空产业质量与效益的双重提升。

第七章
坚持创新驱动发展

一、强化国家低空战略科技力量

强化国家低空战略科技力量，提升产业技术创新能力，激发人才创新活力，完善创新体制机制，包括统筹科技布局、突破核心技术、培养创新人才、加强知识产权保护等措施。

（一）统筹低空科技战略布局

制定低空科技发展战略纲要是统筹低空科技战略布局的保障，对于促进市场经济环境下的多层级、多主体协同创新具有重要意义[1]。应当以提升低空领域创新链的韧性与活力为目标，制定低空科技发展战略纲要。通过集中力量攻克低空关键技术瓶颈，为保障国家安全、推动经济转型升级、提升民生福祉提

---

[1] 钟成林，胡雪萍.低空经济高质量发展的新质生产力逻辑与提升路径[J].深圳大学学报（人文社会科学版），2024，41（5）：84-93.

供有力支撑[1]。以国家低空战略需求为指引，重塑创新体系架构，构建以国家级低空科研枢纽为核心的多层级科技力量体系[2],[3]。该体系将联合省市级专业研究机构和行业领军企业研发中心，共同推动科技协同发展。聚焦低空飞行器先进制造、低空空域智能管控、低空通信导航保障等关键领域，设立一批具有前瞻性和引领性的国家实验室，同时优化和重组现有重点实验室，形成协同高效、资源集约的实验室运作模式[4]。进一步强化国家低空技术创新中心、工程研究中心及产业创新联盟的协作互动，全面提升创新基地的综合实力。通过推动科研院所、企业集团及行业协会等多元主体的深度合作，实现低空科技资源的互通共享与优化配置，打造协同创新的高效生态体系[5],[6]。

【案例：丰台区低空经济产业】

近年来，在北京市丰台区，为推动低空经济产业蓬勃发展，当地政府积极谋划布局，出台了一系列针对性的产业政策。众多科研人员、相关企业负责人等投身其中，共同参与到低空经济产业建设当中。丰台区围绕低

---

[1] 张嘉昕，许倩.低空经济产业链发展的制约因素与优化对策研究[J].经济纵横，2024（8）：63-70. DOI:10.16528/j.cnki.22-1054/f.202408063.

[2] 任广乾，景曼，王玲杰.国企数字化转型提升产业链韧性的制度优势及路径选择[J].江苏社会科学，2024（6）：76-84.DOI:10.13858/j.cnki.cn32-1312/c.20241120.002.

[3] 谢捷，陈柳钦，李雁.科技创新驱动低空经济与现代化产业体系协同发展——从技术集成到产业转型[J/OL].企业科技与发展，2025（1）：1-8[2024-12-27].https://doi.org/10.20137/j.cnki.45-1359/t.20241119.001.

[4] 聂继凯.国家实验室研究的自主知识体系审视[J].实验室研究与探索，2024,43（11）：125-131+169.DOI:10.19927/j.cnki.syyt.2024.11.024.

[5] 陈劲，阳银娟.协同创新的理论基础与内涵[J].科学学研究，2012,30（2）：161-164. DOI:10.16192/j.cnki.1003-2053.2012.02.001.

[6] 何郁冰.产学研协同创新的理论模式[J].科学学研究，2012，30（2）：165-174. DOI:10.16192/j.cnki.1003-2053.2012.02.002.

空领域，成立了空域智能管控及安全保障技术重点实验室，聚焦低空高频次、异构、多主体、融合空域等运行需求，着重培育飞行器智能化控制、低空通信导航、低空感知探测、低空空域数字化、数字低空规划及管理运营、数字基础设施建设这六大技术方向，致力于打造具有区域特色且竞争力强的低空经济产业格局。

在具体实践过程中，丰台区积极探索，深入落实各项举措。一方面，在实验室建设方面，通过设立针对低空关键技术研究的前沿性国家实验室，同时对现有的相关重点实验室进行优化重组，构建起协同高效、资源集约的实验室运作模式，使得各个实验室之间能够紧密配合，资源得以高效利用，让低空领域的创新链韧性与活力得到极大增强。另一方面，丰台区加强了国家低空技术创新中心、工程研究中心与产业创新联盟之间的互动协作，定期开展交流研讨活动、联合技术攻关等，以此提升创新基地的综合实力[1]。并且，积极推动科研院校、企业集团、行业协会等多元主体深度合作，搭建起了信息共享、资源共用的平台，实现了低空科技资源的互通共享和优化配置。

丰台区的这一案例充分展现了以国家低空战略需求为指引，重塑创新体系架构的实践路径，构建起了以国家级低空科研枢纽为核心的多层级科技力量体系。通过聚焦低空飞行器先进制造、低空空域智能管控、低空通信导航保障等关键领域，为我国其他地区低空科技的发展提供了可借鉴的成功范例，在推动低空经济高质量发展、保障国家安全、促进经济转型以及提升民生福祉等方面都有着重要的建设性意义，发挥了积极的示范作用。

---

[1] 李海舰，李燕. 对经济新形态的认识：微观经济的视角[J]. 中国工业经济，2020（12）：159–177. DOI:10.19581/j.cnki.ciejournal.2020.12.007.

（二）聚焦核心技术创新突破

立足国家低空安全与发展核心领域，谋划具有前瞻性、系统性的低空科学战略规划与项目工程（低空领域核心技术如图7-1所示）。要利用我国在无人机、新一代信息通信技术等领域优势，聚焦低空装备本体技术、安全技术、运行技术等方向，体系化推动一批关键共性技术攻关。针对低空电动推进技术、无人航空器集群协同作业、低空遥感高精度感知等前沿方向，启动一批标志性国家重大科技专项[1]。从当下经济建设紧迫需求以及长远战略布局考量，汇聚科研力量，探索推动5G移动通信与卫星互联网通信在空管系统中的融合应用、多导航技术协同创新、先进监视技术升级、精准气象保障、高效信息处理系统构建等关键核心技术难题。强化低空技术创新链与产业链深度融合，加速科

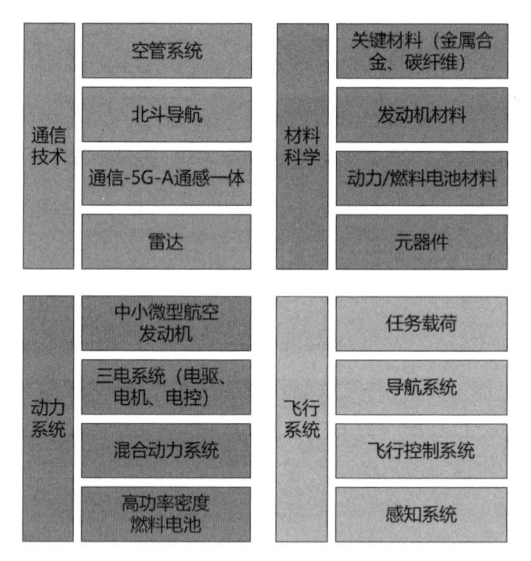

通信技术	材料科学
空管系统	关键材料（金属合金、碳纤维）
北斗导航	发动机材料
通信-5G-A通感一体	动力/燃料电池材料
雷达	元器件

动力系统	飞行系统
中小微型航空发动机	任务载荷
三电系统（电驱、电机、电控）	导航系统
混合动力系统	飞行控制系统
高功率密度燃料电池	感知系统

图7-1 低空领域核心技术图示

---

[1] 中共中央关于党的百年奋斗重大成就和历史经验的决议[N].人民日报，2021-11-17（1）.DOI:10.28655/n.cnki.nrmrb.2021.012021.

成果向现实生产力转化,为低空经济高质量发展提供坚实支撑[1]。

【案例:天目山实验室"智航天目"】

在国家积极立足低空安全与发展核心区域,谋划前瞻性、系统性低空科学战略规划与项目工程的大背景下,天目山实验室发挥重要作用,致力于推动低空领域诸多关键技术的突破与创新[2]。天目山实验室聚焦低空科学前沿方向,投入大量科研力量进行自主创新研发。其中,颇具代表性的成果便是"智航天目"机载多模态遥感图像AI模型。这一模型巧妙融合了可见光、红外、多光谱、高光谱和夜视等多元技术,极大地提升了低空遥感高精度感知能力。与此同时,中国航天科工集团同样在低空技术探索方面成绩斐然[3],其成功突破了无人航空器集群智能协同关键技术,精心开发出具备高动态无人飞行器间智能协同作业能力的原型系统,该系统展现出强大功能,哪怕处于复杂光照条件下,也能够精准地进行目标识别,并实现编队的精准穿越。

天目山实验室以及中国航天科工集团所取得的创新成果,与国家在低空领域所规划的一系列操作手段紧密相连。例如,针对低空电动推进技术、无人航空器集群协同作业、低空遥感高精度感知等前沿方向启动国家重大科技专项,而上述成果恰是对这些前沿方向的有力支撑。它们不仅攻克了关键核心技术难题,更是强化了低空技术创新链与产业链的深度融合,加速了科技

---

[1] 何郁冰.产学研协同创新的理论模式[J].科学学研究,2012,30(2):165-174. DOI:10.16192/j.cnki.1003-2053.2012.02.002.

[2] 天目山实验室.智航天目:让天目山的无人机练就"火眼金睛"[EB/OL].[2024-11-26]. http://tmslab.cn/info/1004/5361.htm.

[3] 中国航天科工集团.航天科工突破集群智能协同关键技术 最新开发智能无人飞行器编队[EB/OL]. (2021-07-29) [2024-11-23]. https://www.jishulink.com/post/1811006.

成果向现实生产力的转化，为低空经济高质量发展注入了强劲动力，开创了低空领域技术应用与经济发展协同共进的新局面，有着极为重要的建设性意义，也为后续低空领域的进一步拓展和深化发展提供了宝贵的经验与范例。

（三）深化低空基础科研支撑

发挥应用研究对基础研究的牵引作用，拟定低空基础科研中长期行动计划，着重构建一批特色鲜明的低空基础学科研究平台[1]。持续加大财政对低空基础研究的扶持力度，完善经费投入管理模式，对积极参与低空基础研究的企业给予税收减免等政策优惠，激励社会资本通过捐赠、设立专项科研基金等形式广泛投入，逐步构建低空基础研究多元化投入且稳定增长的长效机制[2]。提升低空基础研究经费在低空科研总投入中的占比。创建符合低空科研规律的科学评价体系与激励举措，对基础研究项目实施长周期、包容性评估，营造宽松活跃、鼓励探索的科研氛围，培育低空基础研究创新沃土。

【案例：杭州市低空经济高质量发展实施方案】

在杭州市的低空经济高质量发展实施方案中，政府采取了一系列措施以推动低空基础研究的发展。该方案旨在通过科技成果转化专项行动，支持建设概念验证中心，促进低空科技成果的高效转化，并计划到 2027 年实施不少于 10 个科技攻关项目。此外，杭州市鼓励低空经济产业链上下游企业与国内外高校、研究机构组建创新联合体，构建"基础研究 + 技术

---

[1] 张晓晴，邵百一，杨阳，等.世界高水平大学基础学科建设路径探索[J].教育观察，2024，13（16）：20-25，66. DOI:10.16070/j.cnki.cn45-1388/g4s.2024.16.021.

[2] 刘金亮，高冰，董世远.高等学校设立校级科研基金项目的相关问题研究[J].科学咨询（科技·管理），2023（8）：47-49.

攻关+成果产业化"的全过程创新生态链。同时，支持创建低空经济领域的重点实验室，争取全国重点实验室落户杭州或在杭设立分实验室，目标是到2027年省级及以上研发中心等创新平台达到5个以上。为了进一步推动低空基础研究的发展，杭州市政府还强调了多元化投入的重要性。通过政策优惠和税收减免等措施，激励社会资本广泛投入低空基础研究。例如，对积极参与低空基础研究的企业给予税收减免等政策优惠，以激励企业和社会资本的广泛参与。在财政支持方面，杭州市政府致力于完善经费投入管理模式，确保低空基础研究经费在低空科研总投入中的占比显著提升。这不仅有助于形成持续稳定的投入机制，还能为低空基础研究提供有力的资金保障。为了营造良好的科研生态，杭州市政府创建了符合低空科研规律的科学评价体系与激励举措。对基础研究项目实施长周期、包容性评估，鼓励科研人员大胆创新，营造宽松活跃的科研氛围，从而培育低空基础研究的创新沃土。

（四）构筑低空创新生态高地

打造国际领先低空科创枢纽，汇聚创新资源。在空域资源丰富、产业基础雄厚、科研实力强劲的区域，着力打造国际领先的低空科技创新枢纽，建设综合性低空科学核心区。通过政策倾斜、资金投入等方式，吸引全球顶尖低空科研机构、企业入驻，形成集研发、生产、试验、应用于一体的创新集群。

强化创新基地园区示范引领，带动产业升级。充分发挥国家低空自主创新示范基地、低空产业高新技术园区、低空经济技术开发区的辐射带动与示范引领效能。园区基地作为低空产业的先行军，通过展示先进技术应用成果、推广成功商业模式等方式，为周边地区乃至全国低空产业提供可借鉴的范例。同时，促进园区内企业间的合作交流与协同创新，带动上下游产业链的优化升级，提升整个低空产业的竞争力与创新能力。

布局重大科研设施建设，夯实创新基础。适度超前谋划布局国家重大低空科研基础设施建设，例如，大型风洞实验室可用于飞行器性能测试与优化，低空空域模拟试验场能模拟各种复杂飞行环境。建设过程中注重搭建资源共享服务网络，提高设施的利用率与共享性，避免重复建设与资源浪费。同时，集成建设低空领域特色资源库、野外监测实验站点及大数据处理分析中心，为科研人员提供丰富的数据支持与研究平台，推动低空科研从理论到实践的深度转化。

推动科研设备自主研发生产，提升创新实力。加强先进低空科研设备仪器的自主研发与生产能力，摆脱对国外技术与设备的依赖。加大科研投入力度，鼓励企业与科研机构联合攻关，突破关键技术瓶颈，研制出具有自主知识产权的高精度、高性能科研设备仪器。这不仅有助于降低科研成本，提高科研效率，还能提升我国在低空科研领域的国际地位与话语权，为我国低空科技创新提供坚实的技术保障。

搭建国际交流平台，共筑创新生态。搭建国际化、专业化的低空科研成果展示交流与学术研讨高端平台，吸引全球低空领域的专家学者、企业精英会聚一堂。分享最新科研成果、探讨前沿技术难题、交流创新实践经验，促进不同文化与思维的碰撞融合，激发更多创新灵感与合作机会。通过汇聚全球低空智慧，共同构建一个开放、包容、充满活力的低空创新生态高地，推动低空科技在全球范围内的快速发展与广泛应用[1]。

【案例：龙华区低空经济产业园区】

龙华区的低空经济产业园区是一个典型的案例，展示了如何在空域资

---

[1] 田虹，刘雨潇.创新生态系统中责任式创新如何助力制造企业可持续绩效提升[J].科技进步与对策，2024，41（23）：86-96.

源丰富、产业基础雄厚、科研实力强劲的地区打造国际领先的低空科技创新枢纽。该园区位于深圳都市核心区，依托国家级高新园区——观澜高新科技园，总建筑面积达 8.5 万平方米，具备无人机试飞场、智能交通测试道路、航空物流分拣中心等先进硬件设施。园区不仅提供法律咨询、知识产权保护、资金支持、人才培养等全方位产业配套服务，还致力于成为集科研、制造、创新孵化、技术交流等功能于一体的创新创业理想场所。

此外，龙华区与南京航空航天大学合作共建了"深圳—南航低空智联产业科技创新中心"，进一步提升了园区在科技创新和国际合作方面的优势。这种合作不仅利用了龙华区的经济和产业资源，还借助南京航空航天大学在科技创新和人才团队方面的优势，推动低空经济的发展。

龙华低空经济产业园区通过集成建设低空领域特色资源库、野外监测实验站点及大数据处理分析中心，加强先进低空科研设备仪器的自主研发与产业化生产，并搭建国际化、专业化的低空科研成果展示交流与学术研讨高端平台，汇聚全球低空智慧，共筑低空创新生态高地。

二、提升低空产业技术创新能力

完善低空产业技术创新推动机制，强化产业创新核心地位，促使各类创新要素向产业汇聚，构建以产业为核心、产学研用紧密结合的低空产业技术创新体系。

（一）激发产业创新投入活力

强化政策扶持力度。制定并实施具有针对性的税收优惠政策，扩大低空领域研发费用加计扣除范围与比例，给予符合条件的低空企业更优惠的所得税减免政策（表7-1至表7-4）。建立低空创新产品与服务采购清单，运用政府采购政策优先采购清单内产品与服务，为低空企业创新成果提供市场支撑[1]。完善低空行业质量与技术标准体系，加强质量监督与市场监管，营造公平有序的竞争环境，激发企业创新积极性。

优化企业研发考核。针对国有企业，建立健全鼓励低空技术研发的考核体系，设置独立的研发经费核算机制，在一定时期内免除与研发投入直接挂钩的增值保值类考核指标，建立研发容错纠错机制，保障国有低空企业研发投入持续稳定增长且高于行业平均增速。针对中小微低空企业，进一步细化税收优惠政策，如依据企业创新贡献给予阶梯式税收减免，降低企业创新成本[2]。

【案例：湖南省低空经济产业税收政策支持】

在湖南省，低空经济产业得到专项税收政策支持，为企业的创新和发展提供了有力的保障。湖南省税务部门针对低空经济的发展，制定了"政策＋服务"的赋能策略，确保税收优惠政策能够精准落地。例如，湖南省的通航产业骨干企业在税务部门的帮助下，通过"政策找人"的方式，靶向匹配税费优惠政策，使得企业能够及时享受到研发费用加计扣除和高新技术企业所得税优惠，累计享受了超过2600万元的税收减免；株洲山河星航实业股份有限公司作为一家低空经济企业，通过享受研发费用加计扣除优惠，累计获得了超过2500万元的税收减免。这种政策不仅减轻了企业的财务负担，还激励了企业持续进行技术创新和产品研发。南京的税务部门也紧跟低空经济发展的步伐，依托税收大数据，及时发现未及时享受研发费用加计扣

---

[1] 黄鲁成.宏观区域创新体系的理论模式研究[J].中国软科学，2002（1）：96-99.
[2] 姜付秀，伊志宏，苏飞，等.管理者背景特征与企业过度投资行为[J].管理世界，2009（1）：130-139. DOI:10.19744/j.cnki.11-1235/f.2009.01.015.

表 7-1 党中央低空经济政策

发布时间	政策名称	政策效力	政策发布机构	政策要点
2024.10	《先进安全应急装备推广目录（工业领域2024版）》	对安全应急装备的推广和应用具有指导作用，其中部分装备涉及低空经济领域。	工信部	包括安全应急监测预警装备、安全应急智能化装备、工业消防装备、先进个体防护装备共四大类100项装备，并明确了其关键技术指标和适用场景及范围。
2024.07	《中共中央关于进一步全面深化改革、推进中国式现代化的决定》	为低空经济的发展提供了政策支持和方向指引，推动通用航空和低空经济发展。	中共中央	提出健全现代化基础设施建设体制机制，发展通用航空和低空经济。
2024.03	《通用航空装备创新应用实施方案（2024—2030年）》	对通用航空装备在未来一段时间的创新应用起到指引作用，推动低空经济产业发展。	工信部、民航局	细化了我国通用航空2027年、2030年的目标，如2027年在载物高端实现商业应用，2030年电动垂直起降（eVTOL）载客网络基本建立，低空经济市场达万亿元。
2024.01	《民用无人驾驶航空器运行安全管理规则》	规范了民用无人驾驶航空器的运行安全管理，保障了民用无人驾驶航空器的安全运行。	交通运输部	对民用无人驾驶航空器的运行安全管理工作进行了规范，包括运行安全要求、操作人员资质、安全管理责任等方面的内容。
2023.12	《国家空域基础分类方法》	为国家空域的分类管理提供了依据和方法，对空域的合理利用和管理具有重要意义。	民航局	依据多个要素将空域进行分类，明确了不同类型空域的特点和管理要求，为低空飞行提供了更明确的空域划分标准。

第三篇 低空经济创新驱动与产业发展　　　105

续表

发布时间	政策名称	政策效力	政策发布机构	政策要点
2023.10	《绿色航空制造业发展纲要（2023—2035年）》	面向多个应用场景，加快eVTOL等创新产品应用，推动了低空经济相关产业的发展。	工信部、科技部、财政部、民航局	对绿色航空制造业的发展进行了规划，强调了创新产品的应用，为低空经济的发展提供了产业支持。
2022.01	《"十四五"现代综合交通运输体系发展规划》	对"十四五"期间现代综合交通运输体系的发展进行了规划和部署，其中涉及通用航空和低空经济的发展。	国务院	提出有序推进通用机场规划建设，构建区域短途运输网络，探索通用航空与低空旅游、应急救援、医疗救护、警务航空等融合发展，为低空经济的多元化发展提供了方向。
2021.12	《"十四五"民用航空发展规划》	对民用航空领域的发展进行了规划，其中涉及无人机应用拓展等内容，对低空经济的发展具有推动作用。	民航局	鼓励无人机在多个领域的服务，为低空经济的发展提供了应用场景和发展方向。
2021.02	《国家综合立体交通网规划纲要》	首次提出"发展低空经济"，将低空经济的发展提升到国家战略层面。	中共中央、国务院	强调了低空经济在综合立体交通网中的重要地位，为低空经济的发展提供了战略支持。

表7-2 北京市低空经济政策

发布时间	政策名称	政策效力	政策发布机构	政策要点
2024.10	《北京市促进低空经济产业高质量发展行动方案（2024—2027年）》	将推动北京低空经济产业的快速发展，使其成为京津冀协同发展的先导示范产业。	北京市经济和信息化局、北京市发展和改革委员会、北京市科学技术委员会、中关村科技园区管委会、北京市交通委员会	明确了持续加强低空经济技术创新引领，加快形成低空安全管控全国标杆，巩固低空运行服务技术支撑体系，优化低空基础设施和服务保障，打造全国低空飞行应用创新示范共6方面的重点任务；计划扩大航空应急救援应用，推动常态化低空物流配送应用，探索建立大兴机场与雄安新区的低空客运航线等。
2024.08	《关于促进丰台区低空经济产业高质量发展的指导意见（2024—2026年）》	旨在推动丰台区低空经济产业快速发展，解决飞行管控难题，形成丰台方案并推广京津冀乃至全国应用，使丰台区成为低空经济发展的重要区域。	中关村科技园区丰台园管理委员会、北京市丰台区科学技术和信息化局	力争到2026年，丰台区低空经济产业规模超过1000亿元，低空经济产业重点企业突破200家；培育优质企业和专精特新企业，建设创新平台和验证检测、适航验证技术服务平台；解决低空经济应用场景发展中的飞行管控难题；拓展低空经济应用至农林、环保、应急等多个领域；做好人才保障。
2024.05	《房山区低空经济产业发展行动方案（2024—2027年）（征求意见稿）》	若正式实施，将推动房山区成为北京低空经济发展的创新先导区，助力首都打造低空经济的全国标杆。	房山区政府	通过三年时间，布局低空监管体系，建设以低空智造为特色的产业园，打造应急救援、物资投送等多元场景，构建"主一干一支"起降点网络，搭建北京智能航空器房山测试基地等。

第三篇 低空经济创新驱动与产业发展

表 7-3 深圳市低空经济政策

深圳市近年发布的与低空经济相关的政策法规

发布时间	政策名称	政策效力	政策发布机构	政策要点
2024.11	《深圳市低空基础设施高质量建设方案（2024—2026年）》	将为深圳低空经济的发展提供坚实的基础设施支持，推动低空经济多场景应用的落地，促进产业的集聚和发展。	深圳市发展改革委等相关部门	提出到2026年建成1200个以上低空起降点的目标，构建层次分明、结构合理的低空起降设施网络，覆盖载人飞行、物流运输、社区配送及城市治理服务四大领域；布局低空测试及服务体系格局；加强通信基础设施建设，形成空-天-地-海融合通信网络体系。
2024.01	《深圳经济特区低空经济产业促进条例》	这是全国首部低空经济产业促进专项法规，为深圳低空经济产业发展提供法律保障。	深圳市人民代表大会常务委员会	规定市政府统筹低空飞行基础设施的规划、建设和运营管理，支持社会资本参与；鼓励社会组织、企业和个人探索低空飞行应用；要求发挥财政性资金引导作用，鼓励金融机构支持，鼓励开发相关保险产品等。
2023.12	《深圳支持低空经济高质量发展的若干措施》	围绕引培低空经济链上企业、鼓励技术创新、扩大低空飞行应用场景、完善产业配套环境提出具体支持措施，推动深圳低空经济产业发展。	深圳市交通运输局	对新落户低空经济企业给予落户奖励，对低空经济企业重大工业投资项目或上市公司本地工业投资项目给予资助；鼓励低空产业关键技术研发、科技成果转化等；支持物流配送新航线、通航短途运输航线等；开展低空基础设施建设，会聚人才、打造创新载体等。

108　　低空经济蓝皮书

续表

深圳市近年发布的与低空经济相关的政策法规

发布时间	政策名称	政策效力	政策发布机构	政策要点
2023.10	《福田区低空经济高质量发展行动方案（2023—2025年）》	推动福田区低空经济的快速发展，提升区域内产业能级和创新能力。	深圳市福田区人民政府办公室	提出打造低空经济发展典范城区目标，实施关键技术研发及科技创新能力提升、低空基础设施及保障能力提升、低空产业能级及商业规模提升、低空应用场景多元化培育及拓展4大行动17项重点任务。
2023.07	《深圳市宝安区低空经济产业创新发展实施方案（2023—2025年）》	为宝安区低空经济的发展明确了目标和方向，促进了产业布局和规划，推动了低空经济产业在宝安区的快速发展，使得宝安区在低空经济领域取得了显著的成绩，如宝安区低空无人机产业集群产值达107.49亿元，近三年产值年均增速13.1%。	深圳市宝安区人民政府	提出到2025年，宝安区低空经济创新水平国际一流、基础设施国内领先、低空场景丰富多元、产业能级大幅跃升、产业生态不断完善，产业集聚效应凸显，低空经济重要增长极形成势，成为宝安未来经济重要增长极。

第三篇　低空经济创新驱动与产业发展　109

表 7-4 珠海市低空经济政策

发布时间	政策名称	政策效力	政策发布机构	政策要点
2024.06	《珠海市支持低空经济高质量发展的若干措施》	推动珠海市快速培育壮大低空经济新兴产业集群，加快打造"天空之城"。	珠海市政府	包括培育低空经济产业生态，扩大低空飞行应用场景，强化产业要素供给等，加大支持重大项目落户及增贸扩产，支持适航取证，支持公共服务平台建设，降低试飞成本，支持低空经济会展活动等。
2024.05	《广东省推动低空经济高质量发展行动方案（2024—2026年）》	为珠海市低空经济的发展提供了省级层面的规划和支持，明确了珠海在全省低空经济发展中的重要地位，推动珠海加快低空经济产业的布局和发展。	广东省政府	到2026年，全省低空经济规模超过3000亿元，基本形成广州、深圳，珠海三核联动、多点支撑，成片发展的低空经济产业格局，培育一批龙头企业和专精特新企业。
2023.12	横琴粤澳深度合作区相关政策	推动横琴粤澳深度合作区无人驾驶空域开放，吸引相关产业资源，促进海通跨境物流运输业务的发展，为珠海低空经济发展带来新机遇。	国家发展改革委、商务部	支持合作区全域规划建设海陆空同智能无人体系，进一步推动无人驾驶空域开放，研究试点开通合作区与澳门及周边海岛等地无人机、无人船跨境物流跨域运输航线。
2021.12	《珠海莲洲航空产业规划》	为斗门区莲洲镇的航空产业发展提供了规划指导，有助于推动莲洲镇成为珠海通用航空产业综合示范区，构建具有区域竞争优势的无人机产业体系等。	由中国航空规划设计研究总院和珠海市规划设计研究院编制	莲洲航空产业规划总体范围约24平方公里，打造莲洲通用航空园，建设珠三角绿色活力示范区，构建珠三角"新航城"。

110　　低空经济蓝皮书

除优惠的企业，并提供一对一辅导，确保政策精准落地。这种精准的政策落实方式，不仅提高了政策的执行效率，还增强了企业的创新动力。

案例表明，通过制定并实施具有针对性的税收优惠政策，扩大低空领域研发费用加计扣除范围与比例，给予符合条件的低空企业更优惠的所得税减免政策[1]，可以有效激发企业的创新积极性，推动低空经济产业的健康发展[2]。同时，建立低空创新产品与服务采购清单，运用政府采购政策优先采购清单内产品与服务，为低空企业创新成果提供市场支撑，也是促进低空经济高质量发展的重要措施[3]。

（二）夯实共性技术研发根基

整合资源，搭建平台。整合航空航天、电子信息、机械制造等多领域优势资源，构建一批低空关键共性技术研发平台，聚焦低空飞行器动力系统优化、低空空域通信组网、低空智能航行管控等核心技术领域开展联合攻关[4]。鼓励行业龙头企业发挥引领作用，联合高校、科研院所及上下游企业，通过共建共享模式打造国家低空产业创新中心，积极争取并承担各级重大科技研发项目，加速技术成果转化应用。

创新机制，协同发展。支持有研发实力和技术转化能力的企业联合科研

---

[1] 黎文靖，郑曼妮.实质性创新还是策略性创新？——宏观产业政策对微观企业创新的影响[J].经济研究，2016，51（4）：60-73.

[2] 鞠晓生，卢荻，虞义华.融资约束、营运资本管理与企业创新可持续性[J].经济研究，2013，48（1）：4-16.

[3] 陈劲，阳银娟.协同创新的理论基础与内涵[J].科学学研究，2012，30（2）：161-164. DOI:10.16192/j.cnki.1003-2053.2012.02.001.

[4] 路风.论产品开发平台[J].管理世界，2018，34（8）：106-129, 192. DOI:10.19744/j.cnki.11-1235/f.2018.08.010.

院所成立低空行业研究院，为低空行业提供非营利性的共性技术研发、检测验证、技术咨询等服务。鼓励构建以企业为主体的产学研用协同创新联盟，建立风险共担、利益共享机制，促进大中小企业在技术研发、生产制造、市场拓展等方面深度合作、融通发展[1]。引导地方政府依据产业集群特色，联合各方力量创办混合所有制低空产业技术研究院，专注于解决区域低空产业共性技术难题（整体框架如图7-2所示）。

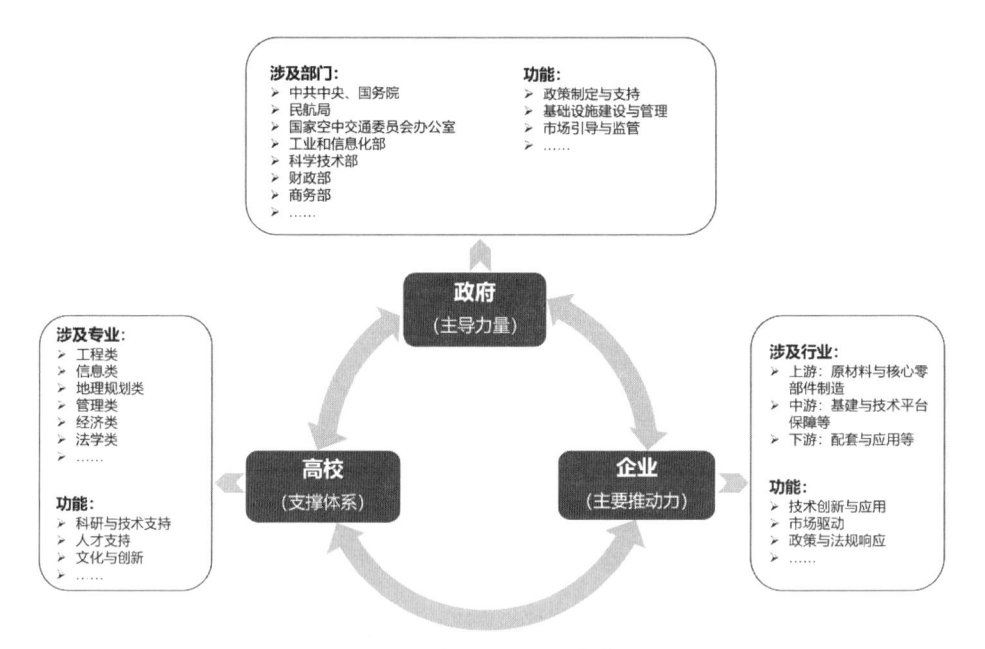

图7-2 低空产学研协作框架图示

【案例：福州市整合资源搭建低空产业平台】

福州市政府在推动低空产业发展方面采取了一系列措施，以整合资源并搭建平台，促进低空关键共性技术的研发。福州市计划到2026年培育20

---

[1] 陈劲，阳银娟.协同创新的理论基础与内涵[J].科学学研究，2012，30（2）：161-164. DOI:10.16192/j.cnki.1003-2053.2012.02.001.

家具备竞争力的相关企业，并重点提升无人机领域的技术研发和生产制造能力。为了实现这一目标，福州市政府鼓励企业、高校和科研院所共建创新联合体或重点实验室，以促进低空产业与高校、科研院所的对接合作。

此外，福州市还计划打造低空产业创新平台，引进国内外高端科技创新资源，建设孵化基地和监测试验基地，加强无人机飞手培训。这些措施旨在通过整合航空航天、电子信息、机械制造等多领域的优势资源，构建低空关键共性技术研发平台，聚焦低空飞行器动力系统优化、低空空域通信组网、低空智能航行管控等核心技术领域开展联合攻关。

同时，福州市政府鼓励行业龙头企业发挥引领作用，联合高校、科研院所及上下游企业，通过共建共享模式打造国家低空产业创新中心，积极争取并承担各级重大科技研发项目，加速技术成果转化应用。这种模式不仅有助于加速技术研发和产业化进程，还能促进大中小企业在技术研发、生产制造、市场拓展等方面深度合作、融通发展。福州市通过一系列政策和措施，致力于整合多方资源，搭建低空关键共性技术研发平台，推动低空经济的高质量发展。

（三）完善创新服务生态体系

开放共享科技资源。推动各类科研平台、科技报告、科研数据向低空企业有序开放，建立低空科技资源共享数据库与服务平台，为企业提供便捷的数据查询、技术咨询等服务。创新低空科技成果转化激励机制，对积极推动科技成果转化的单位和个人给予奖励，鼓励将财政支持形成的低空科技成果许可或转让给中小企业，提升成果转化效率[1]。

---

[1] 徐冠华.实施科学数据共享增强国家科技竞争力[J].中国基础科学，2003（1）：7-11.

优化创新服务保障。深化创新创业服务机构改革[1]，培育具有低空产业专业知识的市场化技术转移机构和高素质技术经理人队伍[2]。完善金融服务体系，鼓励金融机构开发针对低空企业的应收账款质押融资、供应链金融等特色产品，开展科技成果转化贷款风险补偿试点。拓展低空科技型企业融资渠道，支持符合条件的企业在主板、中小板、新三板等市场上市融资，鼓励设立低空产业专项投资基金，引导社会资本投入低空创新领域。这一系列措施旨在打造一个高效、开放的低空经济创新生态服务系统（图7-3）。

图7-3　低空经济创新生态服务系统

【案例：广州市产学研结合】

在完善创新服务生态体系的过程中，广州市采取了一系列措施来推动低空经济的发展。首先，广州市政府鼓励相关企业、高等学校和科研机构设立专业性技术转移机构，以促进科技成果的落地转化。此外，广州市通

---

[1] 欧阳桃花.低空经济的技术创新与场景创新[J].人民论坛·学术前沿，2024（15）：57-68. DOI:10.16619/j.cnki.rmltxsqy.2024.15.005.

[2] 陈希.将创新创业教育贯穿于高校人才培养全过程[J].中国高等教育，2010（12）：4-6.

过项目补偿、风险补偿和投贷联动等方式，发挥科技资金的引导作用，支持低空经济科技成果转化。在优化创新服务保障方面，广州市深化创新创业服务机构改革，培育具有低空产业专业知识的市场化技术转移机构和高素质技术经理人队伍。同时，完善金融服务体系，鼓励金融机构开发针对低空企业的应收账款质押融资、供应链金融等特色产品，并开展科技成果转化贷款风险补偿试点。这些措施不仅为低空经济领域的企业提供了资金保障，还为整个产业链的上下游企业注入了持续的发展动能。

此外，广州市还支持符合条件的企业在主板、中小板、新三板等市场上市融资，并鼓励设立低空产业专项投资基金，引导社会资本投入低空创新领域。通过这些综合措施，广州市致力于打造一个高效、开放的低空经济创新生态服务系统，推动低空经济高质量发展。

三、激发低空经济人才创新活力

低空经济作为新兴的经济领域，具有巨大的发展潜力。为了推动低空经济的快速发展，必须贯彻尊重劳动、尊重知识、尊重人才、尊重创造的方针，深化人才发展体制机制改革，全方位培养、引进、用好人才，充分发挥人才第一资源的作用[1]。

（一）培养造就高水平低空经济人才队伍

遵循人才成长规律和低空经济发展规律，培养造就更多国际一流的低空经

---

[1] 周钰哲.低空经济发展的理论逻辑、要素分析与实现路径[J].东南学术，2024（4）：87-97.

济战略人才、领军人才和创新团队[1]（具体人才需求如图7-4所示）。培养具有国际竞争力的青年低空经济人才后备军，注重依托重大低空经济项目和创新基地培养发现人才。支持设立低空经济相关的博士后创新岗位，加强创新型、应用型、技能型低空经济人才培养。实施低空经济知识更新工程和技能提升行动，壮大高水平低空经济工程师和高技能人才队伍。加强低空经济基础学科拔尖学生培养，建设与低空经济相关的数理化生等基础学科基地和前沿科学中心。实行更加开放的人才政策，构筑集聚国内外优秀低空经济人才的科研创新高地[2]。完善外籍高端低空经济人才和专业人才来华工作、科研、交流的停居留政策，完善外国人在华永久居留制度，探索建立低空经济技术移民制度。健全薪酬福利、子女教育、社会保障、税收优惠等制度，为海外低空经济科学家在华工作提供具有国际竞争力和吸引力的环境。

【案例：苏州工业园区低空经济高质量发展行动计划】

苏州工业园区的低空经济高质量发展行动计划（2024—2026年）是一个典型的案例，展示了如何遵循人才成长规律和低空经济发展规律，培养造就更多国际一流的低空经济战略人才、领军人才和创新团队。该计划深入落实国家、省、市关于加快推进低空经济发展战略部署，积极构建低空经济融合发展生态，推动自主飞行控制系统、先进轻型动力系统等技术协同创新，开发感知融合、决策规划、控制执行在内的算法体系。

在人才培养方面，苏州工业园区通过实施"金鸡湖人才计划"，将低空经济人才纳入园区重点产业紧缺人才需求目录，引进一批低空经济领域重大创新团队和创新创业领军人才。同时，建设低空经济"研产教融合"服务共享基地，加大研发、测试、运营、空管、适航审定等领域技术技能

---

[1] 岳晓东，龚放.创新思维的形成与创新人才的培养[J].教育研究，1999（10）：9-16.
[2] 林健.注重卓越工程教育本质创新工程人才培养模式[J].中国高等教育，2011（6）：19-21.

图 7-4 低空经济人才队伍需求

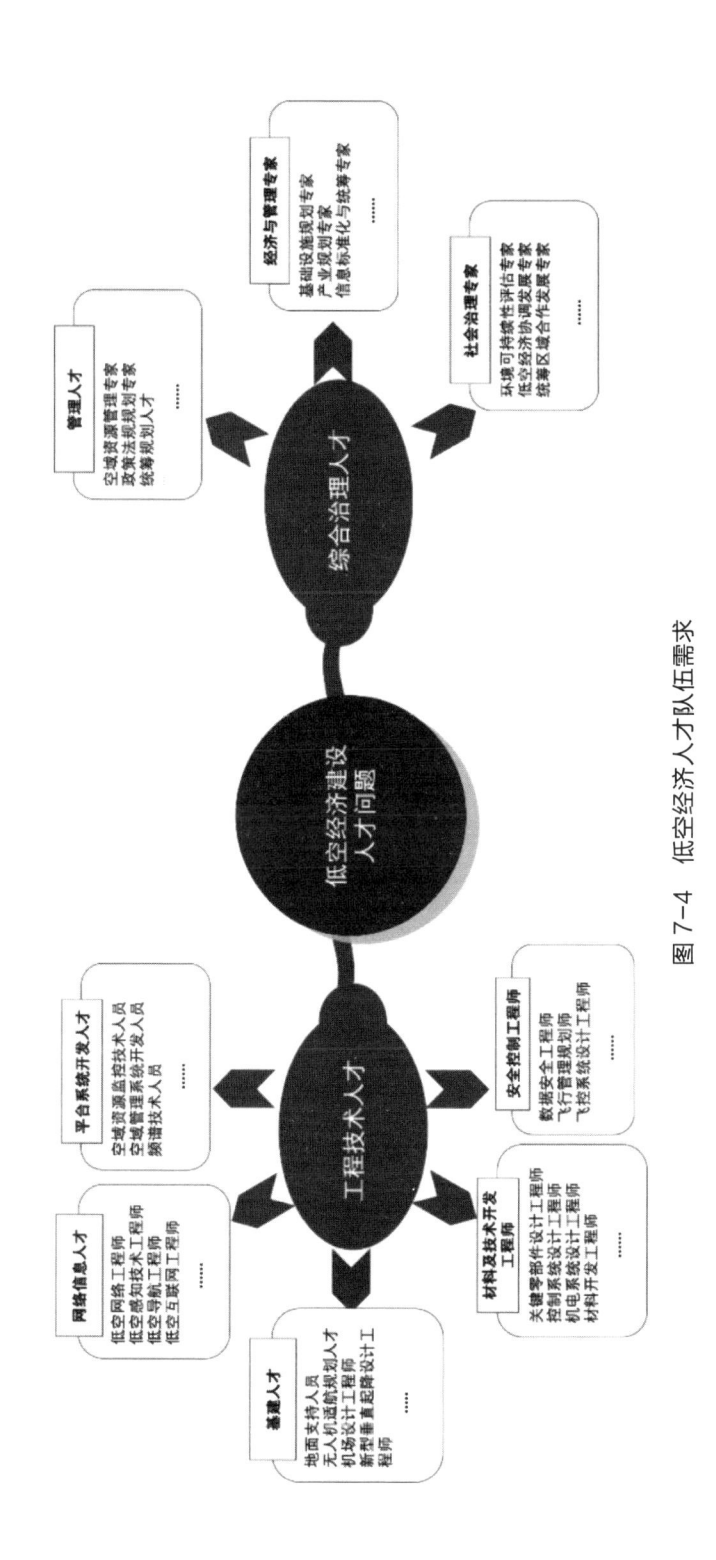

第三篇 低空经济创新驱动与产业发展

型航空专业人才培育力度。此外，苏州工业园区还依托航空科技扬州实验室、沈阳所扬州院等平台，支持产学研协同发展，组建产业技术创新战略联盟，设立低空经济产业研究院、运行实验室等创新机构。依托中航研究生院建立健全低空经济人才培养体系，拓展"研产教融合"新模式，定向培养飞行驾驶、机务维修、运营管理等各类专业人才。

苏州工业园区的低空经济高质量发展行动计划不仅注重依托重大低空经济项目和创新基地培养发现人才，还支持设立低空经济相关的博士后创新岗位，加强创新型、应用型、技能型低空经济人才培养。通过这些措施，苏州工业园区致力于打造低空经济人才队伍，营造良好的低空经济人才发展氛围，培养符合新质生产力要求的一流科技领军人才和应用型人才。

（二）激励低空经济人才更好发挥作用

完善低空经济人才评价和激励机制，健全以创新能力、质量、实效、贡献为导向的低空经济科技人才评价体系[1]，构建充分体现知识、技术等创新要素价值的低空经济收益分配机制（表7-5）。

选好用好低空经济领军人才和拔尖人才，赋予更大技术路线决定权和经费使用权。全方位为低空经济科研人员松绑，为他们提供更加宽松的科研环境。实行以增加知识价值为导向的分配政策，完善低空经济科研人员职务发明成果权益分享机制，探索赋予低空经济科研人员职务科技成果所有权或长期使用权，提高科研人员收益分享比例[2]。深化低空经济人才制度改革，建立健全低

---

[1] 赵伟，包献华，屈宝强，等.创新型科技人才分类评价指标体系构建[J].科技进步与对策，2013，30（16）：113-117.

[2] 洪峰.中国式员工持股计划与企业创新：利益协同抑或市值管理[J].广东财经大学学报，2021，36（2）：69-85.

空经济人才培养、选拔、使用、评价、激励等机制，为低空经济人才的发展提供更加广阔的空间和更加有力的保障。

表7-5 人才政策预想规划

政策类型	政策要点	预想发布机构
引进政策	给予高额安家补贴吸引国内外优秀人才；对柔性引进的急需高端人才按服务时间给予工作津贴；赋予重点企业人才举荐权，被举荐人才免评审	地方政府（如各地的人才工作领导小组、人社局等）、产业园区管委会等
激励政策	对低空经济领域高端人才实行"特岗特薪"，按年薪一定比例给予奖励；为技能大师工作室等提供资助；对取得突出成果或创新的人才给予专项奖励	政府相关部门（科技部门、人社部门等）、行业协会等
培养政策	推动高校开设低空经济相关专业课程；支持职业技能培训机构开展实用技能培训；打造"订单班""冠名班"等特训班为企业输送人才；鼓励企业与高校合作进行定制化人才培养	教育部门、人社部门、高校等
评价政策	成立低空经济技能人才培训评价产业联盟，建立健全人才评价机制，畅通人才培训、评价、就业链路	人社部门、行业组织等
服务政策	为人才提供住房、子女教育、医疗等方面的优惠政策和便利服务；搭建人才交流平台，促进人才间的合作与交流	政府相关部门（如住建局、教育局、卫健委等）、人才服务中心等
科研支持政策	资助科研项目，设立专项基金支持低空经济相关技术和应用领域的创新研发；对牵头制定修订国际、国家标准的给予奖励	科技部门
创业扶持政策	为低空经济领域的创新创业人才提供创业资金支持、场地支持、税收优惠等；设立产业基金投资低空经济领域项目	政府相关部门（如发改委部门、财政部门等）、金融机构等

【案例：广东省夯实低空经济人才队伍】

为了激励低空经济人才更好地发挥作用，广东省人民政府办公厅出台了一系列政策，旨在夯实低空经济人才队伍的基础。这些政策包括编制和实施省级低空经济产业人才支持专项政策，精准引进和培养低空领域的行业领军人才和科技创新团队。

广东省通过这些措施，致力于为低空经济的发展提供坚实的科技支撑。例如，政府鼓励企业与高校共建人才培养和实训基地，推动在相关学科专业中科学设置低空经济相关内容，以培养具备跨学科知识和实践能力的专业人才。此外，还建立了低空经济领域的人才评价体系，协助管理单位进行自律化管理，为人才的选拔和晋升提供依据，从而保障行业的规范健康发展。在激励机制方面，广东省强调实行以增加知识价值为导向的分配政策，完善科研人员职务发明成果权益分享机制。探索赋予科研人员职务科技成果所有权或长期使用权，并提高科研人员收益分享比例。这些措施旨在全方位为低空经济科研人员松绑，提供更加宽松的科研环境，从而激发他们的创新潜力和工作热情。通过这些综合性的政策和措施，广东省不仅为低空经济人才的发展提供了广阔的空间和有力的保障，还为行业内的技术创新和高质量发展奠定了坚实的基础。

（三）优化低空经济创新创业创造生态

大力弘扬新时代低空经济科学家精神，强化科研诚信建设，健全低空经济科技伦理体系[1]。要优化低空经济创新创业创造生态，需多管齐下。在精神层面，大力弘扬科学家精神与工匠精神，加强科研诚信与科技伦理建设，为低空经济人才营造风清气正的科研环境，激励其专注创新；在人才会聚方面，发挥企业家关键作用，凭借其敏锐市场洞察力把握创新方向，利用资源搭建平台

---

[1] 潜伟.科学文化、科学精神与科学家精神[J].科学学研究，2019，37（1）：1-2. DOI:10.16192/j.cnki.1003-2053.2019.01.001.

凝聚人才，积极筹措资金助力项目开展[1]；同时完善机制，倡导包容文化并构建试错容错纠错机制，让从业者无后顾之忧，还要强化产学研合作促进成果转化，通过科普活动提升全民认知度、激发青少年兴趣，形成全社会热爱科学、崇尚创新的良好氛围，吸引更多力量投入低空经济领域，推动其蓬勃发展。最终形成人才—激励—创新生态圈，如图7-5所示。

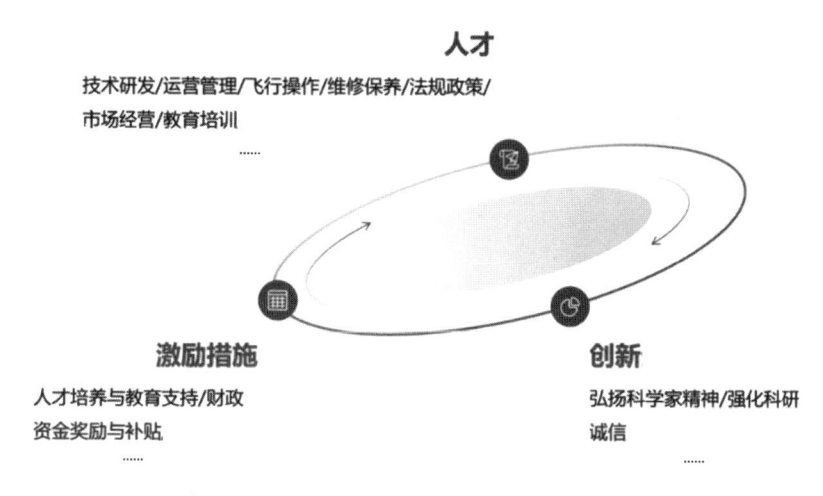

图7-5 人才—激励—创新生态圈

【案例：文成县培养低空经济人才】

近年来，在浙江省文成县，当地政府敏锐察觉到低空经济发展的巨大潜力，积极出台相关政策推动其发展。为加强低空经济领域的人才建设，文成县联合当地多家企业以及相关高校，共同开启了一系列人才培养计划，其中极具代表性的便是举办无人机驾驶技能培训班。

自开展无人机驾驶技能培训班以来，吸引了众多当地员工踊跃参与。该培训班有着系统且完善的课程设置，不仅涵盖专业的无人机理论知识讲

---

[1] 李宏彬，李杏，姚先国，等.企业家的创业与创新精神对中国经济增长的影响[J].经济研究，2009，44（10）：99-108.

解，还极为注重实际操作能力的培养，安排了充足的实操课时，由经验丰富的专业教员手把手指导。在培训过程中，文成县始终将弘扬科学家精神与工匠精神放在重要位置，将科研诚信和科技伦理建设融入每一个教学环节，营造出风清气正且积极向上的科研氛围。这使得参训人员不仅扎实掌握了无人机操作技能，更在内心种下了专注创新、坚守科研道德的种子。同时，在人才会聚方面，文成县充分发挥企业家的关键作用。通过政府引导、企业投入资源、高校提供智力支持的协同模式，搭建起完善的低空经济人才培养体系，培养出了一批既懂技术又具备创新精神的高素质人才，为低空经济高质量发展构筑了坚实的人才根基，也为低空经济注入源源不断的活力。

文成县在低空经济人才培养方面的实践，与优化低空经济创新创业创造生态的诸多要求高度契合。在精神层面，其重视弘扬科学家精神与工匠精神，并切实加强科研诚信与科技伦理建设，为人才营造了良好的创新环境，激励着从业者不断探索创新，这契合了为低空经济发展打造正向精神引导的思路。而在人才会聚上，发挥企业家作用，借助多方合作搭建平台凝聚人才的做法，也与前文倡导的会聚人才举措相呼应，为其他地区优化低空经济创新创业创造生态提供了极具建设性的参考样本，值得借鉴推广，助力低空经济在更多地方蓬勃发展。

四、完善低空科技创新体制机制

（一）深化低空科技管理体制改革

积极推动低空科技管理职能的转型升级。加强对低空经济发展的宏观规划与政策引领[1]，着重营造有利于低空科技创新的优质环境，减少对科研活动微观层面的直接干涉。整合低空领域财政科研资源投入体系，将资金重点导向低空飞行器适航标准完善、低空空域资源数字化精准管理等关键战略领域，打破以往科研资金分散、缺乏统筹以及项目规模小且孤立的局面。

变革低空重大科技项目的管理方式，赋予科研院所和科研工作者在研究方向把控、团队组建、资源调配等方面更广泛的自主权。建立项目责任制，以项目目标为导向强化管理，构建多元化资金扶持体系，结合项目进展与成果给予相应的资金支持与奖励。

完善低空科技评估机制[2]，针对理论研究型和应用实践型低空科技项目构建差异化评价体系，为创新性突出但尚存在争议的非传统科技项目设立特殊评价渠道。优化科技奖励类目，着重奖励在低空经济发展中有突出技术创新、实际应用成效显著以及具有重大行业推动作用的科研成果。推进科研机构建立现代化管理模式，支持其试行更具弹性的编制管理、岗位设置以及薪酬分配等制度，充分调动科研人员积极性。构建高校、科研院所、企业之间低空科技创新资源高效流转机制，加速产学研深度融合。持续深入开展低空领域创新改革实践探索（表7-6）。

表7-6　低空科技管理体制改革要点

传统特征	改革方向
缺乏宏观规划	加强宏观规划与政策引领
资源分散	整合资源，重点投入关键领域
自主权有限	扩大研究方向和资源调配自主权

---

[1] 杨仁发，李胜胜.创新试点政策能够引领企业创新吗？——来自国家创新型试点城市的微观证据[J].统计研究，2020，37（12）：32-45. DOI:10.19343/j.cnki.11-1302/c.2020.12.003.

[2] 郭伟锋，陈雅兰.我国科技评估监督机制与制度研究[J].科学与管理，2006（3）：26-28.

续表

传统特征	改革方向
管理非目标导向	建立以项目目标为导向的管理
评估机制单一	构建差异化评价体系
奖励机制不细化	优化奖励，激励技术创新与应用
管理模式僵化	建立现代化、弹性管理模式
产学研合作不紧密	加速产学研深度融合与资源流转

【案例：长三角地区政府推动低空科技管理体制改革】

在长三角地区，政府积极推动低空科技管理体制改革，以促进低空经济的高质量发展。该地区围绕引进培育低空重点企业、鼓励低空科技创新引领、扩大低空飞行应用场景、优化低空经济发展环境四个方面，提出了15项具体举措。这些措施旨在通过政策引领，推动低空经济成为新的经济增长点，促进产业结构调整和升级，加快低空经济商业化和规模化进程。长三角地区着重营造有利于低空科技创新的优质环境，减少对科研活动微观层面的直接干涉。同时，整合低空领域的财政科研资源投入体系，将资金重点导向低空飞行器适航标准完善、低空空域资源数字化精准管理等关键战略领域。这打破了以往科研资金分散、缺乏统筹以及项目规模小且孤立的局面。

此外，变革低空重大科技项目的确定与组织管理形式，赋予科研院所和科研工作者在研究方向把控、团队组建、资源调配等方面更广泛的自主权力[1]。建立项目责任制，以项目目标为导向强化管理，构建多元化资金扶持体系，结合项目进展与成果给予相应的资金支持与奖励。

---

[1] 章熙春，江海，章文，等.国内外新型研发机构的比较与研究[J].科技管理研究,2017,37(19):103-109.

完善低空科技评估机制，针对理论研究型和应用实践型低空科技项目构建差异化评价体系，为创新性突出但尚存在争议的非传统科技项目设立特殊评价渠道。优化科技奖励类目，着重奖励在低空经济发展中有突出技术创新、实际应用成效显著以及具有重大行业推动作用的科研成果。

推进科研机构建立现代化管理模式，支持其试行更具弹性的编制管理、岗位设置以及薪酬分配等制度，充分调动科研人员积极性。构建高校、科研院所、企业之间低空科技创新资源高效流转机制，加速产学研深度融合。持续深入开展低空领域创新改革实践探索，以实现长三角地区低空经济的可持续发展。

（二）健全低空知识产权保护运用体制

加强低空经济知识产权执法力度[1]，构建严密的低空知识产权防护网络，完善相关法规条文，尤其加快针对低空新装备制造工艺、新型材料应用、空域智能管理等前沿领域和新兴业态的知识产权立法进程。强化低空知识产权的司法保障力度与行政执法效能，健全仲裁调解、公证服务以及维权援助等服务体系，构建完备的知识产权侵权惩罚性赔偿机制，显著提高侵权成本[2]。

优化低空专利资助与奖励政策以及考核评价准则，重点保护和激励具有高创新性、高应用价值的低空专利成果，积极培育低空领域专利富集型产业[3]。革新国有低空知识产权归属与权益分配模式，拓展科研机构和高校在低空知识

---

[1] 吴超鹏，唐茜.知识产权保护执法力度、技术创新与企业绩效——来自中国上市公司的证据[J].经济研究，2016，51（11）：125-139.

[2] 王珏，李子成.低空经济对新质生产力的作用机制与因素分析——基于金融发展与企业集聚的调节效应[J].湖北经济学院学报，2024，22（3）：86-100.

[3] 龚勤林.区域产业链研究[D].成都：四川大学，2004.

产权处理方面的自主权限。完善低空无形资产价值评估体系，形成激励创新与规范监管协同发展的管理模式。搭建综合性低空知识产权保护运用服务平台，为低空科技创新主体提供涵盖专利申请、信息查询、成果转化交易、法律咨询等的全方位服务。

【案例：深圳市构建低空知识产权保护网络】

在低空经济蓬勃发展大背景下，深圳市积极布局，致力于构建严密的低空知识产权保护网络。深圳市政府协同多部门以及相关专业机构，共同出台了一系列极具针对性的政策与措施，旨在全方位提升低空经济领域的知识产权保护水平，推动产业创新发展。一方面，深圳充分依托中国（深圳）知识产权保护中心这一专业平台，精心发布了《低空经济产业关键核心技术领域专利导航分析》，深度聚焦低空经济产业的九大核心技术领域。基于此，为相关企业及科研主体的专利申请开通快速预审服务通道，极大地提高了专利申请效率。例如，某从事低空新装备制造的企业，借助该预审服务，原本需要数月的申请流程，缩短至短短几周，使其创新成果能更快获得法律保护。另一方面，在资助政策上加大力度支持低空经济领域创新。2023年度发布的低空经济重大专项申报指南便是有力体现，对于符合要求的项目，资助金额最高可达1000万元，吸引了众多科研力量投身低空经济研发。同时，深圳在法规建设层面不遗余力，不仅依据地方实际情况完善相关法规条文，还积极引导企业开展合规建设，并注重品牌保护工作。而且，在无形资产评估方面，专业团队运用收益法或成本法等科学方法，对专利、商标等无形资产进行精准评估，同时开展全面细致的风险分析，为企业合理运用知识产权保驾护航。

深圳市构建低空知识产权保护网络的这一系列举措，与前文所提及的健全低空知识产权保护运用体制的思路高度契合。其在完善法规条文方面的努力，如同为低空经济的前沿领域和新兴业态量身定制了"法律铠甲"，加快了针对如低空新装备制造工艺等关键领域的知识产权立法进程。强化司法保障与行政执法效能上的做法，与构建完备的知识产权侵权惩罚性赔偿机制的理念相符，切实提高了侵权成本，有力震慑了侵权行为。而在专利资助、无形资产评估以及搭建综合性服务平台等方面的实践，更是积极响应了优化政策、完善评估体系以及提供全方位服务的要求，激励了高创新性和高应用价值的专利成果不断涌现，成功培育了专利富集型产业，形成了激励创新与规范监管协同发展的良好管理模式，为全国低空经济知识产权保护与发展提供了极具建设性的示范样本。

（三）积极拓展低空科技合作交流

秉持开放协同、互利共赢的低空科技合作理念，深度融入全球低空创新协作网络。切实加强在低空应急救援装备研发、低空空域安全保障技术等领域的国际合作，围绕气候变化对低空飞行环境的影响、低空飞行器新能源应用等关键问题与各国科研人员开展紧密联合研发[1]。积极规划和引领具有国际影响力的低空科技重大项目与工程，充分发挥科学基金在汇聚国际科研资源、推动跨国科研协同中的独特效能。

加大国家低空科技计划的对外交流开放幅度，启动一系列国际合作重点科技项目，探索设立面向全球的低空科研专项基金，实施国际科研人才交流互动计划[2]。支持在国内建设国际低空科技合作组织与交流平台，吸引外籍科研专家

---

[1] 周亚虹，蒲余路，陈诗一，等.政府扶持与新型产业发展——以新能源为例[J].经济研究，2015，50（6）：147-161.

[2] 任孝平，杨云，李子愚，等.扩大国际科技交流合作推进高水平对外开放——党的十八大以来国际科技合作工作回顾与展望[J].科技导报，2022，40（20）：33-41.

参与我国低空科技学术研讨与项目合作，促进国内外低空科技创新信息共享、技术交流以及人才互通，提升我国在低空科技领域的国际话语权与影响力。

【案例：广州开发区低空经济项目签约】

2023年12月28日，在广州开发区和黄埔区这片充满创新活力的区域，举行了第四季度重大项目集中签约活动。此次活动汇聚了众多行业目光，涉及多个领域的众多企业代表、政府相关负责人等共同参与其中。当地政府秉持积极推动产业发展、加强对外合作交流的政策导向，促成了这一意义重大的集中签约活动，共有21个重大项目集中签约，涵盖产业项目和科技研发项目多达85个，占项目总数近八成。

在这众多签约项目里，低空经济项目尤为亮眼。其涵盖范围十分广泛，不仅包含无人机制造和应用这一低空领域的关键板块，还涉及新一代信息技术和集成电路等高科技领域，彰显出多产业融合发展的趋势。这些项目的总投资额约达306亿元，预计产值更是能达到约718亿元的可观规模。例如，联合飞机集团受此地良好的产业发展环境与合作机遇吸引，投资建设集团动力总部项目；航景创新也在此落地重载无人直升机主生产基地，同时还有诸多上下游企业签约入驻，形成了完整且极具活力的产业生态链。

广州开发区通过举办重大项目集中签约活动，吸引了众多国内外优秀企业参与低空经济项目建设，这无疑是深度融入全球低空创新协作网络的有力实践。其通过搭建这样的合作平台，加强了在低空领域的国际合作与技术交流，汇聚了国内外创新资源，推动了产学研深度融合，不仅为自身低空经济的蓬勃发展奠定坚实基础，更是在提升我国低空科技领域的国际话语权与影响力方面，起到了良好的示范和建设性作用，为全国其他地区发展低空经济提供了可借鉴的范例。

第八章
夯实现代低空产业体系建设

提升低空制造质量，推动低空制造业与现代服务业深度融合，加强基础设施的支撑和引领作用，构建科技创新、现代服务、新型基础设施协同发展的现代低空产业体系。

一、深入实施低空制造强国战略

（一）强化低空产业基础能力

攻克低空关键环节薄弱问题，补齐产业短板。针对低空经济领域中基础零部件、关键元器件、专用软件、新型材料、先进工艺以及产业技术基础等关键环节存在的薄弱之处，集中力量开展技术攻关与资源整合[1]。加大研发投入，

---

[1] 张军扩, 侯永志, 刘培林, 等.高质量发展的目标要求和战略路径[J].管理世界, 2019, 35（7）: 1−7. DOI:10.19744/j.cnki.11-1235/f.20190711.001.

吸引专业人才，联合科研机构与企业力量，深入研究基础零部件的精密制造技术、关键元器件的性能提升方法、专用软件的功能优化路径、新型材料的研发与应用推广以及先进工艺的创新与传承等。通过一系列举措，逐步补齐这些关键环节的短板，为低空产业的整体发展奠定坚实基础，确保低空经济在稳固的产业架构上实现可持续发展。

助力领军企业推动成果转化，加速产业升级。充分依托低空产业领军企业的资源优势与技术实力，积极引导其增强对重大产品和关键核心技术的研发投入。鼓励领军企业搭建产学研合作平台，与高校、科研院所开展深度合作，加速科技成果的产出。同时，优化产业生态环境，建立高效的科技成果转化机制，快速实现从科研到生产的转化流程。例如，通过政策扶持、资金支持等手段，帮助领军企业缩短新技术、新产品的产业化周期，使其能够率先将先进的低空技术与产品推向市场，带动整个低空产业的技术水平提升与产业结构优化，引领低空产业迈向更高发展层级。

推进重大技术装备攻关工程，促进应用示范。大力实施低空重大技术装备攻关工程，聚焦于对低空产业发展具有决定性影响的重大装备与关键技术。建立健全激励机制与风险补偿体系，激发企业和科研人员参与攻关工程的积极性与创造性。一方面，对在重大技术装备研发过程中取得突出成绩的团队和个人给予丰厚的物质奖励与精神激励；另一方面，设立风险补偿基金，分担攻关过程中的技术风险与市场风险。在此基础上，积极促进先进低空装备、先进软件在实际场景中的应用示范，通过建设示范基地、开展试点项目等方式，展示先进装备与软件的性能优势与应用价值，为大规模推广应用积累经验、创造条件，推动低空产业的装备现代化与技术智能化进程。

构建低空产业基础支撑体系，提升核心竞争力[1]。全方位构建完善的低空

---

[1] 王康伟.我国低空经济产业发展现状、问题及对策研究[J].产业创新研究，2024（15）：49-51.

产业基础支撑体系，从多方面为低空产业的创新发展提供有力保障。规划并建设低空经济创新发展示范区，打造集研发创新、产业集聚、应用示范于一体的综合性平台，吸引更多的资源要素向低空产业汇聚。构建生产应用示范平台，为低空企业提供产品测试、工艺验证、市场推广等服务。发展标准制定、计量测试、认证认可、检验检测、试验验证等公共服务平台[1]，规范低空产业的发展秩序，确保产品质量与技术标准符合行业规范与国际要求。完善低空产业技术、工艺数据库，为企业提供技术参考与数据支持，促进知识共享与技术传承。通过构建完整的基础支撑体系，全面提升低空产业的核心竞争力，在全球低空经济竞争格局中占据有利地位。

【案例：惠州建设低空经济生态系统】

近年来惠州立足自身优势大力发展低空经济，当地政府出台多项扶持政策助力产业腾飞。惠州市翼飞智能科技有限公司在高性能FPV穿越机领域崭露头角，产品畅销全球100多个国家和地区；赛能电池日产5万块无人机电池，供应众多领域；还有依托全国重要电子信息产业基地这一优势，中京电子等企业为无人机提供关键部件配套。同时，惠州通过绘制产业链图谱，精准招商吸引如纬世新能源这类优质企业，众多专精特新企业在政策引导与市场驱动下集聚，形成良好产业集群效应，本土企业也不断成长壮大。

在详细实践方面，以产业集群为例，惠阳区集聚了大量不同层级的专精特新企业，分布在多个产业集群。这些企业间协同创新、资源共享，通过组建低空经济产业联盟，强化了整机企业与零部件企业的对接合作，提

---

[1] 黄晓春.当代中国社会组织的制度环境与发展[J].中国社会科学，2015（9）：146-164，206-207.

升了产业链协同效率,降低运营成本。翼飞智能科技更是从本地企业发展成全球知名穿越机 FPV 制造商,产品与市场规模双拓展。

惠州的发展实践重视补齐产业短板,各企业在关键零部件、整机制造等环节发力,如同助力领军企业推动成果转化的体现;绘制图谱精准招商以及打造产业集群等举措,契合构建低空产业基础支撑体系的要求,从多方面汇聚资源、规范秩序、促进共享。这一系列实践开创性地打造了低空经济生态系统,为其他地区低空经济可持续发展提供了极具价值的示范路径。

(二)促进低空产业链协同

加强低空经济产业链上游的原材料及零部件供应能力,提升中游低空经济产品制造水平,拓展低空物流、飞行培训、医疗救护、低空旅游、空中巡查等下游应用领域,形成完整的产业链条[1],低空经济产业链上中下游分布如图8-1所示。鼓励低空产业链上下游企业间通过建立产业联盟、合作平台等形式,促进资源共享、信息互通和技术合作。支持上游原材料和零部件供应商与中游制造商之间的紧密协作,提升整个产业链的效率和灵活性。根据各地产业基础和优势,合理规划低空产业的区域布局,支持有条件的地区建设低空产业基地,形成一批具有特色的低空产业集群[2]。加强区域间的产业链合作,促进资源优化配置和产业协同发展[3]。推动低空产业与地方经济深度融合,形成区

---

[1] 周济. 智能制造——"中国制造2025"的主攻方向[J]. 中国机械工程, 2015, 26(17): 2273-2284.

[2] 徐康宁. 开放经济中的产业集群与竞争力[J]. 中国工业经济, 2001(11): 22-27. DOI:10.19581/j.cnki.ciejournal.2001.11.004.

[3] 陈劲, 阳银娟. 协同创新的理论基础与内涵[J]. 科学学研究, 2012, 30(2): 161-164. DOI:10.16192/j.cnki.1003-2053.2012.02.001.

域经济发展的新增长点。

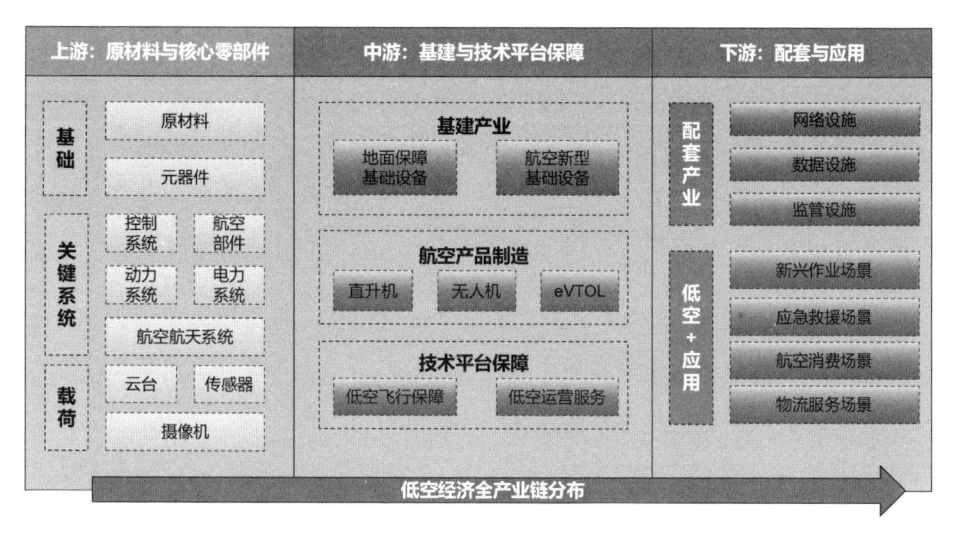

图 8-1 低空经济产业链上中下游分布图示

【案例：嘉兴市低空产业链协同发展】

近年来，在嘉兴市，当地政府积极出台相关政策并大力实施低空产业补链强链行动，旨在促进低空产业链协同发展。众多涉及低空经济领域的企业积极响应，共同参与到这一关乎地区产业升级的重要行动之中。

嘉兴市围绕低空飞行器整机及关键零部件制造业着重发力，持续投入资源支持其发展，不仅稳固了原有的产业基础，更是实现了产业的升级优化。同时，全力完善配套产业，精心打造涵盖研发、制造、总装、测试等环节的完整产业链，各环节之间的协同性由此得到显著提升，资源配置得以优化，整体运作效率也大为提高。此外，该市还积极鼓励本地企业与国外零部件企业开展合作，并引入国内先进生产线，这一举措有力推动了产业链的国产化进程，极大增强了产业链的韧性与自主性。当地还细致梳理全市低空经济产业链企业清单，进一步明确重点发展方向，让政府、企业以及相关主体都能清晰知晓合作路径，从而实现协同推进与资源的高效整合。

嘉兴市的这些举措与前文提到的促进低空经济发展手段高度契合。其通过稳固并升级产业基础、完善配套产业等操作，正如加强低空经济产业链上中下游各环节紧密协作的要求一般，提升了整个产业链的效率与灵活性。而推动产业链国产化，增强了产业链自主可控能力，契合提升产业链韧性的发展方向。梳理企业清单、明确发展方向更是有助于合理规划产业布局，促进资源优化配置与产业协同，为低空经济发展打造出极具特色且高效的区域样板，成为推动区域经济发展的有力增长点。

（三）推动低空产业优化升级

深入实施低空智能制造和绿色制造工程，推动低空产业高端化、智能化、绿色化（具体路径如图 8-2 所示）。依托新一代信息技术推动低空产业链的数字化、智能化升级[1]。发展智能化生产线，提高制造效率和产品质量。加强低空飞行器的智能控制系统研发，提升飞行安全和效率。构建低空飞行服务保障体系，提升飞行服务的智能化水平[2]。发展绿色低空制造业，推动新能源、新材料、新一代信息技术与航空动力、整机制造和通航服务一体化全产业链条加速融合，带动低空经济上中下游产业链绿色化。

---

[1] 王田苗，陶永.我国工业机器人技术现状与产业化发展战略[J].机械工程学报，2014，50（9）：1-13.

[2] 张曙.工业 4.0 和智能制造[J].机械设计与制造工程，2014，43（8）：1-5.

传统行业在低空经济下的优化升级路径		
传统制造业	**低空智能制造**：利用物联网、5G和人工智能技术，打造低空飞行器智能制造生产线，优化生产效率和质量。	智能制造
航空器制造	**智能化飞行器**：开发低空飞行器的智能控制系统，实现自主飞行和远程监控，提升飞行安全与效率。	
材料工业	**新材料应用**：使用轻质、高强度复合材料和功能性材料，增强低空飞行器的耐久性、轻量化和燃油效率。	
新能源	**绿色动力系统**：发展低空飞行器的新能源动力（如电动和氢燃料），推动低碳出行，减少碳排放。	绿色制造
资源循环	**绿色制造与回收**：推广低空制造全生命周期环保标准，实现生产到回收的绿色闭环管理，推进资源循环利用。	
通信与信息技术	**低空信息技术支持**：依托5G、北斗导航系统及人工智能技术，为低空飞行器提供实时监控、精确导航和智能调度支持。	技术覆盖
物流运输	**低空物流配送**：开发无人机配送系统，构建低空智能物流网络，实现快捷、高效的短途运输方案。	
通用航空服务	**低空通航服务**：构建低空飞行服务体系，包括低空观光、短途出行等服务项目，提升通航服务的智能化和便利性。	
交通服务	**低空飞行服务保障体系**：建设空中交通管理平台和飞行监控系统，确保低空飞行的安全性和高效性。	

图 8-2 低空产业优化升级路径

【案例：江苏省依托低空技术推动产业链形成】

近年来，在国家大力推动低空产业发展的政策背景下，江苏省积极响应，充分利用省内各地区的优势资源，致力于打造具有竞争力的低空产业链。江苏省内，南京有着雄厚的科研基础，汇聚了众多科研机构与专业人才；苏州掌握高端制造技术，在精密器械制造等方面成果显著；无锡具备精湛的精密制造水平，工艺精湛；常州则凭借产业集群效应，形成了良好的产业生态环境。

在此基础上，江苏省通过一系列举措整合资源、协同创新。例如，定期组织跨地区的企业与科研团队交流合作会，搭建信息共享平台，让南京的科研成果能够迅速传递到苏州、无锡、常州等地的制造企业手中，实现技术成果的快速转化。同时，设立联合研发项目，针对低空制造中的关键技术难题，各方发挥所长共同攻克，像在某新型低空飞行器的研发过程中，南京科研团队提供理论支持与设计方案，苏州、无锡的企业负责核心零部件的高精度制造，常州的产业集群则保障了整机的高效组装与后续配套服务，最终实现了从技术研发、零部件生产到整机制造的全流程覆盖。

江苏省这一区域联动的创新驱动型产业链模式，与推动低空产业优化升级的诸多手段高度契合。其依托各地优势，整合资源协同创新的做法，正如同前文所提及的依托新一代信息技术推动产业链数字化、智能化升级一般，通过构建信息共享、合作紧密的产业体系，有效提高了制造效率和产品质量。而且这种跨区域的全产业链打造方式，带动了新能源、新材料等多领域在低空制造中的融合发展，推动了低空经济上中下游产业链的绿色化，为全国低空经济发展提供了极具建设性的示范样本，有力地促进了低空经济朝着高端化、智能化、绿色化方向迈进。

二、发展壮大战略性低空产业

（一）构筑低空产业体系新支柱

聚焦无人驾驶技术、电动垂直起降技术、航空新材料、航空新能源、高端航空航天装备等低空产业战略新兴领域，加快关键核心技术的创新应用，增强产业要素保障能力，培育和壮大产业发展新动能[1]。深化北斗系统在低空产业的推广应用，推动低空产业的高精度定位和导航能力，实现高质量发展[2]。完善低空产业集群的组织管理和专业化推进机制，建设创新和公共服务综合体，构建一批具有区域特色、优势互补、结构合理的低空产业增长引擎。鼓励低空产业的技术创新和企业兼并重组，避免低水平重复建设，提升产业集中度和竞争力[3]。发挥产业投资基金的引导作用，加大对低空产业的融资担保和风险补偿力度，促进产业健康快速发展。

【案例：中国移动打造国家级时空服务平台】

中国移动上海产业研究院依托全球规模最大的"5G+北斗高精度定位网络"，成功打造了国家级时空服务平台，为低空经济提供高精度定位、低空管理授时、三维地图等导航网引擎能力。这些技术可为航空器飞行提供精确的位置、速度、时间服务等关键信息，确保低空飞行的稳定性与安

---

[1] 沈映春.低空经济——中国经济增长新引擎[J].科技中国，2024（9）：3.
[2] 杨元喜.北斗卫星导航系统的进展、贡献与挑战[J].测绘学报，2010，39（1）：1-6.
[3] 王艳，阚铄.企业文化与并购绩效[J].管理世界，2014（11）：146-157，163. DOI:10.19744/j.cnki.11-1235/f.2014.11.014.

全性,从而为低空经济的发展实现了高精度、全方位的引领作用。例如,在甘肃积石山地震救援、江苏连云港高标准农田植保及深圳国内首个无人机落地商圈配送等场景中,这项导航网技术已成功赋能低空经济的应用,展现了其在不同领域的巨大实用价值与技术优势。这种创新在推动低空产业体系新支柱的构筑中起到了关键作用,显著提高了低空作业的效率与安全性,促进了低空经济的蓬勃发展。

(二)布局低空产业未来发展方向

实施低空产业孵化加速计划,抢占产业先机。聚焦无人机智能控制、航空器量子通信、未来空中交通网络、低空域开发、电动航空器与储能技术等前沿科技与产业变革领域,精心组织实施低空产业孵化与加速计划。整合各方资源,包括资金、技术、人才等,搭建专业化的孵化平台,为初创企业和创新项目提供全方位的支持与服务。从创意孵化到技术研发,从产品测试到市场推广,一路保驾护航,加速低空新兴产业的成长与壮大,积极谋划和布局未来低空产业格局,使我国在全球低空未来产业竞争中占据有利地位,引领低空科技与产业发展的新潮流。

设立低空产业技术研究院,强化技术供给。在科教资源丰富、产业基础扎实的地区,果断设立低空产业技术研究院。研究院以加强低空领域的前沿技术多路径探索、交叉融合和颠覆性技术的研发供给为使命。会聚国内外顶尖科研人才,打造一流的科研团队,配备先进的科研设备与设施。深入开展基础研究与应用研究,探索无人机智能控制的新算法、航空器量子通信的实用化技术、未来空中交通网络的构建模式等。通过多学科交叉融合,激发创新思维,催生颠覆性技术成果,为低空产业的持续升级与长远发展提供源源不断的技术动力,推动低空领域科技水平迈向新高度。

推进跨界融合示范工程，塑造应用场景。大力实施低空产业跨界融合示范工程，以创新为驱动，以融合为手段，积极构建未来低空技术应用场景。促进低空产业与其他行业的深度融合，例如，开发低空旅游新业态，打造高效低空物流配送体系，开展精准低空农业作业等。通过这些跨界融合实践，不仅拓展了低空产业的应用范围，还为其他行业带来新的发展机遇与变革动力。加速形成一批具有潜在增长力的未来低空产业，为经济增长培育新的增长点，推动低空产业在多元化融合发展的道路上不断前行，创造更多的经济价值与社会效益。

【案例：三大运营商建设低空智联网】

近年来，在国家大力推动低空产业发展的政策背景下，中国移动上海产业研究院积极响应，依托全球规模最大的"5G+北斗高精度定位网络"，投入专业的科研与技术团队，着手打造国家级时空服务平台。该平台旨在为低空经济提供高精度定位、低空管理授时、三维地图等导航网引擎能力，以提升低空飞行的稳定性与安全性，促进低空经济更好地发展。

以甘肃积石山地震救援为例，在地震发生后的紧急救援阶段，低空救援无人机需要快速、精准地抵达受灾区域投放物资以及进行灾情勘查。中国移动打造的国家级时空服务平台发挥了关键作用，其为参与救援的无人机提供了精确到厘米级的位置信息、精准的飞行速度参考以及实时的时间校准，保障无人机能在复杂且危险的环境中稳定飞行，准确抵达目标地点完成救援任务。在江苏连云港的高标农田植保工作中，面对广袤的农田区域，植保无人机借助该平台的三维地图与高精度定位能力，实现了对农田的全方位、无死角覆盖式喷洒作业，极大提高了植保效率。还有深圳国内首个无人机落地商圈配送场景，平台助力无人机在高楼林立、人员密集的商圈环境中，精准定位配送目标位置，高效且安全地完成货物配送。

这些成功案例充分展现了中国移动打造的国家级时空服务平台与前

文所提及的促进低空经济发展手段之间的紧密联系。前文提到要深化北斗系统在低空产业的应用以推动高精度定位和导航能力，而该平台正是基于此，将5G与北斗高精度定位网络深度融合，成为这一理念的生动实践。同时，其鼓励了低空产业的技术创新，避免了低水平重复建设，在提升低空作业效率与安全方面起到开创性作用，如同为低空经济发展打造了一个坚实的技术支撑引擎，有力地促进了低空经济蓬勃发展，成为构筑低空产业体系新支柱中不可或缺的一部分。

三、促进低空服务业繁荣发展

（一）推动生产性服务业与低空产业融合发展

以促进低空产业高质量发展为目标，推动生产性服务业向低空产业的专业化和高附加值领域延伸[1]（表8-1）。加强法规标准和试验验证体系建设至关重要，要推动建立贯穿低空装备研发设计、生产制造等全生命周期的工业标准体系。同时，联合有关部门加快推动建设低空装备第三方检验检测认证体系，加快试飞台、风洞等试验验证资源共建共享。提升低空产业的创新能力，加快发展低空产业研发设计、航空器工业设计、航空业务咨询、低空飞行检验检测认证等服务。专注于提高低空产业要素配置效率，推动供应链金融、低空信息服务数据、专业人力资源等服务的创新发展。专注于增强低空产业链的整体优势，提升现代物流、采购分销、生产控制、运营管理、售后服务等环节的发展

---

[1] 陈建军，陈国亮，黄洁.新经济地理学视角下的生产性服务业集聚及其影响因素研究——来自中国222个城市的经验证据[J].管理世界，2009（4）：83-95. DOI:10.19744/j.cnki.11-1235/f.2009.04.010.

水平[1]。推动生产性服务业与低空产业的深度融合，深化业务协同、链条整合、技术融合。支持发展低空技术赋能的系统解决方案、流程再造等新型专业化服务机构。培育具有国际竞争力的低空服务企业，通过服务创新和国际化战略，提升低空产业的整体服务能力和国际市场竞争力[2]。

表8-1 生产性服务业与低空产业融合概览

行业门类	应用场景	
	传统场景	低空融合场景
生产性专业技术服务	生产性专业技术服务包括气象、地震、海洋、测绘、地质勘查、工程管理监理等相关服务。	低空技术可以高效收集三维空间数据，整合城市信息模型、时空大数据、国土空间基础信息、实景三维中国等基础平台功能，利用数字孪生技术，实现虚实共生、仿真推演、迭代优化的数字孪生场景落地。这将大大提升气象、地震、海洋、测绘、地质勘查服务的效率，赋能工程前期勘察设计，实现工程中和结项后的全方位监理。另外，通过低空技术赋能，土地规划服务将会更加科学。
航空运输服务	传统的航空运输服务以其高速度、高成本、缺乏灵活性著称，尤其适用于超长途强时效场景。	以低空无人机支撑开展的低空运输，填补了航空运输在短途运输方面的空白。低空运输特别适用于城市内、相邻城市间的运输，灵活性强，能够深入细粒度场景。
邮政快递服务	传统邮政快递通过地面运输方式开展。包裹经过揽收、初步运输、分拣后，被投递至顾客手中。	低空运输技术大大提升了邮政快递投递的效率。通过低空运输管理数字平台，可利用无人机空中运输投递包裹，削减了人力成本，提高了投递精度，尤其适用于城市内部运输场景。在自然条件复杂、可达性差的边远地区，低空邮政快递也可实现传统运输方式所不能及的高效运输。

[1] 顾乃华，毕斗斗，任旺兵.中国转型期生产性服务业发展与制造业竞争力关系研究——基于面板数据的实证分析[J].中国工业经济，2006（9）：14-21. DOI:10.19581/j.cnki.ciejournal.2006.09.002.
[2] 孙旻，何淼，王亮.低空经济发展趋势及价值展望[J].现代交通技术，2024，21（5）：1-8.

续表

行业门类	应用场景	
	传统场景	低空融合场景
信息传输服务	信息传输服务包括电信服务、广播电视传输服务、卫星传输服务、互联网和相关服务等。实现信息传输服务，需要前期大量的基础设施搭建。	利用无人机形成低空中继节点，接收来自源节点的信号，对其进行放大和重新发送，增强信号强度并扩展传输距离。"低空+信息传输服务"在应急临时场景中的作用不可忽视。
环境与污染治理监测服务	传统环境污染监测需要在监测计划的指导下，进行现场调查和样品采集，然后将样品运输到实验室进行预处理和分析测试。	利用低空技术，构建立体遥感监测网络，可以实现大范围的高效环境监测。
广告业	广告广泛出现在日常生活中多种场合和媒介上。	利用低空飞行工具进行广告宣传，覆盖面广，视觉冲击力强，关注度高。
生产性支持服务	指对农林牧渔地矿油等具体生产行业提供的各种专业及辅助性生产活动。	低空技术高覆盖度的特征，使得它可以高效监测管理农田、林地、草原、水体、矿场等大型生产空间，为生产者降本增效，为精准、智慧生产奠定基础。

（二）推动低空生活性服务业品质化发展

以提升便利度和改善服务体验为导向，推动低空服务业向高品质和多样化升级（低空生活性服务业种类如表8-2所示）。通过数字化赋能，提高低空服务的可达性和便利性。扩大低空服务的种类和范围，促进低空生活性服务业品质化和多样化发展，重点拓展低空物流、低空旅游、低空交通、航空拍摄等服务，更好满足居民的消费升级需要。增强低空公共服务业均衡性和可及性，重点发展农林植保、气象监测、城市管理、应急救援等公共服务，以低空产业提升社会治理效能。积极拓展低空服务产业新领域，鼓励业内企业创新服务模式。

表 8-2　低空生活性服务业种类

低空生活性服务业种类	功能
医疗急救	利用低空飞行器进行紧急医疗救援，快速将患者送往医院或提供紧急医疗支持。
应急救援	在自然灾害或突发事件中，利用低空飞行器进行快速救援和物资投放。
低空物流	利用低空飞行器进行货物配送，特别是在城市商圈和社区中实现快速物流服务。
低空出行	提供城市内的低空出行服务，如"空中的士"和"飞行汽车"，解决城市交通拥堵问题。
低空农技	利用低空飞行器进行农业植保、播种、施肥等作业，提高农业生产效率。
低空消防	利用低空飞行器进行农业植保、播种、施肥等作业，提高农业生产效率。
空巡综治	利用低空飞行器进行空中巡逻，维护城市安全和社会治安。
空中览景	提供低空观光旅游服务，让游客从空中欣赏美景。

【案例：珠海市拓展低空服务业的应用场景】

　　珠海市积极响应低空经济发展趋势，大力拓展低空服务业的应用场景，全力推动该领域迈向高质量发展新阶段。在具体实践中，该市在多个低空经济应用领域取得显著成果。例如，全球首条 eVTOL 跨海跨城空中航线的成功首飞，以及全国首条海岛公共物流无人机配送航线的顺利开通，充分展示了珠海市在低空交通和低空物流领域的创新实力与领先技术水平。

同时，珠海巧妙依托"云上智城"平台，深入探索一系列新兴消费场景。在智慧住宅方面，实现了无人机智能末端配送，极大提高了居民生活便利性；锚地服务区通过无人机运送物资，提升了物资供应效率；数字城管借助无人机巡检，增强了城市管理的精准性与及时性；海岛海鲜利用无人机运输，保障了产品的新鲜度与运输速度。

珠海市的这些创新举措与前文推动低空生活性服务业发展的策略高度契合且意义深远。在推动低空服务业品质化发展方面，其成功实践为拓展低空服务种类和范围提供了优秀范例，如低空物流和低空旅游等服务的创新应用，有效满足了居民消费升级需求，促进了低空生活性服务业的品质化与多样化。在增强低空公共服务业均衡性和可及性上，数字城管的无人机巡检等应用提升了城市管理效能，与发展城市管理等公共服务的思路一致。整体而言，珠海市在低空经济领域的积极布局和创新举措，为行业树立了标杆，有力推动了低空经济相关政策的落地实施，激励更多地区借鉴其经验，进一步推动低空经济全方位发展。

（三）健全低空服务业制度体系

健全航空管制法规制度，营造制度环境。通过建立健全适用航空管制的法规制度，从战略层面进行整体规划设计，积极推进低空空域管理体制改革。明确法规细则，规范低空飞行活动中的各类行为准则，涵盖飞行器准入、飞行操作规范、空域使用权限等多方面内容。在空域管理方面，着力完善分层管理体系，依据不同飞行高度与任务需求划分空域层级；推进分区管理，根据地域特点与功能需求规划不同的低空区域；落实分类管理，针对民用、商用、军事等不同用途的低空飞行实施差异化管理。以此提升低空空间资源利用效率，构建适应低空服务业发展的良好制度框架与新型生产关系，为低空经济活动提供制度保障。

完善低空服务标准体系，规范服务质量[1]。持续完善低空服务标准，明确各项服务的具体规范与要求。从飞行服务保障、维修维护服务、航空信息服务等多个维度制定详细准则，确保低空服务的专业性与一致性。构建低空空域服务效果评价指标体系，设立诸如服务响应及时性、服务准确性、客户满意度等可量化指标，对低空服务的各个环节与整体效果进行科学评估。通过标准的完善与评价体系的建立，促使低空服务企业不断提升服务水平，形成良性竞争环境，推动低空服务业整体质量的提升。

搭建飞行服务信息系统，提升管理效能。全力搭建全国低空飞行服务信息管理系统，整合各类低空飞行相关信息资源，包括空域资源信息、飞行器信息、气象信息、飞行计划信息等，实现信息的集中管理与共享。通过该系统，可对低空飞行活动进行实时监控与调度指挥，提高飞行安全性与运行效率。为飞行服务企业、管理部门以及飞行用户提供便捷的信息交互平台，优化服务流程，降低沟通成本，从而全方位提升低空服务业管理效能，促进低空服务业的现代化、信息化发展。

【案例：民航局健全低空服务业制度体系】

民航局在健全低空服务业制度体系进程中积极作为，通过一系列举措持续优化低空航行服务体系与能力。在技术应用方面，大力推动北斗导航、卫星通信、自主飞行等先进技术的应用，致力于构建天地一体的低空通信导航监视网络[2]。例如，积极研究低空三维数字化空域地理信息系统，为低空飞行提供更精准的地理信息支持，有效提升了低空航行

---

[1] 战希臣,杨鹏飞,郑海平.航空管制信息安全管理对策探析[J].中国管理信息化,2018,21(11):156 157.

[2] 陈军,赵仁亮.GIS空间关系的基本问题与研究进展[J].测绘学报,1999(2):4-11.

服务能力，这与搭建飞行服务信息系统中整合信息资源、实现精准监控调度的理念相契合，为低空飞行活动的安全高效开展提供了有力的技术保障。

同时，民航局注重有人机与无人机运行协同，推动现行低空飞行服务系统与无人驾驶航空器综合监管服务体系融合，逐步达成数据互联共享，体现了从"先通"到"后融"的系统性规划。这一举措不仅加强了对不同类型飞行器的协调管理，保障了低空航行安全，还在优化低空空间资源利用方面发挥了重要作用，类似于健全航空管制法规制度中对空域分层、分区、分类管理的思路，有助于提升空域管理效率，构建适应低空服务业发展的制度框架。

民航局的这些工作对低空经济发展意义深远且与前文举措紧密相连。其技术应用与体系融合推动了低空服务的信息化、现代化发展，完善了低空服务标准体系中的服务保障要求，促使低空服务企业提升服务水平，形成良性竞争环境。整体而言，民航局多层面的制度建设和技术应用相互促进，全面展示了在健全低空服务业制度体系方面的战略眼光与务实推进作风，为低空经济的稳健发展奠定了坚实基础，有力推动了低空经济在制度规范、管理高效、服务优质的轨道上持续发展。

四、建设现代化低空基础设施体系

（一）低空基础设施体系概述

以新型基础设施建设推动低空产业发展，构建系统完备、高效实用、智能绿色、安全可靠的现代化低空基础设施体系[1],[2]（现代化低空基础设施体系如图 8-3 所示）。将低空基础设施体系建设融入国家新型基础设施建设进程，围绕强化数字转型、智能升级、融合创新支撑，同步布局建设物理基础设施、信息基础设施等新型低空基础设施建设。建设通用机场、垂直起降机场、飞行起降点、停机库、中转站、能源站、固定运营基地和航材保障平台等低空物理基础设施，支撑各类航空器的起降、备降、停放、试飞和维保。针对新能源航空器，前瞻布局航空器充（换）电、电池存储等能源补给设施，满足低空航空器高频次飞行需求。构建低空通信系统、导航系统、监视设备，以及气象保障、电磁环境监测等设施，结合国家互联网、物联网、大数据系统升级，提升低空经济活动信息感知和信息处理能力。建设北斗高精度定位基准站，实现低空、近海、陆地的厘米级北斗高精度定位网络全覆盖，为低空飞行提供精确的定位服务。开发和部署低空智能融合系统，实现低空空域数字化，实现城市级 CIM 底座与全域智算算力的低空管理和服务操作系统的融合。

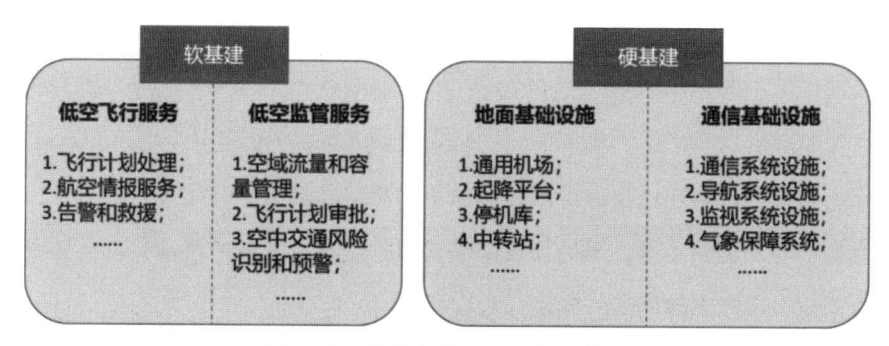

图 8-3 现代化低空基础设施体系

---

[1] 中华人民共和国国民经济和社会发展第十四个五年规划和 2035 年远景目标纲要 [N]. 人民日报，2021-03-13（1）. DOI:10.28655/n.cnki.nrmrb.2021.002455.

[2] 廖小罕，徐晨晨，叶虎平. 低空经济发展与低空路网基础设施建设的效益和挑战 [J]. 中国科学院院刊，2024，39（11）：1966-1981. DOI:10.16418/j.issn.1000-3045.20240614002.

（二）低空物理基础设施

通用机场、垂直起降机场与飞行起降点。通用机场是开展各类通用航空活动的重要基地，可为多种通用航空器提供起降、停放、维修等服务，是构建低空运输网络的关键节点。垂直起降机场则专门服务于电动垂直起降飞行器等新型航空器，能有效利用城市有限空间，实现便捷的低空飞行起降。飞行起降点分布广泛，可根据不同的应用场景和需求进行设置，如在城市的商业区、住宅区、医院、公园等地点设置小型起降点，满足紧急救援、城市观光、短距离运输等需求。

停机库与中转站。停机库用于航空器的停放和日常维护，为航空器提供安全的存放场所，保护航空器免受恶劣天气和外部环境的影响。中转站则起到连接不同飞行区域、航线的作用，方便航空器进行中途停留、加油、补给等操作，提高低空飞行的效率和续航能力。

能源站。能源站的建设对于新能源航空器的发展至关重要。对于电动航空器，能源站提供充（换）电服务，配备先进的充电设备和技术，满足航空器快速充电和大容量电池更换的需求，确保新能源航空器的高频次飞行。对于传统燃油航空器，能源站提供燃油加注服务，同时需具备完善的燃油储存、运输和供应系统，保障燃油的质量和供应稳定性。

固定运营基地和航材保障平台。固定运营基地是航空器运营企业的重要场所，提供办公、调度、培训等功能，方便企业对航空器的运营管理和人员的培训。航材保障平台负责航空器零部件、维修工具、耗材等航材的供应和管理，确保航材的及时供应和质量可靠，为航空器的维修保养提供支持。

（三）低空信息基础设施

通信系统。低空通信系统需要满足不同区域、不同高度、不同距离的通信需求，确保航空器与地面控制中心、其他航空器之间的实时通信[1]。综合利用4G/5G/5G-A/6G运营商网络、卫星通信、光纤通信、专用通信、数据链等多种通信手段，形成多体制全要素互联的立体全域通信覆盖。在城市区域，利用5G网络的高带宽和低时延特性，实现航空器与城市信息系统的快速连接；在偏远地区或信号遮挡区域，借助卫星通信实现通信补盲，保障通信的连续性。

导航系统。低空导航系统为航空器提供准确的位置信息和飞行指引，确保航空器的安全飞行。采用基于性能的综合定位授时导航技术，结合地基增强系统、星基增强系统、载波相位差分等技术，提高导航的精度和可靠性。在起降点、作业区等关键区域，部署高精度的导航设备，如RTK基准站、视觉地标等，为航空器的起降和作业提供精准的导航服务。

监视设备。监视设备用于对低空航空器的飞行状态进行实时监测和跟踪，包括光电监视设备、主被动低空监视雷达、多谱系协同组网定位设备等。通过搭建多源监视设备网，实现对不同空域、不同类型航空器的全面监视，及时发现和处理异常情况，保障低空飞行的安全。

气象保障设施。气象条件对低空飞行安全影响较大，气象保障设施负责收集、分析和发布低空区域的气象信息，包括温度、湿度、气压、风向、风速、能见度等。为航空器提供准确的气象预报和预警服务，帮助飞行员做出正确的飞行决策，避免因恶劣气象条件导致的飞行事故。

---

[1] 李德仁，李明.无人机遥感系统的研究进展与应用前景[J].武汉大学学报（信息科学版），2014，39（5）：505-513，540.DOI:10.13203/j.whugis20140045.

电磁环境监测设施。低空飞行区域的电磁环境复杂，电磁干扰可能影响航空器的通信、导航和飞行控制系统。电磁环境监测设施对低空区域的电磁信号进行监测和分析，及时发现电磁干扰源，并采取相应的措施进行排除，保障航空器的正常飞行。

（四）数字化管理与融合设施

北斗高精度定位基准站。建设北斗高精度定位基准站，实现低空、近海、陆地的厘米级北斗高精度定位网络全覆盖。为低空飞行器提供精确的定位服务，提高导航的精度和可靠性，在飞行监控、航线规划、应急救援等方面发挥重要作用。

低空智能网联系统。该系统是低空经济发展的关键支撑，融合了多种先进技术，致力于实现低空空域数字化[1]、智能化与网络化。低空智能网联系统将通信、导航、监视等信息进行整合和分析，实现了对低空飞行的智能化管理和控制。通过与城市级 CIM 底座和全域智算算力的融合，为低空飞行提供强大的信息处理和决策支持能力，提高低空飞行的效率和安全性。

【案例：北京市实施低空基础设施建设的系统性规划】

北京市着眼于低空经济发展，提出在 2027 年前全面完善低空基础设施和飞行服务保障能力。在这一规划中，针对起降及服务保障场地建设和利用方面，充分挖掘现有通用机场潜力，致力于提升其综合服务能力，涵盖低空飞行器的起降、停放、补能、维修和托管等多个关键环节，同时大

---

[1] 樊邦奎，李云，张瑞雨. 浅析低空智联网与无人机产业应用[J]. 地理科学进展，2021，40（9）：1441-1450.

力完善周边路网和电力基础设施，确保航空资源在全市范围内实现高效配置与流转。

在提升低空飞行服务保障能力上，北京市计划构建区域低空飞行监管和服务平台，着重推动技术标准的统一化，并预留系统接口，为未来低空基础设施间的互联互通筑牢根基。例如，通过统一的技术标准，可使不同设备和系统间实现无缝对接，提升信息交互效率。

北京市的这一系统性规划与前文的低空基础设施建设举措紧密相关且意义重大。在北斗高精度定位基准站建设方面，区域低空飞行监管和服务平台可整合北斗高精度定位数据，为低空飞行器提供更精准的定位服务，增强飞行监控和航线规划的精确性，提升应急救援响应速度。低空智能融合系统方面，该平台与之融合后能进一步拓展信息处理和决策支持能力，将通信、导航、监视等信息与平台数据深度整合，实现对低空飞行更为智能化的管理与控制，提高低空飞行效率与安全性，推动北京低空经济朝着更高效、更智能、更安全的方向蓬勃发展，提升城市整体低空经济发展水平和综合竞争力。

第九章
推动产业数字化与智能化转型

一、打造数字低空经济新优势

低空经济涵盖广泛的应用场景,从物流运输、农业植保到城市空中交通和紧急救援,拥有巨大的市场潜力。智能技术的深度融合将成为低空经济发展的核心驱动力,有助于释放低空领域的巨大潜力,推动低空经济转型升级,提升国家经济的创新能力和国际竞争力[1]。

(一)加强关键低空技术创新应用

创新是推动低空经济智能化的根本动力[2]。要加强对关键低空技术的研发,聚焦无人机、飞行控制系统、人工智能导航、传感器和数据处理等核心技术领

---

[1] 覃睿.再论低空经济:概念定义与构成解析[J].中国民航大学学报,2023,41(6):59-64.
[2] 张公一,杨晓婧.高质量发展视域下数字技术驱动低空经济发展的机制与路径[J].延边大学学报(社会科学版),2024,57(4):82-92,143.DOI:10.16154/j.cnki.cn22-1025/c.20240730.004.

域，提升技术自主研发能力，推进关键技术的规模化应用[1]。在无人机及飞控系统方面，要研发更加稳定、高效、智能化的飞行控制系统，提升飞行精度与安全性。人工智能技术在低空飞行导航中的应用至关重要，实现无人机自动避障、自主规划路线和实时感知环境的能力是提高无人机在复杂环境下应对能力的关键。与此同时，数据采集与处理能力的提升也是智能低空发展的核心支撑。通过推动高精度传感器与实时数据处理系统的开发，确保空中数据的精准采集与高效处理，进而通过大数据和云计算技术实现低空领域大规模数据的综合利用，为智能决策提供坚实的数据支持。除了现有技术的突破，还应积极布局低空量子通信、无人机群协同控制、环境监测传感器等前沿技术领域，抢占技术制高点，并支持开源社区的发展，推动知识分享与技术合作，构建良性发展的技术生态。

【案例：青岛崂山全域低空智能感知网】

在青岛崂山区，云世纪倾心打造的全国首个聚焦无人机飞行服务的数字城市项目——"全域低空智能感知网"落地生根、成效斐然。其依托前沿无人机与 AI 大数据技术，编织起全域低空智能感知网络，无缝覆盖城市区域，实时、精准感知城市"脉搏"，革新城市管理模式，深挖数字城市建设潜能，凸显青岛于低空经济赛道的独特优势与差异化竞争力，入选 2023 年青岛新型智慧城市优秀建设成果，树立"低空新基建"标杆，锚定青岛在低空经济版图的亮眼地位。

该项目核心亮点契合低空经济智能化创新关键诉求。于无人机及飞控系统，完美呈现自动避障、自主规划路线与精准感知环境能力，恰似对稳

---

[1] 曾宪聚，曾凯.新质生产力：复合概念、发展基础与系统创新路径[J].深圳大学学报（人文社会科学版），2024，41（2）：5-15.

定高效智能飞控系统研发成果的生动实践，极大提升飞行精度与安全性，从容应对复杂城市场景挑战。在数据采集处理维度，借由高精度传感器与实时系统，高效抓取、解析空中数据，依托大数据、云计算深挖数据价值，筑牢智能决策根基，契合低空智能发展数据支撑需求。

崂山项目对低空经济智能化进程助力显著。技术突破应用上，是无人机等核心技术规模化落地范例，验证智能飞控、AI导航等实用效能，激励各地复制推广。前沿布局层面，彰显探索新兴技术价值，为低空量子通信等拓展应用场景"投石问路"。知识共享维度，凭项目经验公开分享，助力低空开源社区内容沉淀，促进行业技术交流合作，凝聚合力，驱动低空经济智能化技术生态良性构建、蓬勃发展。

（二）加快推动低空产业智能化

智能化是低空产业发展的重要方向。通过科技创新和产业链协同，构建以智能制造为核心的低空产业生态，推动各行业领域的智能化升级。通过无人机制造智能化升级加快生产效率的提升[1]，推动无人机在物流配送、农业植保和空中巡检等领域的广泛应用。同时，低空通信设备与关键软件的研发水平也需大幅提升，尤其是低空通信设备的国产化与高端化发展，重点解决数据传输瓶颈问题。在智能飞行器的操作系统、导航软件和控制算法领域，需不断推进自主研发，提升国产低空装备的技术水平。智能物流、应急救援和低空测绘等关键领域的智能化试点工作将通过5G、物联网等技术推动智能化应用的快速落地，形成可复制的应用模式和商业模式。通过推动低空数据的

---

[1] 王文泽.以智能制造作为新质生产力支撑引领现代化产业体系建设[J].当代经济研究,2024（2）:105-115.

开放与共享，促进第三方数据服务产业的崛起，打造开放共享的低空数据平台，并推动平台经济与低空产业的深度融合，确保数据流动和商业应用的安全性与规范性。

【案例：广西无人机应急测绘联动服务平台】

广西壮族自治区自然资源厅精心组织研发的广西无人机应急测绘联动服务平台，在低空产业智能化浪潮中脱颖而出，极具标杆意义。当下，其已汇聚超900家联盟单位、26万套设备，依托低空智联网，高效承载、管控海量低空飞行数据，借智能低空飞行服务系统"穿针引线"，激活多元低空应用场景，彰显强大整合与拓展效能。

该平台实战"舞台"宽广，应急救援时，无人机携相机、多光谱等多元遥感设备"披挂上阵"，速取地面影像，为地理测绘、救灾抢险筑牢信息根基；AI智能巡检亦"大显身手"，渗透多行业，革新作业流程、提效赋能。背后，是低空通信等关键领域进阶支撑，5G-A"登场"，打破二维局限，向低空延展，嵌入无人机，如中国移动系列平台成果，恰似"助推器"，疏通数据传输"脉络"，助力低空"智联"升级。

此平台对低空产业智能化"添砖加瓦"。制造端，验证无人机智能化增效，促生产提速，契合产业生态智能制造导向，助推广泛应用。通信软件上，凸显提升研发、推进国产化高端化必要，借5G-A等实践，攻克传输"梗阻"，强化自主。数据层面，是开放共享实操典范，催生第三方数据产业，融合平台经济，规范数据商用，保障安全，为各领域智能化试点铺就"蓝本"，引同行借鉴，驱动低空产业沿智能化轨道稳健前行。

（三）推进低空经济产业数字化转型

低空经济的数字化转型是推动其智能化发展的基础。必须围绕产业链的各个环节进行数字化赋能，形成全产业链数字化协同[1]。低空物理设施层是基础，通过建设和优化飞行器系统、数据存储系统以及地面控制系统，为信息的采集、传输和管理提供硬件支撑。这些物理设备需要与更上层的信息基础设施层紧密联动，信息基础设施层通过通信网、感知网、导航网、气象网和算力网的构建，确保物理设施在运行过程中能够实现高效、稳定的连接和数据交换。数字化空间层通过空域数字化、设施数字化以及运营管理平台的搭建，利用从物理设施和信息网络中获取的数据，实时监控和优化低空资源的利用和运行效率。数字化空间层不仅可以实现对空域和设施的智能化管理，还能通过运营管理平台为整个产业链的运行提供决策支持和优化方案。而最上层的低空应用层则是数字化转型成果的实际应用场景，它通过对外接口和创新应用，广泛连接企业、科研机构和政府，推动低空物流、智慧农业、空中交通等新兴应用的落地与发展。各层级之间通过物理设施与信息传输的支持、数字化管理的优化以及创新应用的驱动，形成了完整的数字低空生态，确保低空经济的高效、协同、持续发展。数字低空整体架构如图9-1所示：

---

[1] 刘先江，宋丹，徐政.以低空经济打造新质生产力发展新引擎[J].北京航空航天大学学报（社会科学版），2024，37（5）：134-144.DOI:10.13766/j.bhsk.1008-2204.2024.0545.

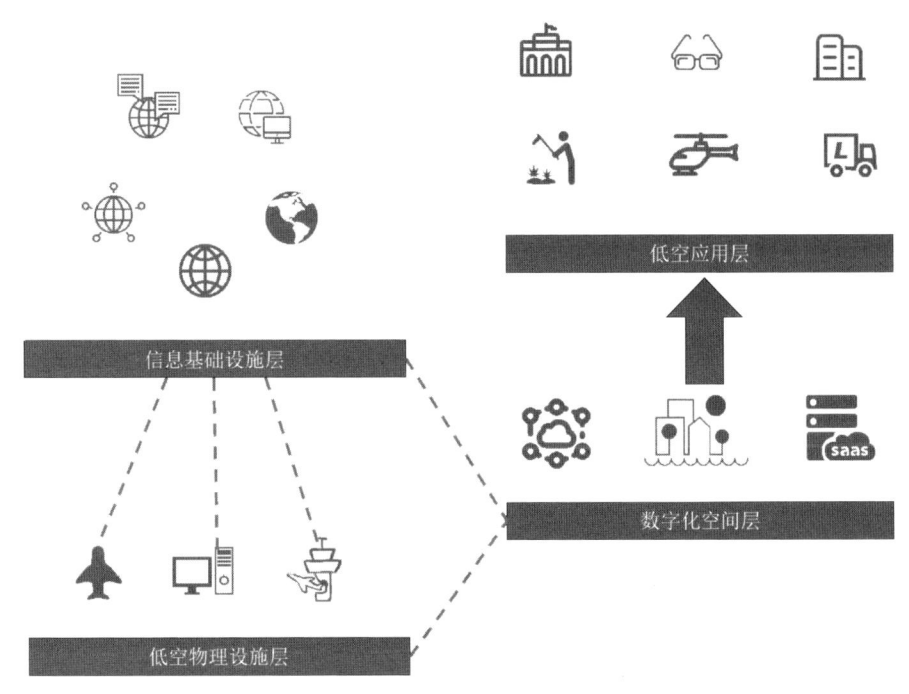

图 9-1　数字低空整体架构图示

【案例：深圳低空经济数字化转型】

深圳在低空经济数字化转型进程中成绩斐然，聚焦智能融合低空系统 SILAS 建设，迈出坚实且具开创性步伐，契合低空经济产业链数字化协同、迈向智能化的大势所趋。

深圳着力构建涵盖设施网、空联网、航路网和服务网的低空智能融合基础设施，借市域低空空域数字化，深度融合城市级 CIM 底座与全域智算算力，铸就卓越低空管理效能。在各层级作为上可圈可点：物理设施层，无人机系统搭配数据存储、地面控制中心设施，凭自主飞行、智能巡航及高精度航拍功能，活跃于科研、商业服务多场景，提效降本；信息基础设施层，全力打造通信、感知、导航、气象、算力网，比如腾讯与粤港澳大湾区数字经济研究院合作推出的空域划设与管理平台，运用前沿技术，精细开展空域设计、航路规划，保障物理设施高效稳定运行、数据无碍交换；数字化空间层，借空域、设施数字化与运营管理平台，实时把控低空资源利用及运行效率，输出智能化管理策略与产业链优化方案；低空应用层，低空物流、智慧农业、空中交通等新兴应用借对外接口外联企业、科研机构、政府，安阳市 5G 网联无人机飞行管控平台规范飞行动作式的监管，助推应用落地、产业发展。

深圳 SILAS 系统建成完整数字低空生态，意义重大。于物理设施与信息传输，夯实基础、畅通数据链路，契合理论联动需求；数字化管理上，优化资源调配、精细管控，提供科学决策；创新应用维度，催生新业态、拓展场景，激发活力。各层级协同发力，验证低空经济数字化转型路径可行，为各地提供范例，驱动低空经济智能化、高质量发展。

二、加快数字低空经济建设步伐

低空经济的快速发展迫切需要数字化技术的支撑，通过智能基础设施的完善、政策管理体系的健全以及先进技术的应用，推动低空经济的规范化、高效化、智能化发展。围绕数字低空整体架构，构建集智能设备、数据分析和实时监控于一体的低空经济新生态，为行业的长远发展提供强有力的支撑。要通过提升低空经济的数字化水平，强化从基础设施、信息网络到应用服务层的全面发展[1]。

---

[1] 沈映春，张豪兴.数字基础设施建设对低空经济高质量发展的影响研究[J].北京航空航天大学学报（社会科学版），2024，37（5）：96-108. DOI:10.13766/j.bhsk.1008-2204.2024.1146.

（一）完善低空数字基础设施

低空经济的数字化发展依赖于稳定、高效的基础设施体系。加快低空通信网络、导航系统和数据传输平台的建设，提升低空网络的覆盖率和稳定性，确保低空经济活动中的数据流畅传输和信息共享[1],[2]。首先，要重点推进低空区域的数据采集站和实时监测系统布局，通过部署无人机操作平台、传感网和感知系统，实现对低空数据的实时采集和传输。其次，形成支持低空经济发展的综合通信体系，确保不同通信网络之间的互联互通，应进一步加强5G、卫星通信与地面网络的深度融合，尤其在偏远或复杂地形的低空场景下，保障通信的稳定性和安全性。通过大规模铺设信息基础设施，为低空经济的各种应用提供坚实的数字基础，特别是在物流运输、应急救援和农业生产等领域，数字基础设施的完善将显著提升运营效率。

【案例：中国移动 5G-A 空地一体监测系统】

在云南，中国移动与保山机场合作，通过5G-A通感一体网络能力，构建了一个5G-A空地一体监测系统。该系统能够实现低空实时感知与目标动态跟踪，自动识别和预警潜在的安全隐患。这种技术的应用不仅提升了低空区域的数据采集和传输能力，还为低空经济的发展提供了重要的数字基础设施支持。

通过部署无人机操作平台、传感网和感知系统，该系统能够实现对低

---

[1] 张铁柱，王玲.促进低空经济多业态融合健康发展[J].人民论坛·学术前沿，2024（15）：15-24. DOI:10.16619/j.cnki.rmltxsqy.2024.15.001.

[2] 吕人力.低空经济的背景、内涵与全球格局[J].人民论坛·学术前沿，2024（15）：45-56. DOI:10.16619/j.cnki.rmltxsqy.2024.15.004.

空数据的实时采集和传输。这种实时监测和数据采集能力对于低空经济活动中的信息共享和数据流畅传输至关重要。此外，该系统还利用了5G基站的通感一体化功能，使其能够感知低空无人机的位置和速度，从而进一步提升了低空经济的运营效率。为了确保不同通信网络之间的互联互通，特别是在偏远或复杂地形的低空场景下，通信的稳定性和安全性得到了保障[1]。这种融合通信网络的建设，使得低空智联网与卫星网络相结合，形成了一个空天地立体协同覆盖的新模式[2]。这种模式不仅提高了低空网络的覆盖率和稳定性，还为低空经济的各种应用提供了坚实的数字基础，特别是在物流运输、应急救援和农业生产等领域。

通过大规模铺设信息基础设施，低空经济得以在数字化、智能化和自动化监管、管理和服务方面取得显著进展[3]。未来，随着人工智能、智能计算和精细化通信导航监视技术的进一步应用，低空经济的高质量发展将得到更加有力的支持。

（二）优化低空经济政策环境

完善数字低空经济政策与管理体系，推动法律法规的制定和实施，为低空经济提供规范化的政策环境[4]。首先，出台规范无人机飞行、数据使用以及低

---

[1] 全权，李刚，柏艺琴，等.低空无人机交通管理概览与建议[J].航空学报，2020，41（1）：6-34.
[2] 时永鹏.空天地一体化网络中网关与SDN控制器的优化部署[D].西安：西安电子科技大学，2018.
[3] 冯盾，田宁，陆强，等.5G无人机泛低空覆盖组网关键技术研究[J].数字通信世界，2023（3）：17-20.
[4] 卢倩，陆小雅，潘玉婷，等.无人机在低空空域的监管问题[J].中国民航飞行学院学报，2017，28（2）：30-34.

空安全管理的法律法规，确保低空经济的合法合规性[1]。进一步制定税收优惠政策和补贴方案，激励创新型企业积极参与低空经济的生态建设，尤其是支持对数字化低空基础设施及技术研发的投资。其次，建立健全的低空数据共享和隐私保护机制，保障数据的合法流通与应用。制定明确的规则，确保低空经济参与者能够安全使用数据，并防范数据泄露和安全风险。在政策层面，国家层面的支持与鼓励将为低空经济发展创造有利的政策氛围，形成政策驱动下的创新生态。最后，国家层面的政策支持与鼓励为低空经济发展创造有利的政策氛围，形成政策驱动下的创新生态。例如，重庆市发布的《重庆市推动低空空域管理改革促进低空经济高质量发展行动方案（2024—2027年）》中，提出了建立低空航空器综合测试基地、完善政策支持体系等措施，旨在推动低空航空器产业的发展。这些政策不仅有助于规范无人机飞行及相关活动的安全监管，还能有效化解和防范风险，促进相关产业持续健康发展。

（三）建立智能化低空管理体系

智能化的低空管理体系是保障低空经济高效运转的关键。应构建覆盖飞行许可、航线规划、实时监控等各环节的智能管理系统，实现低空空域管理的数字化转型[2]。利用人工智能和大数据技术，实时监测低空飞行器的安全运行状况和数据流通，提升风险预警能力，保障低空资源的安全合理使用。同时，推动无人机和其他低空设备的数字化标识和注册，建立统一的管理平台，对各类低空设备进行动态监控与管理[3]。通过智能化管理手段，可以有效提高低空资

---

[1] 刘光才，刘美君.我国低空空域开放的法律探讨[J].中国民用航空，2009（11）：22-24.

[2] 徐晨晨，叶虎平，岳焕印，等.城镇化区域无人机低空航路网迭代构建的理论体系与技术路径[J].地理学报，2020，75（5）：917-930.

[3] 郭庆志.我国低空空域开放对策分析[D].华东政法大学，2014.

源的利用效率，并在发生安全风险时，迅速响应与处置，确保低空经济活动的持续健康发展。此外，完善的智能化管理体系还能助力低空空域的优化利用，在满足经济需求的同时，减少对其他空域资源的占用。低空经济建设逻辑如图9-2 所示。

图 9-2 数字低空经济建设逻辑图示

【案例：四川自贡低空管理体系】

四川自贡在低空经济管理领域积极探索、先行先试，成功打造出一套全方位、智能化的低空管理服务体系，契合智能化低空管理体系保障低空经济高效运转这一关键导向，为区域低空经济稳健前行筑牢根基。

自贡借助 5G-A 技术多基站组网优势，融合"通信+感知+平台+算力"多元手段，搭建起严密且高效的低空监管网络，广泛覆盖低空安防、载人通航以及无人机物流等业务板块。于运行监测层面，深度运用人工智能与大数据技术，紧密追踪低空飞行器实时状态及数据流向，精准捕捉异常，风险预警能力显著跃升，切实保障低空资源规范、安全运用。同时，着力构建统一无人机管理平台，一改往昔管理零散、应用局限局面，达成集中式服务运维与智慧化调度，让无人机在各场景有序穿梭、高效作业。

自贡此举对低空经济发展意义深远。在智能管理系统构建上，是全环节覆盖实操典范，从飞行许可管控到航线精细规划、实时监控落实——对应理论架构，各地可参照优化自身管理流程；从数据与风险管控维度，验证利用前沿技术监测预警可行性，为提升低空安全性、资源利用率提供经验；设备管理层面，借统一平台实现无人机动态把控，契合数字化标识注册、集中管理趋势，促低空设备规范有序运行，整体为低空经济持续健康、集约高效发展开拓路径、树立标杆。

三、提高数字政府监管建设水平

政府监管职责的重要性随着低空经济的发展日益提升。通过提升数字化监管能力，政府不仅可以提高管理的效率和精准度，还能够增强透明度，保障低空经济的安全有序发展。数字化手段的引入有效弥补传统监管手段不足，通过现代技术构建科学、高效的监管体系，推动低空经济和智慧低空的健康发展[1]。

（一）推进数字监管平台建设

构建一体化的数字监管平台对于加强低空经济监管尤为重要。该平台旨在整合低空飞行许可、空域管理、数据备案等关键信息，确保政府部门之间的信息互通和数据共享[2]。该平台将有效连接政府各职能部门，实现数据的无缝传输，促进协同监管。通过对低空飞行数据的实时采集与分析，政府能够及时

---

[1] 欧阳桃花.低空经济的技术创新与场景创新[J].人民论坛·学术前沿，2024（15）：57-68. DOI:10.16619/j.cnki.rmltxsqy.2024.15.005.

[2] 伦晓波，刘颜.数字政府、数字经济与绿色技术创新[J].山西财经大学学报,2022,44(4)：1-13. DOI:10.13781/j.cnki.1007-9556.2022.04.001.

掌握低空飞行的动态变化。借助大数据、人工智能等前沿技术，可以对低空飞行行为进行预测分析，提高监管的准确性和效率。此外，平台还需搭建政府与企业之间的互动渠道，确保监管数据的实时传输和沟通，提升政府对低空经济活动的实时响应能力。这一平台将成为政府实现数字化、智能化监管的核心工具，确保低空经济在健康有序的环境下发展。

【案例：重庆市低空空域管理改革】

重庆市在其推动低空空域管理改革的行动方案中，提出了建立低空飞行服务站管理机制，布局构建"1+N+X"低空飞行管理服务机构体系，并与中国民用航空局民用无人驾驶航空器综合管理平台（UOM）建立数据共享机制，实现全市覆盖、全域统管。此外，杭州市也提出，建设低空交通监管平台，实现准入审批、过程监管等功能，并与上级监管平台互联互通，加强运行全过程监管。

这些措施不仅促进了政府部门之间的协同监管，还通过数据标准化、网络标准化和平台标准化，解决了政务数据资源整合共享的技术问题，为数字政府建设打下了坚实的基础。同时，通过低延时视频直播、数据融合、态势感知等功能，无人机监管平台能够为低空监管提供全方位、全流程的高效服务。

总之，构建一体化的数字监管平台是实现低空经济健康有序发展的核心工具。通过实时数据传输和智能化分析，政府可以提升对低空经济活动的响应能力，确保低空航行的安全和社会公众的安全。

（二）加强低空经济风险防控

风险防控随着低空经济的多样化应用和快速扩展成为政府监管的重要任

务。为此，需建立全面的低空经济风险预警和防控系统，提升政府在安全风险识别、应对和管理方面的能力[1]。通过建立低空经济的安全管理标准，政府可以实施诸如空域路线实时显示、应急管理、空域动态调整等具体措施，以确保低空飞行的安全性和可控性。在这一过程中，应进行全面的低空经济活动风险评估，设立符合实际需求的安全监管模型，构建完整的风险监测与管理体系。这一系统不仅应涵盖日常的飞行安全管理，还需具备应对突发事件中的快速响应能力，如无人机故障或空域安全威胁等，以确保低空经济活动在安全环境下稳步推进。

【案例：重庆健全低空飞行风险防控机制】

重庆市人民政府办公厅发布相关文件，着重强调健全低空飞行风险防控机制的紧迫性与重要性。文件明确指出，一方面要大力加强风险隐患排查工作，对低空飞行活动中的各类潜在风险点进行全面梳理，同时依法对各类违法违规飞行行为予以严厉打击，坚决杜绝安全隐患，全力保障低空领域各类活动的安全有序开展。例如，通过加强对无人机飞行的监管，防止未经许可的飞行活动干扰正常航空秩序。

另一方面，积极引入智能化技术，借助其强大的数据处理与分析能力，大幅提升低空飞行的感知、管理和决策水平。在超高密度区域，实现对多航空运输主体以及有人/无人机交通的智能调配，确保飞行活动高效且安全，进而为政府的监管决策和用户的飞行需求提供有力的数据支持与增值服务。

各地政府的这些举措与前文加强低空经济风险防控的理念高度契合

---

[1] 谢华，苏方正，尹嘉男，等.复杂低空无人机飞行冲突网络建模与精细管理[J].航空学报，2023，44（18）：221-241.

且意义重大。在风险预警和防控系统建设方面，重庆等地通过风险隐患排查和智能化技术应用，如同构建起了风险防控的"前沿哨所"和"智慧大脑"，有助于精准识别安全风险，及时发出预警信号，为实施空域路线实时显示、应急管理等措施提供了数据基础和决策依据。在安全管理标准建立上，围绕飞行安全链条提升风险防控能力等做法，进一步细化和完善了安全管理要求，确保低空经济活动在符合标准的框架内安全推进，有效防范和化解潜在风险，促进低空经济在安全稳定的环境中实现可持续发展，为全国低空经济风险防控提供了有益的借鉴范例。

四、完善低空经济数据管理体系

数据是数字化监管的核心，强化低空经济的数据管理规范，推动数据的开放、共享和有效应用至关重要。首先，制定明确的低空经济数据使用标准和隐私保护措施，确保数据在流通过程中的安全性和合规性。通过建立数字化的数据备案和审查机制，实现政府对低空经济相关数据的精准管理，确保监管的透明度和合法性[1]。尤其在涉及低空飞行数据方面，必须确保信息的安全共享和应用，同时保障用户隐私。其次，政府还需推动与低空经济企业之间的数据共享，建立企业与监管部门之间的信息全面互通机制[2]。通过构建开放、协同的数据管理体系，监管部门可以更好地掌握低空经济的实时状况，从而制定

---

[1] 李哲羽.低空信息采集技术在建筑场地调研中的应用研究[D].长春：吉林建筑大学，2020. DOI:10.27714/d.cnki.gjljs.2020.000040.

[2] 欧阳桃花，郑舒文.基于共同演化的低空经济产业生态策略研究——以"低空航空器+"为例[J].北京航空航天大学学报（社会科学版），2024，37（5）：109-119. DOI:10.13766/j.bhsk.1008-2204.2024.1147.

和实施更为精准的监管措施。通过这些数字化手段的运用，政府将能够更加全面、及时地掌控低空经济的发展动态，保障其在安全和合规的框架下实现快速发展。

【案例：北京建立空天地协同监管体系】

北京市锚定低空经济数字化监管前沿，规划至2027年全力攻坚，力求突破系列数字化低空飞行及监管服务技术"壁垒"，匠心构建空天地协同的监管运行技术支撑体系，剑指京津冀低空经济协同布局、资源共享与共进格局。同期，广东省亦发力低空经济数据规范"赛道"，聚焦健全低空数据管理制度与标准，严抓数据生产、传输各环节，精细打磨对接规则，筑牢数据管理根基。

北京此番实践，于技术突破上多管齐下，整合空天地多元监测资源，卫星高空"凝视"、低空无人机"巡察"、地面站点"把控"，编织全域数据采集网，捕捉飞行轨迹、气象环境等海量信息。依托先进信息技术搭建监管平台，依制定的数据使用、隐私保护规范，严谨设置数字化备案审查流程，为低空数据"护航"，保障安全合规共享，企业与监管部门借此打破"信息孤岛"，实现双向互通。

此案例对低空经济数字化监管价值斐然。规范制定层面，是明晰数据标准、隐私保护实操范例，各地依此可细化规则，稳守数据安全底线，确保流通合法。共享机制上，彰显政企数据互通效能，监管部门借此紧握经济实时"脉搏"，精准"把脉"施策。技术支撑维度，空天地协同体系验证多元融合监管可行性，为政府掌控低空动态、保障合规发展供给可鉴蓝本，驱动低空经济稳健前行。

五、营造良好数字低空经济生态

在低空经济快速发展的背景下,营造良好的数字低空经济生态至关重要。通过推动多方合作,建立开放、协同、共赢的生态体系,有效整合各类资源,提升产业链竞争力和可持续性。要通过政策引导、技术创新和多方协作,推动低空经济链条的整体优化,构建一个包容、可持续的数字低空经济生态体系,从而为未来发展奠定坚实的基础。

(一)推动多元主体协同发展

构建多元主体的协同发展机制,是推动低空经济生态建设的关键(图9-3)。加强政府、企业、高校、科研机构以及社会组织联动,共同为低空经济的发展提供支持。政府应发挥政策引导作用,鼓励企业与高校和科研机构联合开展技术攻关,推动在无人机、智能飞行控制、低空数据处理等领域的技术创新,深化低空应用场景的协同创新[1]。低空设备制造商、服务提供商和运营企业之间的合作至关重要,通过紧密协作构建完整的低空经济产业链,提升产业的整体竞争力。社会力量的广泛参与也是低空经济发展不可或缺的一部分,通过公众、企业、学术界的共同努力,推动低空经济的共建共治,形成开放包容的协作环境,有助于产业生态的健康成长。

---

[1] 刘刚,李依菲,刘汉文.人工智能开放创新平台产业赋能机制研究[J].科学管理研究,2024,42(2):57-63. DOI:10.19445/j.cnki.15-1103/g3.2024.02.008.

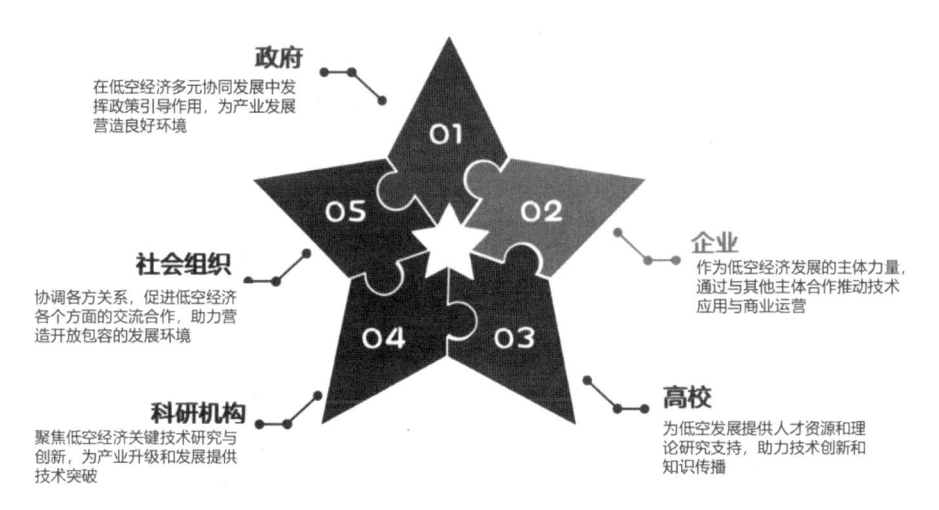

图 9-3　低空经济多元主体协同框架

（二）促进低空经济创新生态建设

创新是低空经济可持续发展的动力源泉。加大对低空经济领域创新孵化、加速机制的支持力度，设立低空经济产业创新示范区和试点项目，为新技术、新模式提供试验和推广环境，形成具有示范效应的创新样本。建立低空经济创新联盟，推动智能飞行器、低空数据分析、低空物流等关键领域的跨界合作，实现技术、资源和市场的共享与融合。鼓励设立低空经济创新基金，支持初创企业和关键技术研发，为低空经济提供持续创新动力。特别是在低空领域的智能化应用、数据服务、生态保护等方面，创新基金可以帮助更多新兴企业突破技术壁垒，加速产品和服务的推广，最终形成健全的低空经济创新链条，促进数字低空经济的可持续发展。

（三）营造开放共赢的合作环境

低空经济的发展离不开国际合作和全球视野。在全球化的背景下，推动低空经济领域的国际合作不仅能够提升我国在该领域的国际竞争力，也有助于国内产业的技术升级和模式创新。积极参与全球低空经济标准和规范的制定，在国际舞台发出中国声音，争取在未来的低空经济标准体系中掌握话语权。通过与国外先进企业和机构合作，引进前沿技术、管理经验和优秀的人才资源，推动低空经济在技术层面的快速升级，并借鉴国外的成功模式，推动低空经济服务和管理的创新。建立开放共享的数据平台至关重要，跨区域、跨行业的数据互联互通不仅可以提升监管效率，还可以为企业创新和产业优化提供强大的数据支持。通过构建高效、安全的数据协作机制，低空经济将更加开放包容，推动我国低空经济在全球市场中占据领先位置，最终实现高质量发展。

【案例：多个城市的低空经济高质量发展实施方案】

在推动低空经济的数字化转型和生态建设中，北京和杭州的实践提供了宝贵的经验和模式。2027年，北京市计划突破一系列数字化低空飞行及监管服务技术，建立空天地协同监管体系，推动京津冀地区资源共享和协同发展。广东省也强调了建立健全低空数据管理制度和标准的重要性，以加强低空数据生产、传输等环节的管理。2024年7月1日，杭州市发布了低空经济高质量发展实施方案，由市交通运输局牵头，组建了低空经济专家委员会，吸纳高校、研究机构和企业共同参与，为低空经济发展提供决策支持。南京低空经济创新发展联盟则于2024年1月23日成立，旨在构建跨行业、跨领域的合作生态，推动无人系统产业集群发展。北京市和广东省的措施体现了强化数据管理规范、推动数据共享和有效应用的重要性，这与前文提到的制定低空经济数据使用标准和隐私保护措施、建立数字化的数据备案和审查机制相呼应。杭州市的实施方案则展示了政府在低空经济生态建设中的政策引导作用，通过专家委员会的设立，促进了企业、高校和科研机构之间的紧密合作，这与推动多元主体协同发展、促进低空经济创新生态建设的策略相契合。南京低空经济创新发展联盟的成立，进一步推动了跨行业、跨领域的合作，这与营造开放共赢的合作环境、推动国际合作和全球视野的策略相一致。

这些实践不仅在低空经济领域取得了显著进展，而且为其他地区提供了宝贵的经验和模式。它们展示了如何通过政策引导、技术创新和多方协作，推动低空经济链条的整体优化，构建一个包容、可持续的数字低空经济生态体系。这些举措对于低空经济的快速发展具有开创性和建设性的意义，为未来的发展奠定了坚实的基础。

第四篇 低空经济区域协同与普惠发展

在低空经济发展的蓝天下，区域协同与普惠发展如同双翼，既承载着优化空间布局的使命，又肩负着增进社会福祉的重任。本篇将探讨如何在新时代背景下促进低空经济在各区域间协同发展，确保低空经济的发展成果惠及全民，推动社会整体进步。

从优化低空空域的开发保护格局，到深入实施低空区域的重大战略与协调发展战略，再到积极拓展低空海洋经济的发展空间，我们都秉持区域协同的理念，推动各区域低空经济特色发展、优势互补，促进低空经济资源要素的自由流动与高效配置，共同构建低空经济的新格局。

我们希望在追求效率的同时，兼顾普惠在可持续发展中的重要地位。通过全面深化低空市场经济体制改革，优先发展农业农村的低空场景，发挥低空经济在新型城镇化战略中的关键作用，以及确保低空经济切实保障弱势群体的基本权益，力求推动经济效益与社会效益的双丰收。

秉持绿色发展理念是低空经济持续健康发展的内在要求。从提升低空生态系统质量，到持续改善低空环境质量，再到加速低空发展方式的绿色转型，低空经济正立于时代发展的潮头，实现绿色、低碳、可持续发展的宏伟目标。

第十章
优化区域低空经济布局

本章重点讨论优化低空空域开发保护格局，深入推进低空经济区域重点项目开发和低空经济区域协调发展，构建高质量发展的区域低空经济布局和低空空域支撑体系。

一、优化低空空域开发保护格局

深入推进和完善低空空域管理改革，立足不同高度空域以及空域对应地表区域功能特点，以分类分层管理促进各类低空经济要素高效流动和高效集聚，推动形成主体功能明显、运行有序、高质量发展的低空空域开发保护新格局[1]。

---

[1] 廖小罕，徐晨晨，叶虎平.低空经济发展与低空路网基础设施建设的效益和挑战[J].中国科学院院刊，2024，39（11）：1966-1981.DOI:10.16418/j.issn.1000-3045.20240614002.

（一）合理调整空域范围，划设开放低空空域

依据《国家空域基础分类方法》，适应低空空域使用需求的变化趋势，合理规划和布局航空基础设施、关键低空生产力和公共资源，分类提升不同空域的发展水平，推动低空经济活动向特定的功能区域集中。细化低空空域的主体功能区划分，是优化低空空域开发保护格局的重要举措。依据空域主体功能定位，划分出不同管理单元，针对通用航空高频活动地区、民航管制地区、敏感地区等，实施差异化政策，运用分类精准管理方法，以此强化低空空间发展的统筹协调，保障国家重大发展战略能在低空空域有效落地实施。加强跨部门协作与信息共享，利于合理调整空域范围及划设开放低空空域。促进民航、军航、公安、交通等部门密切协作并共享信息，构建联合执法机制，凝聚监管合力。借助信息共享平台收集、分析低空活动数据，达成低空活动数据实时交换与互通，不仅能提升监管效率与准确性，还可为相关政策制定以及监管决策提供有力支撑，推动低空空域开发保护格局不断优化。

（二）完善通用航空空域建设

大力发展通用航空，着力开发 G 类、W 类空域，特别以中心城市和城市群等经济发展优势区域低空空域为重点，加强通用航空空域建设，优化空域管理，提升服务保障能力。以提升通用航空空域的利用效率和服务质量为重点，增强低空空域的经济和产业承载能力，从而带动低空经济的整体发展和效率提升，开拓低空经济高质量发展的重要动力源。

（三）确保特殊低空区域安全

以保障特殊低空区域的安全为支撑，切实维护国家低空空域的安全和秩序，维护国家主权安全。做好异常空情应对预案与技术储备，保障特殊低空区域安全。在特殊低空区域，做好应对化解异常空情的预案准备和技术储备。在政治军事敏感地区、边疆地区、生态保护重点地区、民航机场等主要管制地区的低空空域，凭借飞行监控、信号屏蔽、身份识别等手段，实现对低空飞行活动的有效监管。细分管制空域设置，助推差异化应对策略形成[1]。基于各区域的特点与需求，制定针对性的管控办法，使低空管理科学化与合理化。助力低空飞行器有序转移，维护低空区域安全。支持相关区域的低空飞行器逐步有序地向更适宜的空域转移并安全运行，既能充分利用空域资源，又能确保低空区域处于安全、有序的状态，为低空空域开发保护格局的优化奠定良好基础。

【案例：国家空域基础分类方法】

为充分利用国家空域资源，规范空域划设和管理使用，2023年12月21日，国家空管委组织制定了《国家空域基础分类方法》（以下简称《方法》），适用于中华人民共和国领空内空域。《方法》依据航空器飞行规则和性能要求、空域环境、空管服务内容等要素，将空域划分为A、B、C、D、E、G、W等7类，其中，A、B、C、D、E类为管制空域，G、W类为非管制空域。

A类空域范围通常为标准气压高度6000米（含）至标准气压高度20000米（含）。B类空域划设在民用运输机场上空。C类空域划设在建

---

[1] 雷童尧.我国低空经济发展现状、制约因素及对策建议[J].新西部，2024（5）：87-90.

有塔台的通用航空机场上空，通常为半径5千米、跑道道面—机场标高600米（含）的单环结构。标准气压高度高于20000米为D类空域；A、B、C、G类空域以外，可根据运行需求和安全要求选择划设为D或E类空域。G类空域包括B、C类空域以外真高300米以下空域（W类空域除外）以及平均海平面高度低于6000米、对民航公共运输飞行无影响的空域。W类空域为G类空域内真高120米以下的部分空域。

低空活动在G类、W类非管制空域展开。对于G类空域，《方法》中的飞行要求为：①允许仪表和目视飞行；②平均海平面高度3000米以下[1]，指示空速不大于450千米/小时；③仪表飞行的航空器和空中交通管理部门之间必须保持持续双向无线电通信，目视飞行在规定通信频率上保持守听；④航空器必须安装或携带可被监视的设备；⑤必须报备飞行计划；⑥航空器驾驶员应具备仪表或目视飞行能力及相应资质。对于W类空域，飞行要求为①微型、轻型、小型无人驾驶航空器飞行；②飞行过程中应当广播式自动发送识别信息；③小型无人驾驶航空器操控员取得操控员执照。

《国家空域基础分类方法》通过明确空域的分类和管理标准，保障了不同类型航空活动的安全与高效运行，促进了低空空域的合理利用与保护，从而为低空经济的发展提供了坚实的基础和政策支持。

二、深入实施低空区域重大战略

聚焦提升引领带动能力，推动低空经济在重点区域取得突破性进展，促进

---

[1] 尽管《方法》规定低空空域为海拔3000米以下，由于现阶段我国低空经济尚处于起步阶段，仅1000米以下部分空域得到了开发使用。

区域间融合互动、融通补充[1]。

（一）积极推进粤港澳大湾区低空经济建设

完善区域架构体系，推动产学研结合。通过完善"两廊两点"架构体系，推进综合性国家科学中心建设，可便利创新要素跨境流动，促进低空产业产学研结合，进而推动大湾区低空经济产业高质量集群发展。依托广深珠核心城市引领支撑，发挥周边城市制造业配套优势，推动粤东、粤西、粤北地区打造低空应用场景，培育具有全球竞争力的产业集群。借助低空基础设施建设，优先推动大湾区低空经济多元应用场景落地。依托产业基础，发挥集聚效应。粤港澳大湾区应充分利用自身产业优势，进一步发挥集聚效应，推动低空经济发展。依托大湾区雄厚制造业基础，培育众多龙头及专精特新企业，吸引国际知名企业入驻，在产业链完善度和规模上领先。如深圳和广州低空经济企业数量居全国前列，深圳无人机产业链产值占比超六成。未来，可继续强化产业协同，提升产业竞争力。探索政策创新，提供制度保障。广东省已出台多份相关行动方案，明确总体目标，涵盖管理机制、基础设施、产业规模等多方面[2]。后续应持续推动政策落地，加强政策协同，为低空经济营造更优制度环境和政策保障，激发市场活力与创新动力。结合市场需求，拓展应用场景。当前，直升机运输已形成多种通航新业态，深港跨境运输需求凸显。未来，应进一步挖

---

[1] 钟成林，胡雪萍.低空经济高质量发展的新质生产力逻辑与提升路径[J].深圳大学学报（人文社会科学版），2024，41（5）：84-93.

[2] 广东省人民政府办公厅.广东省推动低空经济高质量发展行动方案（2024—2026年）[EB/OL].(2024-05-21)[2024-11-21].https://www.gd.gov.cn/gdywdt/zwzt/kjzlzq/zcsd/content/post_4445549.html.

掘市场潜力，加强城市间合作，优化低空经济布局[1]，拓展如物流配送、旅游观光等更多应用场景，以强化港澳与内地经济联系。推动"空—地"行业互鉴，促使湾区无人机与新能源汽车智能网联技术加速融合。无人机可应用新能源汽车的智能网联感知算法，精准避开障碍物，提升城市低空飞行安全性，在物流配送场景中可与新能源汽车在末端配送高效衔接，实现快递从仓储到家门的无缝对接。新能源汽车则可借鉴无人机的远程监控技术，实时监测车辆状态与路况，优化行驶路线。这一融合将催生新型出行服务模式，如结合无人机勘察与新能源汽车接送的个性化旅游套餐，也将推动大湾区智慧交通体系建设，提升区域整体竞争力。

（二）打造长三角未来低空产业集群

推动产业跨界融合，助力低空经济产业布局。立足长三角在民用航空、人工智能、集成电路、卫星通信、三电系统等领域雄厚的产业基础，通过积极推动产业跨界融合优势，引导各产业领域在低空经济布局，进而实现产业基础优势向低空经济发展动能的转化，为打造长三角未来低空产业集群筑牢根基。发挥区域优势，培育低空经济领先企业。充分借助长三角地区在人才、科技、资金方面的优势，着重开展低空先进科技攻关，以此聚集并形成一批低空经济领先企业，为深入实施低空经济区域重大战略增添助力。秉持融合理念，完善与创新低空经济产业链。树立长三角融合发展的理念，积极推进长三角一体化，深化区域内合作，将重点放在共同推动低空经济产业链的完善和创新上，促使低空经济高质量发展。打破行政边界，树立低空经济发展样板。打破行政边界，着力推进相关技术交流合作，达成法律法规高度统一、行业规范高度统一

---

[1] 谢宝剑.低空经济产业：大湾区何以领先？[J].科技与金融，2024（6）：57-58.

以及基础设施互联互通，尤其在低空省际通航等标志性领域为全国低空经济产业发展和管理模式改革树立样板，提升长三角低空经济影响力。打造"四大高地"，推动"六大协同"。贯彻落实长三角低空产业协同发展的"苏州共识"，全力打造低空装备制造产业、低空特色应用示范、科技产业金融一体化创新、低空产业人才发展等"四大高地"，推动技术装备、创新平台、应用场景、基础设施、飞行管理、运行服务等"六大协同"。

【案例：长三角打造低空产业集群】

2024年1月24日，长三角低空经济虹桥产业园在青浦正式揭牌。该园区借助青浦所承载的重大战略机遇，充分发挥北斗导航西虹桥产业基地、无人机研发制造企业以及快递企业总部场景应用等资源优势，致力于为青浦低空经济产业构建创新生态体系，积极推动长三角低空经济产业集群的打造。

园区以《上海打造未来产业创新高地发展壮大未来产业集群行动方案》为指引，在青浦等七个区域重点突破倾转旋翼、复合翼等关键技术，大力研制载人电动垂直起降飞行器，并探索空中交通新模式。例如，无人机研发制造企业与科研机构紧密合作，加速技术成果转化，快递企业则为低空物流应用提供丰富场景，不断拓展低空经济新业态。

此案例对长三角低空经济发展意义重大。在推动产业跨界融合方面，整合了航空、导航、物流等多领域资源，如同长三角在多领域雄厚产业基础的融合缩影，为低空经济产业布局提供范例，助力产业集群形成。在发挥区域优势上，依托长三角人才、科技、资金优势，吸引各方力量开展科技攻关，促进低空经济领先企业诞生。秉持融合理念，借长三角一体化深化区域合作，完善从飞行器研制到低空服务应用的产业链，推动低空经济高质量发展。在打破行政边界角度上，通过园区建设推进技术交流、法规协同与设施联通，在低空省际通航等方面为全国低空经济管理模式改革树立标杆，提升长三角低空经济影响力与示范效应。

三、深入实施低空区域协调发展战略

以低空经济赋能西部大开发、东北全面振兴、中部地区崛起、东部率先发展，支持特殊类型地区加快发展，以低空经济发展促进区域相对平衡。

（一）都市圈成为推动低空经济发展的优质空间载体

都市圈作为低空经济发展的重要空间载体，具备高密度的人口和产业需求、完善的基础设施、政策支持及产业创新、场景需求多样化等多重优势[1]。这些要素相互作用，形成了低空经济发展的优良生态环境，为推动低空经济快速发展奠定了坚实基础。

高密度人口和产业需求带动低空经济快速发展。都市圈作为人口、产业和经济活动的集聚区域，物流配送、交通出行、应急救援等需求旺盛[2]。低空飞行器的应用能够快速响应这些需求，为都市圈内的企业和居民提供高效、便捷的服务。例如，无人机在短距离物流配送中的运用，可提升配送效率、节省人力成本；直升机或无人机在突发事件中的应用，能够快速执行应急救援任务。这些需求不仅为低空经济提供了广阔的市场，也促使低空技术的加速应用

---

[1] 孙久文，邢晓旭.区域空间新格局下重塑中国经济布局的方向与途径[J].地理科学，2024，44（11）：1892-1901.DOI:10.13249/j.cnki.sgs.20240062.

[2] 尹德挺，曹鸿宇，王小玺.我国都市圈人口分布特征及圈层建设路径探析[J].上海行政学院学报，2024，25（5）：43-56.

和推广，助力都市圈低空经济的发展。

都市圈内基础设施完善，为低空经济提供良好运行条件。都市圈的基础设施较为完备，具备推动低空经济发展的技术基础和空间条件。尤其是在通信、导航和监控系统方面，都市圈的技术条件成熟，可以为低空飞行器的定位、监控和管理提供精准支持，确保其运行安全高效。同时，都市圈内的交通网络和城市空间布局为低空飞行器的起降、调度和维护提供了便捷条件。依托这些设施，都市圈能够更好地支持低空经济的日常运营和规模化推广。

都市圈具备良好的政策环境和创新生态，为低空经济发展提供支持[1]。都市圈作为政策和产业创新的前沿，具有积极支持新兴产业发展的政策导向。许多都市圈为低空经济出台了鼓励性政策，如支持低空飞行器试点项目、逐步开放部分空域、提供补贴和税收优惠等，这些政策为低空经济提供了有力支撑。同时，都市圈内集聚了大量科技企业和创新人才，形成了低空经济的上下游产业链生态，从研发到制造再到服务形成闭环，为低空经济产业的创新提供源源不断的动力。这种政策与产业的结合，为低空经济的高效发展提供了充足的资源和环境保障。

都市圈的多样化应用场景推动低空经济的快速应用。都市圈内的应用场景丰富多样，涵盖医疗急救、城市巡查、环保监测、交通疏导、物流配送等多个领域，低空经济在这些领域的应用价值显著。例如，低空飞行器在环保监测中的应用，可以实现对空气质量、噪声等数据的实时采集；在医疗急救中，无人机可以实现紧急药物的快速运送，显著提升救援效率。这种多样化的应用场景不仅为低空经济提供了广阔的市场空间，也推动了技术的进一步发展和创新，提升了低空经济的市场适应性和应用价值。

---

[1] 屠启宇，余全明. 谁是创新引领者？——基于六个都市圈对长三角创新发展的影响[J]. 南通大学学报（社会科学版），2022，38（1）：25-37.

【案例：京津冀低空经济产业联盟】

2024年8月17日上午，京津冀低空经济产业联盟于天津市宝坻区北京科技大学天津学院正式揭牌成立。京津冀三地众多来宾共同见证了这一时刻，同时，低温电池生产线及配套工厂建设、京津中关村科技城低空公共航路设计整体规划等33个低空经济产业相关项目成功签约，这一系列活动彰显了京津冀在低空经济领域深度合作的决心与行动。

京津冀地区一直是我国经济发展的核心区域，此次低空经济产业联盟的成立，是其协同发展战略在低空领域的关键布局。联盟将整合三地资源，在政策扶持上探索协同机制，例如统一部分产业优惠政策；技术创新方面，促进科研成果共享与转化，三地高校和科研机构可联合开展低空飞行器关键技术攻关；设施建设上，共同规划建设低空飞行所需的基础设施，如机场、航路等。众多签约项目更是为联盟发展注入强大动力，低温电池生产线将为低空飞行器提供能源保障，低空公共航路设计则优化飞行网络。

该联盟的成立对京津冀低空经济发展意义非凡。在利用东部地区创新要素集聚优势上，三地通过联盟合作，加速创新要素流动与整合，如同东部地区在低空经济创新引领的实践先锋，促进创新成果快速转化为生产力，助力率先实现高质量发展。培育世界级低空先进制造业集群方面，三地产业协同可吸引更多优质企业加入，提升产业规模与竞争力，打造具有国际影响力的集群。在参与国际经济合作与竞争中，联盟能整合京津冀资源，以统一的姿态对外，打造低空经济对外开放新优势，率先构建全方位开放型低空经济体系，为京津冀低空经济在全球舞台上赢得更多发展机遇。

（二）以低空经济推进西部大开发

实施重大项目，融入"一带一路"建设并构建开放平台。借助"一带一路"倡议背景，开展重大低空经济项目以增强西部地区对外联系，建设多层次低空开放平台以拓展西部地区对外交流空间，为低空经济助力西部大开发创造良好条件。加大基础设施投入，发展优势产业并补齐民生短板。基础设施是低空经济发展的根基，特色产业能带动经济增长，而巩固脱贫成果、补齐民生短板可营造稳定发展环境，共同推动西部大开发进程。加大西部地区低空经济基础设施投入，用于支持发展特色优势低空产业以及集中力量巩固脱贫攻坚成果、补齐民生短板。利用低空产业开发经济资源，发挥特色优势。通过低空运输、低空观光、低空农业等低空产业促进西部经济资源开发。注重发挥低空活动在地理勘探、灾害探测预警、生态环境保护方面的特色优势，实现资源开发与多领域保障协同，助力西部大开发。完善都市圈产业体系，推动高质量发展。重点完善成渝都市圈低空产业体系，聚集产业链上下游企业，进而推动西部低空经济的高质量发展。以完善的产业体系凝聚产业力量，吸引企业聚集，促使低空经济在高质量道路上稳步迈进，为西部大开发增添动力。完善跨区域低空客运和物流体系，促进区域要素流动与资源整合。重点完善新疆地区的低空客运和物流配送体系，建立"干支通、支支通、全网联"航空运输体系。促进新疆内部各区域间资源的优化配置，带动旅游、特色农业、手工艺品等产业协同发展，让新疆的优势资源在更大范围内流通整合，有力推动区域经济发展迈向新台阶。

（三）以低空经济推动东北振兴取得新突破

打造低空经济特色园区，形成区域特色低空产业。利用低空技术加快现代低空农业的发展，提高农业生产效率，保障国家粮食安全。加大生态资源保护力度，利用低空监测技术筑牢东北地区的生态安全屏障[1]。以低空经济助力发展寒地冰雪、生态旅游等特色产业，打造具有国际影响力的冰雪旅游带。深化与东部地区对口合作，通过低空产业发展形成均衡发展的产业结构和竞争优势[2]。立足东北地区广袤的耕地与森林资源，以农林植保大规模作业为特色，打造无人机农业喷洒、林业防护规模化、常态化应用模式标杆。

（四）以低空经济开创中部地区崛起新局面

积极承接东部新兴产业布局和转移，沿着长江、京广、陇海、京九等重要交通线路着力打造一批中高端的低空产业集群。以低空经济为载体推动长江中游城市群的协同发展，加快武汉、长株潭等都市圈的建设，打造全国重要区域经济增长极[3]。低空产业助力发展现代农业，夯实粮食生产基础，提高农业综合效益和竞争力。通过应用低空技术提升不同生态环境的共保联治能力，构筑生态安全屏障，支持淮河、汉江生态经济带的联动发展。

---

[1] 宋开山，杜云霞，王宗明等.中国科学院东北地理与农业生态研究所遥感科学与技术研究回顾与展望——献给东北地理与农业生态研究所成立60周年[J].地理科学，2018，38（7）：1023-1031 https://doi.org/10.13249/j.cnki.sgs.2018.07.003.

[2] 中国政府网.国务院办公厅印发《东北地区与东部地区部分省市对口合作工作方案》[EB/OL].(2017-03-17)[2024-11-21]. https://www.gov.cn/xinwen/2017-03/17/content_5178355.htm.

[3] 澎湃新闻.安徽省副省长李中：基本形成以通用航空产业为主体的低空产业集群[EB/OL].（2024-09-27）[2024-11-21]. https://www.thepaper.cn/newsDetail_forward_28877708.

（五）打造东部高质量低空产业体系

利用东部地区的创新要素集聚优势，加快其在低空经济的创新引领定位上实现突破，推动东部地区在低空经济领域率先实现高质量发展[1]。加快培育世界级的低空先进制造业集群，引领低空新兴产业和现代服务业发展，提升要素产出效率，率先实现产业升级[2]。在更高层次上参与国际经济合作和竞争，打造低空经济对外开放新优势，率先建立全方位开放型低空经济体系。

（六）积极拓展低空海洋经济发展空间

利用低空技术协同推进海洋生态保护、海洋经济发展和海洋权益维护，同步建设低空经济强国、海洋强国[3]。推动低空经济与海洋经济的深度融合[4]，发展海洋旅游、海洋物流等新业态。充分利用低空技术进行海洋环境监测，通过搭载多种传感器的无人机获取水质、海洋垃圾、生物多样性等关键数据，实现对海洋环境的高频次、大范围、实时监测。发挥无人机在灾害预警和应急响应中的特殊作用，快速评估灾情并投放救援物资，提高对海洋灾害的应对能力。通过部署无人机等低空飞行器，实现对广阔海域的高效监控，及时发现并处理

---

[1] 张嘉昕，许倩.低空经济产业链发展的制约因素与优化对策研究[J].经济纵横，2024（8）：63-70. DOI:10.16528/j.cnki.22-1054/f.202408063.

[2] 周钰哲.低空经济发展的理论逻辑、要素分析与实现路径[J].东南学术，2024（4）：87-97. DOI:10.13658/j.cnki.sar.2024.04.003.

[3] 刘鑫，张偲.中国特色海洋生态系统的特征与保护利用[J].中国科学院院刊，2024，39（9）：1591-1601. DOI:10.16418/j.issn.1000-3045.20240717002.

[4] 马文婷，邢文利，高若.数字经济赋能海洋经济高质量发展[J].经济问题，2024（6）：42-50. DOI:10.16011/j.cnki.jjwt.2024.06.007.

非法捕捞、海上走私、间谍活动等危害国家安全的行为。发展跨海直航低空客运和物流特色产业。环渤海地区发展低空客运和物流的优势突出，在客运上，能使大连、烟台等地人员往来更为便捷，提升区域交流效率，促进商务出行与旅游发展。于物流而言，可加速环渤海各港口间货物转运，如将天津港的特色商品快速运往青岛等地，也便于海鲜等生鲜产品及时运输销售。不仅能带动环渤海地区海洋经济协同发展，还将推动区域产业升级，为环渤海大湾区建设增添强劲动力，提升区域整体竞争力与影响力。

【案例：广州布局深海未来空间】

在海洋强省战略的指引下，广州积极谋划建设海洋创新发展之都，通过制定一系列规划与行动方案，大力推动海洋未来能源、深海未来空间相关产业发展。广州借助广东省海洋经济发展专项资金等资源，助力南方电网电力科技股份有限公司在海上风电、储能等领域取得突破，构建海上风电不停机巡检模式，创造了1500万元经济效益，并实现海上风电独立储能配套，有力提升了海上风电产业竞争力，促进海洋低空经济迈向高质量发展。

2024年7月，在珠海桂山海上风电场，一架无人机出色完成从巡检任务下达至自动充电换电的全流程作业，标志着广州成功研制全球首套深远海风电场无人机多模态智能巡检系统。此系统由政府与企业携手攻关，基于低空技术构建跨空间统一坐标系算法的4D数字孪生模型，创新风机不停机巡检模式与无人机自主返航决策方法等关键技术，有效攻克人工巡检难题，降低运维成本与风险，为海上风电大规模发展奠定基础。

广州的案例对低空经济与海洋经济融合发展极具意义。在推动低空经济与海洋经济深度融合方面，该项目利用无人机巡检海上风电设施，是低空技术在海洋能源产业应用的典范，为海洋旅游、物流等新业态融合提供了技术与模式参考。在海洋环境监测上，无人机多模态智能巡检系统可搭载传感器，在执行风电巡检任务时同步收集周边海域水质、生态等信息，拓展了海洋环境监测手段。于灾害预警和应急响应而言，无人机可快速到达风电场及周边海域评估灾情，为应对海洋灾害提供及时信息支持，在保障海洋经济活动安全方面发挥重要作用，同时其对海域的监控能力也有助于防范海上非法活动，维护海洋权益与低空经济发展秩序。

第十一章
推动中小企业聚力低空经济

一、低空经济拓展中小企业发展空间

低空经济内涵丰富、场景多元,极大延伸了企业生产经营的物理空间,拓展了企业价值转化的收益空间,并丰富了企业间协同演化的区位空间。对于广大中小企业而言,增量空间意味着更为多元的业务机会、更加包容的试错机会以及相对稳定的生存机会,有利于各区域加速打造低空中小企业创新集群,促进低空梯度产业体系的良性可持续发展。

(一)"空—地"联动延伸物理空间

充分发挥低空经济对空域资源的整合与运用效率,通过"空—地"协同延伸中小企业生产经营的物理空间。其中,整合与运用空域资源旨在打破常规地面维度局限,将低空领域纳入生产经营版图。具体而言,拓展全新产业赛道,促使低空旅游、航空应急救援、通用航空货运等蓬勃兴起,催生诸如飞行器制造维护、低空运营服务、专业飞行培训等上下游产业链条,创造大量就业岗位与经济附加值，为中小企业开展各类业务搭建更加广阔的空间舞台。此外，低空空域的高效利用离不开与地面经济活动的交互协同。在规划层面，要统筹考虑城市与区域建设，提前预留"空—地"联运通道，让中小企业扎根产业聚集区，降低运输成本、提升交付时效，融入更大产业生态；在技术层面，利用 5G、物联网搭建低空智能管控与数据交互平台，让地面企业与空中作业无缝对接，赋予中小企业灵活调配资源、精准对接市场的能力；在政策层面，地方政府制定补贴、简化低空飞行审批流程，削弱空地协同开展业务探索的制度藩篱。各方力量共同推动中小企业从局限的厂房空间"破圈"，借低空通道与广阔地面运营结合，经营版图拓展，真正实现物理空间延伸，激活内在发展活力，在低空经济浪潮中扬帆远航。

【案例：常州产业园推进"空—地"协同】

江苏常州的航空产业园于 2013 年 3 月成立，位于常州国家高新区内，总规划面积约 17.1 平方公里。园内有诸多人物参与其建设与发展，如产业园党工委书记、管委会主任胥亚伟等。该产业园依托常州奔牛国际机场，建设了标准厂房与仓储设施，园内中小企业生产精密航空配件，借助机场的运输优势，实现了与国内外客户的无缝衔接。

常州航空产业园的建设与发展充分践行了低空经济的理念[1]。在空域资源整合与运用方面，产业园获批了通用管制空域，最大可使用面积约 1720 平方公里，最大飞行高度为 3000 米，将低空领域纳入生产经营范畴，拓展了通用航空制造、运营等上下游产业，如大飞机改装、维修以及航空快递分拣等，催生了一系列相关产业链，创造了大量就业岗位和经济附加

---

[1] 常州市科技局. 常州航空产业园推介会举行 [EB/OL]. (2013-09-29)[2024-11-29]. https://kjj.changzhou.gov.cn/html/kjj/2013/MHFDIKKN_0929/10279.html.

值，为中小企业搭建了广阔的发展空间，实现了从常规地面维度向低空领域的拓展。在"空—地"协同方面，产业园在规划上紧邻机场建设厂房与仓储设施，提前预留了"空—地"联运通道，让中小企业扎根产业聚集区，降低了运输成本，提升了交付时效，使其能够更好地融入更大的产业生态。同时，当地政府对低空经济给予了大力支持，简化了试飞审批流程等，削弱了空地协同开展业务探索的制度藩篱，推动了中小企业从局限的厂房空间"破圈"，实现了经营版图的拓展。

常州航空产业园的成功实践具有多方面的重要意义。首先，它为当地经济发展注入了新动力，带动了相关产业的协同发展，形成了产业集群效应，提高了资源配置效率，增强了区域经济的整体实力。其次，该案例为其他地区发展低空经济提供了宝贵经验，证明了低空经济在推动区域经济发展、创造就业机会、提升产业竞争力等方面的巨大潜力。最后，产业园的发展也为中小企业提供了更广阔的发展空间，激活了其内在发展活力，促进了产业升级和创新发展，助力中小企业在低空经济浪潮中实现可持续发展，为我国低空经济的发展树立了典范，对推动我国低空经济的发展具有重要的借鉴意义。

（二）"产业"联动拓展收益空间

充分发挥低空经济对当下产业的渗透与赋能作用，通过"产业"联动拓展中小企业价值转化的收益空间。在当前多元产业蓬勃发展又深度交织的格局下，低空经济宛如一股灵动且强劲的力量，正悄然重塑产业版图。低空经济凭借通用航空、无人机技术、低空服务等多元板块，正以前沿科技与创新运营模式，为农业、制造业、物流等产业带来前所未有的变革契机。以农业产业为例，以往传统的种植、养护方式受限于地形、人力效率，而低空经济携无人机植保、农田监测等应用强势介入后,作业范围大幅拓宽、精度显著跃升,不仅减少人力投入、节约农资成本,还极大提升了农作物产量与品质。

要实现低空产业赋能中小企业价值转化,需要充分发挥创新平台、产业集群和行业协会的催化作用。其中,搭建开放式创新平台是关键之举。科研机构、高校与企业携手共建,把实验室里的航空航天前沿技术,诸如新型航空材料、智能飞行控制算法等,加速推向产业应用端;打造产业集群成为重要路径。各地规划航空产业园区时,布局大型骨干企业与配套中小企业共生格局;行业展会与专业联盟的桥梁作用是重要支撑。定期举办低空经济专题展会,开展商务对接、技术研讨,打破信息壁垒,助力企业精准把握市场脉搏,将自身价值高效转化为市场收益,让中小企业借力低空经济在多元产业联动中实现价值飞跃。

【案例:大疆无人机赋能农业生产】

近年来,大疆农业无人机活跃于我国华北平原到长江中下游平原等广袤农业产区,深度参与农事作业。大疆作为无人机领域的领军企业,派遣专业团队操控先进的农业无人机,依据各地农作物生长周期与病虫害防治节点,精准开展植保工作。利用搭载的智能喷洒系统、高分辨率监测设备,对农田精准施药、实时收集土壤墒情、作物长势等数据,全面革新传统农业植保依赖大量人力、手工操作且效率低下的旧况。

在多元产业紧密交融、低空经济崛起重塑产业格局的大背景下,大疆农业无人机在全国多地农田的作为,正是低空经济赋能产业变革的鲜活例证。传统农业常受复杂地形羁绊,山间梯田、大片平原难以统一高效植保,人力劳作耗时费力,农资撒施难以精准把控。而大疆无人机凭借其成熟的无人机技术,契合低空经济多元板块中的无人机应用分支,将前沿科技直抵田间。借由智能飞行控制保障作业精度,先进喷洒装置优化农药使用，拓宽作业边界，降低人力与农资成本，同步提升农作物产出质量与数量，打通农业产业新的增值路径，也为中小企业融入低空经济生态、实现价值转化提供可借鉴思路。

大疆农业无人机于全国多地农田开展高效植保作业意义非凡。于农业产业而言，它借助低空经济力量，推动农业生产从粗放迈向精准高效，成为农业现代化进程"加速器"，稳固农业根基，挖掘更大产出效益。从中小企业视角出发，大疆实践彰显低空经济赋能下，中小企业可依托科技切入传统产业，借创新平台研发、产业集群协同、行业展会交流等，打破自身局限，精准对接市场，在多元产业联动里找到价值转化"密码"，拓宽收益空间，促使产业格局持续优化、经济活力不断迸发。

（三）"城市"联动丰富区位空间

充分发挥低空经济对区域内城市群的协同与整合功效，通过"城市"联动丰富中小企业业务开展的区位空间。在区域发展进程中，低空经济依托通用航空、无人机应用等领域，具备重塑城市间经济互动格局的潜力。当前，诸多中小企业囿于所在城市的有限资源与市场规模，发展遭遇瓶颈，业务常局限在狭小地域。而发挥低空经济的协同整合效能，旨在挖掘低空领域的飞行线路、空域时段、航空设施等资源，使其成为串联区域内城市的"隐形纽带"。

引导低空经济联动中小企业业务开展的城市区位，需要政策协同、基建互联与信息共享协同发力。首先，政策协同是关键引领。区域内城市应制定统一、互补的低空经济政策框架，对低空飞行审批简化流程、通用机场建设土地供给等提供协同规范与优惠扶持，降低企业跨城运营制度成本，激发参与积极性。其次，基础设施互联互通不可或缺。各地携手打造通用机场群与配套设施，构建"低空网络"，保障低空飞行连贯性，为物流、旅游等业务筑牢硬件基础。最后，信息共享平台搭建是"黏合剂"。利用大数据、区块链搭建区域低空经济信息共享中枢，整合城市间空域状态、业务需求、企业服务能力等信息，使中小企业能够实时获取各地低空作业机会，精准对接跨城业务，打破信息隔阂。

【案例：低空经济促进粤港澳大湾区城市协同】

近年来，在粤港澳大湾区这片充满活力的区域，诸多专业的航空物流相关平台积极运作起来。这些平台汇聚了来自香港、澳门、广东三地的海量航空物流订单数据，以及对空域闲置时段进行细致梳理与记录。参与其中的既有扎根本地多年、深谙区域物流需求的老牌企业，也不乏带着创新模式、先进技术闯入的新兴物流力量，它们借助平台，轻点一键，便能精准且高效地匹配契合自身运营能力与业务方向的订单及空域时段，开展航空物流业务，革新以往分散、低效的作业模式。

在低空经济力求重塑区域城市间经济互动格局、助力中小企业突破地域局限的进程中，粤港澳大湾区的相关航空物流平台作为堪称典范。往昔，大湾区内中小企业深受所在城市资源有限、本地市场规模不足掣肘，业务拓展艰难。如今，借由低空经济在通用航空领域发力，依托平台整合订单与空域闲置时段之举，恰是挖掘与盘活低空关键资源，恰似编织起串联城市的"隐形纽带"。在政策协同层面，大湾区城市积极商讨、构建互补低空政策，为物流企业跨境跨城运营简化审批、提供场地支持，削减制度阻碍；基建互联上，通用机场群拔地而起、配套渐趋完善，筑牢飞行硬件根基；信息共享层面，平台利用前沿技术整合多元信息，让企业及时捕捉作业良机，实现跨城业务精准对接，融入区域联动浪潮。

粤港澳大湾区相关平台整合三地航空物流信息这一实践意义深远。对区域经济而言，激活低空经济纽带作用，打破城市间"经济孤岛"状态，优化资源配置，强化城市协同，重塑大湾区经济互动新版图，挖掘更大增长潜力。于中小企业，平台赋予其突破本土局限"利器"，凭借信息获取、政策利好、基建支撑，降低运营成本，拓宽业务边界，精准嵌入跨城低空物流业务链，在区域"低空网络"里觅得生机，蓬勃发展，还为其他城市群借低空经济协同整合提供可复制样本。

二、低空经济助力中小企业专精特新发展

作为新兴的经济业态，低空经济的发展与数智技术和能源动力技术的演进紧密相关，是全球化背景下新一轮产业、人才竞争的焦点领域。这在客观上弱化了中小企业融资约束、提升了数字化转型与市场接入度、优化了产品质量与服务水平、助推了创新人才的吸收和获取，助力中小企业专精特新发展稳步推进。

（一）"低空+"融资助力中小企业专业化发展

作为战略性新兴产业，低空经济概念可以大幅提升资本市场对企业发展的正向预期，从而缓解中小企业融资约束，引导企业走专业化发展道路。对于广大中小企业而言，融资难、融资贵的问题长期存在，严重掣肘了企业在特定专业领域的业务扩张与技术革新。而低空经济凭借其科技前沿性、产业延展性与市场增长潜力，可以重塑外界对企业发展的前景认知，从而弱化中小企业融资约束，支持其在主营业务领域持续深耕，实现专业化发展。

要达成利用低空经济概念助力中小企业破局融资、迈向专业化，需系统谋划、多策并举。其一，强化产业信息传播是基础环节。行业协会、政府部门应

搭建权威信息平台，汇总低空经济产业动态、技术突破、市场机遇资讯，展示低空经济全景，将零散信息系统化，让投资者清晰洞察产业脉络，知晓中小企业在产业链位置与价值，增强投资信心。其二，政策配套扶持至关重要。地方政府可推出针对低空经济中小企业专项金融政策，设立产业引导基金。对从事航空零部件制造、低空运营服务的中小企业，以股权注资、贷款贴息形式，缓解前期融资难，助其在专业细分领域精研技术、扩充产能，契合产业高质量发展需求。

【案例：成都天府区设立低空飞行器研发专项扶持资金】

近年来，在成都天府新区这片创新创业的热土上，当地政府部门积极行动，针对低空飞行器研发企业推出前期资金扶持计划。一批专注于低空飞行器研发的中小企业从中受益，这些企业涵盖了从新型飞行器设计到关键零部件制造等多个细分领域。政府通过财政拨款、设立专项扶持资金等方式，为企业提供资金支持，助力企业开展研发工作，推动企业在低空飞行器技术创新、产品优化等方面取得进展，助力企业突破资金瓶颈，踏上发展快车道。

在中小企业面临融资困境，亟待借助外力突破以实现专业化发展的当下，成都天府新区对低空飞行器研发企业的资金扶持计划与低空经济助力中小企业的理念高度契合。以往，中小企业因自身规模小、抗风险能力弱等因素，在融资市场中处于劣势，难以获得足够资金支持技术研发与业务拓展，在专业领域深耕受限。而天府新区的这一举措，正是基于低空经济的科技前沿性与产业延展性，政府作为关键角色，通过资金扶持，直接为企业注入发展动力，增强企业实力与竞争力，重塑企业在资本市场中的形象，弱化融资约束。这一计划也体现了政策配套扶持在推动低空经济中小企业发展中的关键作用，有助于企业在低空飞行器研发这一专业领域持续投入，朝着专业化方向不断迈进。

成都天府新区针对低空飞行器研发企业的前期资金扶持计划意义重大。从区域经济角度看，这有助于培育壮大本地低空经济产业集群，吸引更多相关企业和人才集聚，提升区域产业竞争力，推动区域经济高质量发展。对于中小企业而言，资金扶持有效缓解了融资难题，使企业有更多资源投入研发与创新，提升技术水平和产品质量，在低空飞行器研发领域形成专业优势，实现专业化发展，为企业在市场中赢得更多机会。同时，也为其他地区利用政策扶持低空经济中小企业提供了有益借鉴，有助于在更大范围内推动低空经济发展，带动更多中小企业借助低空经济概念摆脱融资困境，实现可持续发展。

（二）"低空+"数据助力中小企业精细化发展

以数智技术为基本支撑，低空经济天然具有高通量数据生成与高水平数据运用的行业特性，这有助于引导企业走精细化发展道路，实行精益生产与精细化管理。低空飞行器在飞行过程中，通过搭载的各类传感器，无论是监测气象环境的温湿度、气压传感器，还是捕捉地理信息的高精度定位与测绘设备，抑或是追踪飞行器自身状态的机械性能传感器，时刻都在产生海量数据。对这些数据的实时传输与整合分析，可以使企业精准洞察每一个业务流程的效率瓶颈与质量短板，打破以往粗放式运营"黑箱"，有针对性地调配资源、优化流程，向着精细化管理迈进。

要充分挖掘低空经济数据特性，助力企业达成精细化愿景，需多层面协同发力。于技术基建层面筑牢根基至关重要。企业与科研机构应携手打造适配低空经济的数据采集、传输与存储平台。从而促进海量数据高速回传、安全存储，为后续分析夯实基础，确保数据"采得全、传得快、存得稳"。在数据分析应用维度强化能力是关键。专业数据分析公司可深入低空经济领域，定制算法模型。以维修保养业务为例，企业基于历史故障数据、维修记录、零部件更换频次等信息建模，预测设备故障概率、优化维修周期，让企业提前筹备物资、调配人力，将被动抢修扭转为主动维护，提升运营效能。

【案例：数据推动通用航空维修保养】

近年来，在信息技术引领的科技革命和产业变革背景下，航空器维修领域迎来了智慧化变革。其中，宋军作为行业的领军人物，自1994年成为南航新疆分公司飞机维修基地的一名维修工程师后，凭借二十余年的实践经验与专业知识积淀，积极探索前沿科技在航空器维修中的应用。他先后研发出"基于航空维修信息数据管理的数据链溯源系统 v1.0""基于云计算技术的初步检修平台 v1.0""基于远程维修技术的自动初检化平台 v1.0"等智能化检修系统，将大数据、云计算、人工智能等前沿科技与航空器维修深度融合，有效解决了传统航空器维修中人工检查存在的漏检、排故不及时等问题，切实提高了航空器检修效率，推动了航空器维修领域的智慧化建设与发展。

宋军在航空器维修领域的创新实践与低空经济中数智技术的应用理念高度契合。低空经济以数智技术为支撑，其高通量数据生成与高水平数据运用的特性，能够助力企业实现精细化管理。而宋军所研发的智能化检修系统，正是充分利用了航空器维修过程中产生的各类数据。例如，在飞行过程中，低空飞行器搭载的多种传感器会产生海量数据，这些数据如同航空器维修领域的宝贵资源。宋军的检修系统通过对这些数据的有效采集、传输和分析，打破了传统维修模式下的粗放式运营，使维修企业能够精准洞察业务流程中的问题，进而有针对性地调配资源、优化流程，实现精细化管理，这与低空经济中数据驱动企业发展的理念不谋而合。同时，他的实践也体现了在技术基建层面筑牢根基以及在数据分析应用维度强化能力的重要性，为低空经济背景下企业利用数据实现精细化发展提供了借鉴。

宋军的科研成果及实践在航空器维修领域具有重要意义。从行业层面来看，其研发的智能化检修系统为航空器维修行业的智慧化转型树立了标杆，引领了行业的发展方向，促使更多企业重视并积极探索数智技术在维修中的应用，推动整个行业向精细化、智能化迈进。对于维修企业而言，这些系统不仅提高了检修效率和质量，降低了人工成本和安全风险，还通过对数据的深度挖掘和分析，帮助企业提前预测潜在故障，优化维修计划，实现从被动抢修到主动维护的转变，提升了企业的运营效能和市场竞争力。此外，宋军的成功经验也为低空经济领域其他企业提供了有益启示，鼓励企业加强与科研机构的合作，充分挖掘数据价值，提升自身的精细化管理水平，以更好地适应低空经济的发展趋势，实现可持续发展。

（三）"低空+"场景助力中小企业特色化发展

低空经济与地面社会经济活动紧密交织，相关业务开展依托于地方独特的自然地理条件和市场需求，有助于引导中小企业走特色化发展道路，形成独具特色的业务模式与竞争优势。从地域特性出发，沿海地区凭借绵长海岸线与广袤海洋资源，其低空经济可以围绕海上救援、海洋生态监测、海岛观光旅游等展开。而在内陆山区，可以依托峰峦起伏、峡谷纵深的地形地貌，开展低空探险、山地救援、林业资源勘查等特色业务。由此，中小企业就扎根本土特色，聚焦专长打造业务模式，实现了特色化生产。

要借力低空经济与地方特质融合，助推中小企业特色化发展，需多维度协同推进。立足资源勘查与整合是基础起步。地方政府应联合科研团队、行业协会，运用地理信息技术、市场调研手段，精准梳理自然与市场"家底"，为中小企业明晰特色方向，助其锚定业务着力点；强化产业协同联动是关键环节。中小企业应融入地方产业链，实现资源共享、优势互补，协同打造特色产品、提供特色服务、拓宽盈利渠道、稳固市场根基；政策扶持倾斜是重要保障。地方政府出台针对性政策，在空域使用、项目审批、资金补贴上助力特色低空项目，可以减轻企业特色化运营负担，激发创新活力。

【案例：低空经济唐家港模式】

近年来，在珠海市万山区的唐家港，基于当地独特地理与经济状况，一种极具创新性的"唐家港模式"应运而生。唐家港所处区域坐拥146个岛屿，然而常住人口稀少，仅4929人，与之形成鲜明反差的是，每年游客量高达两百余万人次，物资消耗规模庞大。长期以来，依赖传统船运补给面临成本高昂、运输时效低下等困境，补给效率难以满足岛内需求。鉴于此，唐家港凭借丰富的海岛资源、可观的人员流动与物资需求，开启探索低空特定航线的实践，试图借助低空运输破解补给难题、拓展发展路径。

唐家港模式与低空经济助力中小企业特色化发展的思路深度契合。唐家港所处沿海地带，拥有绵长海岸线及星罗棋布的海岛，契合沿海地区依托海洋资源开拓低空经济业务的地域特性。过往，船运补给的短板凸显了改变运输方式、挖掘低空潜力的迫切需求。当地基于这一现状，开展低空特定航线运营，正是扎根本土独特的自然地理与市场需求，探索特色化业务路径。在资源勘查与整合上，洞悉海岛众多、游客量大、补给困境这些"家底"，锚定低空补给这一业务着力点；在产业协同联动层面，低空运输业务嵌入海岛旅游、居民生活补给产业链中，与船运、岛上商业等实现资源互补、协同运作；同时，其发展少不了地方政府在空域规划、项目落地等方面潜在的政策支持助力，逐步打造出区别于传统运输、独具海岛低空补给特色的业务模式，收获竞争优势。

"唐家港模式"有着多层面深远意义。对唐家港自身而言，低空特定航线极大改善了岛内补给效率，降低物资运输成本，保障居民生活、游客体验，稳固海岛经济根基。从产业视角出发，为沿海地区低空经济发展提供范例，尤其针对海岛众多、运输不便区域，展示出低空运输在海岛补给、人员通勤等方面的效能，拓展低空经济业务版图。对于中小企业，该模式证实立足地方特质挖掘低空业务的可行性，激励其扎根区域特色，围绕海洋资源等开展低空观光、海岛应急运输等多元业务，借助政策扶持、产业协同，减轻运营负担、激发创新活力，形成特色化、差异化竞争优势，在低空经济赛道实现高质量、可持续发展。

（四）"低空+"人才助力中小企业新颖化发展

低空经济具有知识、技术密集型特征，其庞大的市场潜力会吸引大量高素质创新人才流入相关领域，缓解中小企业人才约束，促进其走新颖化发展道路。在当今科技驱动发展的时代浪潮下，低空经济作为前沿产业，融合了航空航天、电子信息、人工智能、材料科学等多学科知识与前沿技术。相关领域的蓬勃兴起，可以凭深厚技术底蕴与可观市场机遇，吸引机械设计工程师、算法专家、航空动力学者等创新人才在中小企业会聚，为中小企业创新注入"源头活水"，走新颖化发展道路。

要借力低空经济特质，化解中小企业人才困局、助力新颖化前行，需多层面协同发力。搭建产学研融通平台是首要基石。高校、科研院所携手企业共建合作机制，打通人才输送"高速路"。通过联合开展项目实践，学生在企业实习积累实战经验，企业获取前沿科技成果转化，航空智能设备研发等创新项目吸引相关专业学生毕业后留企扎根，充实企业创新人才库；优化人才政策环境作关键支撑。地方政府制定专项人才计划，在住房补贴、子女教育、科研启动资金上倾斜。提供人才公寓、给予科研立项资助，解决生活后顾之忧，激发其扎根创业热情，为当地中小企业引来"金凤凰"。

【案例：全国低空行业产教融合共同体成立大会在北京召开】

近期，全国低空经济行业产教融合共同体成立大会于北京盛大召开[1]。此次大会会聚了来自全国多所高校、科研院所的教育界精英，诸多深耕低空经济领域的企业代表，以及行业协会、相关政府部门的负责人等各界人士。会议聚焦低空经济的产教融合发展这一核心议题，旨在搭建一个沟通协作、资源共享的平台，通过整合各方优质资源，探讨建立长效合作机制，推动教育端与产业端深度对接，让高校科研成果能高效转化为企业生产力，助力企业获得优质人才支撑与前沿技术助力，进而提升整个低空经济行业的发展质量与创新活力。

全国低空经济行业产教融合共同体成立大会与低空经济助力中小企业新颖化发展紧密关联。低空经济本身知识、技术密集，融合多学科多领域前沿内容，急需大量跨学科创新人才推动行业持续创新发展。此次大会的召开，恰是对搭建产学研融通平台这一关键举措的有力践行。高校凭借深厚学术积淀、科研院所依靠先进研发实力，与企业携手，打通了人才输送渠道。以航空智能设备研发为例，高校学生能借助该共同体获得更多参与企业项目实践机会，积累实战经验，毕业后更易留企扎根，成为企业创新"生力军"；企业也能第一时间获取高校、科研院所前沿科研成果并加速转化应用。同时，这一共同体的组建，也有望推动地方政府重视并优化人才

---

[1] 中国民航网. 全国低空经济行业产教融合共同体在京成立[EB/OL]. (2024-11-29)[2024-11-29]. http://www.caacnews.com.cn/1/6/202411/t20241129_1383167.html.

政策环境，为吸引更多如机械设计工程师等专业人才投身低空经济中小企业，提供住房补贴、科研立项资助等保障，激发创新热情，助力企业走上新颖化发展道路。

全国低空经济行业产教融合共同体成立大会意义非凡。于行业而言，强化了产教融合纽带，整合全国低空经济优质资源，优化行业人才结构，提升行业整体技术水平与创新能力，推动低空经济从理论研究向产业实践全方位升级，拓展庞大市场潜力。对中小企业来说，共同体为其缓解人才困局开辟新径，大量高素质创新人才借助平台流入，充实企业人才库，让创新项目有"智"可依；地方政府也将基于共同体的发展诉求，制定更优人才政策，吸引人才扎根，降低企业用人成本，激发新颖化发展内生动力，促使中小企业凭借独特创新优势在市场竞争中脱颖而出，实现高质量、可持续发展，也为其他新兴行业产教融合、人才培养与企业发展协同共进提供借鉴样本。

第十二章
促进普惠发展与社会福祉增进

一、构建高水平低空市场经济体制

（一）激发各类低空应用市场主体活力

加快低空经济布局优化和结构调整。围绕服务国家战略，加快低空经济布局优化、结构调整，增强低空经济竞争力、创新力、控制力、影响力、抗风险能力，做强做优做大低空经济应用市场。发挥低空经济战略支撑作用，推动低空经济进一步聚焦战略安全、产业引领、国计民生、公共服务等功能，向关系国家安全、国民经济命脉的重要行业集中，向提供公共服务、应急能力建设和公益性等关系国计民生的重要行业集中，拓宽低空经济应用市场。建立布局结构调整长效机制，动态发布低空经济布局优化和结构调整指引，稳妥有序布局低空经济相关产业，加快形成低空集聚效应和创新生态。

推动完善中国特色低空经济制度。坚持党的全面领导，探索构建军地民一体化协同管理低空空域资源新模式，加快建立权责明晰、创新包容、协调运转、高质量发展的体制机制，分步实现低空空域资源利用最大化。按照完善管理、强化激励、突出创新、提高效率的要求，打造低空经济创新生态圈，支持高校、科研机构、重点企业积极创建低空领域高水平研发平台，丰富低空经济新兴经济业态。推行数字空管新模式，持续提升低空空域管理服务能力。

健全低空经济市场监管体制。坚持放活与管好相统一，根据低空经济新领域新业态新变化，及时开展市场监管，制定出台低空经济领域相关规章或规范性文件，细化配套政策，逐步形成实时更新、完善配套的政策规章体系，推动低空空域划设与使用、飞行服务、安全监管、产业培育等规范化发展。促进低空经济健康发展，构建科学高效的监管体系，需坚持"放活"与"管好"相统一，建立灵活动态的政策框架。应设立国家、省级、地方三级联动的监管体系，根据低空经济的新需求和新变化，实施实时调整的政策机制，支持创新和试点。在技术标准方面，制定统一的飞行器设备、通信规范及飞行行为规则，通过"飞行许可"制度提高飞行操作人员专业性。加快建设智能化监管平台，引入大数据和人工智能技术，提升实时监测和预警能力，确保飞行器在合法空域内安全飞行。设立低空飞行应急处理机制，明确责任分配，并规范低空空域的飞行高度、速度等安全标准，降低空中风险。推动建立低空飞行服务站，为飞行器提供一站式服务，保障产业链顺畅运作。同时，通过飞行员培训和认证，确保低空飞行操作水平。政府应通过补贴、税收优惠等政策扶持符合规范的低空项目，支持数据开放共享。学习借鉴国际先进经验，推动国际合作与协调，逐步形成符合我国国情的低空经济监管标准和运行模式，为低空经济的规范化、可持续发展提供坚实保障。

优化低空经济发展环境。健全支持低空发展的法治环境、政策环境和市场环境，保障低空经济产业健康可持续发展。进一步放宽低空经济市场准入，健全市场准入保障机制，破除各类壁垒。完善促进低空经济的政策体系，加大税费优惠和信贷支持力度，统筹各类政策性资金，支持低空飞行基础设施建设，鼓励相关单位加大低空经济领域政府购买服务力度，充分发挥政府投资基金引导带动作用，引导社会资本加大低空经济领域投入力度。

促进低空经济高质量发展。鼓励低空经济产业改革创新，推动低空产业链内部各环节深度融合，提升产业链韧性和安全水平，提升企业经营能力和管理水平。强化企业创新能力，鼓励企业牵头组建新型研发机构、产业创新中心、制造业创新中心等低空经济领域产业创新平台。支持企业开展基础研究和科技创新，聚焦低空经济发展重大需求，积极参与低空经济领域国家科技重大专项。推动低空经济企业守法合规经营，鼓励企业积极履行社会责任、参与社会公益和慈善事业。

【案例：政企协同积极探索低空经济发展】

苏州张家港立足在无人机应用领域的良好基础，已将无人机广泛应用于城市管理、海事、港口、农林和文旅等诸多方面。在此基础上，张家港精准把握低空经济发展契机，不断拓展物流、医疗运输等细分应用场景，进一步拓宽低空经济的服务边界。同时，充分发挥"枢纽型节点"城市的资源整合优势，深度融合锂电、氢能等多产业资源，从产业链的材料及部件端和应用领域端双向发力，大力引进和培育重点企业，精心构建起完整且特色鲜明的低空产业体系。中琪华安（北京）科技有限公司自主研发的琪华低空飞行服务系统，涵盖有人机便携北斗导航设备、无人机福来盒（Fly Box）等多个关键部件及软件。该系统通过互联网为用户提供低空飞行服务与保障，而广州市与之合作应用这一系统，打造的低空飞行服务与监管系统，具备对全域民用低空飞行活动全流程监管和多样服务保障能力，像飞行冲突检测、多源数据融合等先进功能更是保障了飞行安全与高效。

各地政府也积极作为，重庆市出台《推动低空空域管理改革促进低空经济高质量发展行动方案（2024—2027年）》，聚焦构建军地民一体化协同管理低空空域资源新模式这一核心，全方位探索低空飞行数字空管新模式，构建城市空中交通空机一体化管理系统，还积极探寻空域资源要素的定价及结算规则。并且专门组建工作专班，强化多方协同，保障各项举措扎实落地。广州市制定《广州市低空经济发展实施方案》，围绕低空经济多维度工作进行统筹规划，助力构建协同管理机制。苏州市发布《苏州市低空经济高质量发展实施方案（2024—2026年）》，以推动产业创新与高速增长为目标，为低空经济发展添砖加瓦。上海青浦区则凭借北斗导航西虹桥产业基地、无人机研发制造企业以及快递企业总部场景应用等既有优势，打造低空经济创新生态，从技术支撑、应用场景拓展等多方面为低空经济发展聚势赋能，促进产业融合与创新发展。

这些企业与地方政府从不同角度展现了其在低空经济发展方面的积极探索与实践，无论是产业体系构建、空域管理改革，还是飞行服务系统打造以及整体发展环境优化，都紧紧围绕着布局优化、完善制度、健全监管体制、优化发展环境、促进高质量发展等促进低空经济发展的关键要点来展开。它们不仅为各自区域的低空经济发展注入了强大动力，也为全国低空经济的蓬勃发展提供了可借鉴的宝贵经验，有助于推动低空经济在更规范、更具创新力以及更可持续的道路上不断迈进，对我国低空经济整体的竞争力提升、产业链完善等方面有着重要且积极的影响。

（二）建设高标准低空市场体系

实施高标准低空经济市场体系建设行动，形成高效规范、高质量发展的国内低空经济市场[1]。

---

[1] 宋冬林，谢文帅.发展低空经济的政治经济学分析[J].延边大学学报（社会科学版），2024，57（4）：63-72，142. DOI:10.16154/j.cnki.cn22-1025/c.20240730.003.

全面完善产权制度。强化低空经济领域知识产权保护，加大面向低空经济产业的技术创新支持和知识产权保护力度，明确产权归属、完善产权权能，提高侵权成本，降低维权成本，保护企业创新活力，激发企业创造力。加强数据、知识等领域产权制度建设，健全低空经济领域涉产权制度的法律法规。

推动市场主体多元化和专业化。放宽市场准入限制，降低市场准入门槛，简化审批流程，深化低空领域资源整合共享，鼓励各类所有制企业参与低空经济的发展，吸引更多的民间资本和外资进入低空经济领域，提高市场的活力和竞争力。加强人才培养和引进，提高市场主体的技术水平和管理水平，培育专业化市场主体。

促进产学研用深度融合。加快低空经济领域的基础研究和应用研究，加强关键核心技术攻关，前瞻布局前沿技术研究，打造国家级产业创新平台，聚焦低成本、高性能、高可靠性的规模化通航装备和技术攻关，围绕总体、系统、软件、元器件、材料等重点领域，推动科技成果的转化和产业化。打造前瞻趋势研究、高端人才引培、深度策略分析、全面决策支持的高端智库。

健全低空市场信用体系。建立健全信用法律法规和标准体系，加快建立涵盖低空工程建设、载人飞行、运输物流、运营管理、飞行培训等领域的行业信用体系，完善各领域各环节信用措施，加强信用信息归集、共享、公开和应用，充分保障各类市场参与主体的合法权益。

【案例：各地政府积极建设高标准低空市场体系】

在建设高标准低空市场体系的过程中，各地政府和企业采取了一系列创新举措。2024年10月23日，芜湖市市场监管局、芜湖经济技术开发区人民检察院、芜湖经济技术开发区人民法院联合对安徽劲旋风航空科技有限公司与雄名航空科工（芜湖）股份有限公司进行了商业秘密保护的调研，这一行动体现了地方政府在保护低空经济企业创新成果方面的积极作为。同年8月30日，国家发展改革委副主任李春临在新闻发布会上强调了优化新业态新领域市场准入环境的重要性，特别是对于低空经济这一新质生产力的代表，他指出需要完善准入制度，有序放宽准入限制，以促进其健康发展[1]。此外，喆航集团通过组建高水平研发团队，加强知识产权保护，与高校合作，构建了直升机产业链生态系统，展现了企业在技术创新和知识产权保护方面的努力。2024年3月，珠海市发布了支持低空经济高质量发展的措施，提出创新金融服务和扩大保险覆盖范围，以促进低空经济的稳健发展[2]。

这些事件和政策的实施，共同推动了产权制度的完善，特别是知识产权保护的加强，为企业创新提供了法律保障。同时，通过放宽市场准入限制和简化审批流程，促进了市场主体的多元化和专业化，激发了市场活力。产学研用的深度融合在喆航集团的案例中得到了体现，其与高校的合作推动了科技成果的转化和产业化。珠海市的金融创新措施则为低空经济提供了资金支持，降低了企业的研发和运营风险，健全了市场信用体系。这些实践不仅为低空经济的发展提供了开创性的解决方案，也为其他地区和行业提供了可借鉴的经验，对于推动低空经济的高质量发展具有建设性的意义。

（三）建立低空经济现代财税金融体制

完善财政支持政策。加大对低空经济领域的财政投入，统筹各类政策性

---

[1] 国家发展和改革委员会.国新办举行《关于完善市场准入制度的意见》新闻发布会[EB/OL].(2024-08-30)[2024-11-21].https://www.ndrc.gov.cn/fzggw/wld/lichunlin/zyhd/202408/t20240830_1392719.html.

[2] 珠海市人民政府.珠海市人民政府关于印发支持低空经济高质量发展若干措施的通知[EB/OL].(2024-06-12)[2024-11-21].https://www.gd.gov.cn/gdywdt/zwzt/dkjj/zcwj/content/post_4457692.html.

资金，支持低空飞行基础设施建设，鼓励相关单位加大低空经济领域政府购买服务力度，充分发挥政府投资基金引导带动作用，探索通过市场化方式组建专项基金，引导更多资金投向低空经济重点领域。中央高度重视低空经济发展，从多方面给予政策支持和引导。2023年12月中央经济工作会议明确低空经济为战略性新兴产业之一；2024年，低空经济首次写入政府工作报告。7月11日，中国民航局成立促进低空经济发展工作领导小组，推动低空经济发展。在财政政策方面，工信部、科学技术部、财政部、中国民用航空局印发《通用航空装备创新应用实施方案（2024—2030年）》，提出到2030年推动低空经济形成万亿级市场规模，这意味着未来中央财政可能会在技术研发、基础设施建设、产业应用等方面加大投入，以支持低空经济产业的发展。北京市发布的《北京市促进低空经济产业高质量发展行动方案（2024—2027年）》明确了一系列支持政策。在财政方面，制定出台专项政策，加大资金支持力度。设立低空产业基金，引导社会资本、专业机构投资低空产业项目。对低空经济企业的落户、技术创新等给予奖励和支持，例如新落户并满足相应条件的低空经济企业，给予最高2000万元的落户奖励。同时，深化企业服务，加强金融保险、贷款等方面对低空经济企业的支持，为企业发展提供有力的资金保障和金融服务，以巩固低空制造全产业链竞争力，打造全国低空飞行应用创新示范。深圳在2023年12月发布了《深圳市支持低空经济高质量发展的若干措施》，围绕引培低空经济链上企业、鼓励技术创新、扩大低空飞行应用场景、完善产业配套环境四个方面提出二十项具体支持措施。在财政支持上，对符合条件的低空经济企业落户深圳最高可一次性给予2000万元落户奖励。对于eVTOL航空器和无人驾驶航空器适航取证的企业，根据航空器类型给予不同额度的奖励，最高可达1500万元。此外，社会资本参与深圳低空基础设施建设，符合条件的每家企业每年最高可获得1000万元奖励；在深圳开通低空物流配送新航线，实施常态化运营的企业，每家每年最高可获得2000万元资助奖励。珠海目前在低空发展支持的财政政策方面也在积极探索和推进。珠海拥有良好的航空产业基础和空域条件，未来可能会加大对低空经济产业的财政投入，例如在低空飞行器制造、低空飞行服务、基础设施建设等方面给予资金支持和补贴。同时，珠海可能会借鉴其他地区的经验，设立相关的产业基金，吸引社会资本参与低空经济发展，推动低空经济与珠海的旅游、物流等产业融合发展，以打造具有珠海特色的低空经济产业体系。不过，具体的财政政策还在不断制定和完善过程中。

优化税收制度。调整税收结构，降低税率，简化税收征管程序，提高税收效率，提供税收优惠和财政补贴，引导社会资本进入低空经济市场，为低空经济的发展创造良好的税收环境。支持低空经济领域的基础设施建设和技术创新。

创新金融服务模式。发展低空经济领域的信贷、保险、租赁等金融服务，积极协调金融机构加大对低空经济类企业的信贷支持力度，鼓励企业通过风险投资、股权投资、银行融资等方式开展融资。强化金融服务支撑，支持重点企业通过境内外资本市场进行股权融资和债券融资。大力发展科技金融，推动银行业、保险业支持低空科技创新和产业发展。

【案例：各地政府和金融机构推动低空经济创新发展】

2023年，龙岗区通过发布《促进低空经济措施》，吸引了众多低空企业入驻，并实施了税收优惠、税务智能化管理和套餐式服务等创新政策，有效减轻了企业资金压力，鼓励了研发创新。北京市密云区税务局则提供了"量身定制"的政策辅导与"孵化式"税费服务，将税务服务的"含金量"转化为企业发展的"高质量"[1]。2024年，江苏银行苏州分行推出了

---

[1] 北京市税务局.低空＋税务：密云税务助力低空经济乘风起航[EB/OL]. (2024-04-04)[2024-11-21]. http://beijing.chinatax.gov.cn/bjswj/c104271/c104280/c106674/c106676/202404/b4bff23a313e428bb045bc478e13e48c.shtml.

"低空经济产业综合金融服务包"，与低空经济先导产业园和领航企业建立合作，为企业提供资金保障和技术研发支持。

龙岗区的税收优惠政策和智能化税务管理，体现了优化税收制度、降低税率、简化征管程序的具体实践，为低空经济企业提供了良好的税收环境。密云区税务局的服务模式，则展示了如何通过"量身定制"的政策辅导，将税收优惠政策精准送达每家企业，这对于引导社会资本进入低空经济市场、支持基础设施建设和技术创新具有重要意义。江苏银行的金融服务包，则是创新金融服务模式的体现，通过信贷、保险、租赁等多元化金融服务，为低空经济企业提供资金支持，推动产业发展。这些措施的实施，不仅为低空经济的发展提供了有力的财税金融支持，也为其他地区提供了可借鉴的经验。通过政策引导和市场机制的有机结合，可以有效地促进低空经济的健康发展，推动产业升级和经济结构的优化。这些开创性或建设性的做法，对于构建低空经济现代财税金融体制，实现低空经济的高质量发展具有重要的示范和推动作用。

（四）提升政府低空经济治理能力

完善低空经济治理体系。构建军地民协同管理工作体系，加强统筹协调，充分发挥制造业高质量发展机制作用，畅通部队、民航、地方三方联动机制，扩大低空飞行空域，协调重大事项，细化落实各相关单位职责分工，形成工作合力分步实现低空空域资源利用最大化。构建低空经济管理服务体系，压实主体责任，省、市、区加强协同，加大产业政策、专项资金、办公物业、建设用地等要素资源支持力度，推进产业集聚发展。现行低空经济治理体系如表12-1所示：

表12-1　现行低空经济治理体系

机构	职能
空中交通管理机构	国家空中交通管理领导机构领导全国空中交通管理工作。下属各级机构分工负责本责任区内传统的通用航空器、民用无人驾驶航空器以及国家航空器的飞行管理工作。
国家军事机关	负责低空国防，处理涉军飞行问题。
国家民用航空主管部门及地区民用航空管理机构	管理传统的通用航空，按照职责负责全国民用无人驾驶航空器有关管理工作。
公安部	具体负责并统一领导全国的警用直升机运行、安全和管理工作。各级下属机构具体负责处理低空飞行违法行为。
工业和信息化部	设置民用无人驾驶航空器唯一产品识别码。
海关部门	负责低空中与海关相关的航空活动。
市场监管部门	监管处理低空经济市场活动以及低空航空器质量问题。
县级以上地方人民政府及其有关部门	分工负责本行政区域内无人驾驶航空器有关管理工作。

构建一流低空经济发展环境。深化简政放权、放管结合、优化服务改革，优化市场准入机制，为各类市场主体提供公平竞争的市场环境，提高政府服务低空经济的能力和效率。强化金融支撑，加大产业转型升级基金支持力度，吸引社会资本、国有资本积极参与，覆盖创新企业全生命周期股权融资需求。加强人才引育，搭建低空经济创新服务平台，发布低空经济创新服务项目清单，梯次培养行业发展所需的前沿技术研发设计、适航审定、飞行管理、运营服务、检验检测、标准制定等各类人才。

推进低空经济监管常态化。及时制定出台相关政策规章，明确相关参与方主体职责，推动低空空域划设与使用、飞行服务、安全监管、产业培育等规范化发展，常态化为低空经济的发展提供有力的法律保障。深化市场监管综合行政执法改革，完善跨领域跨部门联动执法、协同监管机制。引入社会监督，加强社会公众、新闻媒体监督。

【案例：持续构建完善低空经济管理服务体系】

近期，低空经济领域的发展动态引人注目。2024年9月25日，北京市经信局联合市发展改革委等四部门发布了《北京市促进低空经济产业高质量发展行动方案（2024—2027年）》[1]，旨在通过三年时间，推动低空经济相关企业数量突破5000家，实现低空技术服务覆盖京津冀并辐射全国，提升低空产业的国际国内影响力和品牌标识度，产业规模达到1000亿元。此外，河北省科技厅联合省发展改革委、省交通运输厅，面向全省企业和高校研究机构征集并筛选出了37项创新应用场景[2]，这些场景涵盖了无人机研发制造、机载设备、飞控系统等多个领域，于9月26日在衡水市举办的低空经济场景创新大赛及创新应用场景发布会上正式揭晓。同时，中船海丰开发的低空管控与服务系统1.0版本在珠海市率先启用，并与多个省份进行了深度交流合作，该系统集成了多源数据，旨在实现低空经济领域的"四网"融合，并与国家管理平台实现数据互通。

北京市的行动方案体现了深化简政放权、优化市场准入机制的具体实践，通过政策引导和产业支持，为低空经济的发展提供了良好的政策环境和市场条件。河北省的创新应用场景征集则展示了低空经济在技术创新和应用拓展方面的活力，为低空经济的多元化发展提供了实践基础。中船

---

[1] 中国交通运输协会低空交通与经济专业委员会.《北京市促进低空经济产业高质量发展行动方案（2024—2027年）》印发[EB/OL].（2024-09-29）[2024-11-21]. https://mp.weixin.qq.com/s/650ZfOFN07GqYepXY8_pWA.

[2] 河北省科学技术厅.关于发布2024年第二批创新应用场景清单（低空经济）的通知[EB/OL].（2024-10-08）[2024-11-21]. https://kjcgzh.hebkjt.cn/wcm/hebkjcg/html/tzgg/20241009/454531335.shtml.

海丰的低空管控与服务系统1.0版本的启用,则是推进低空经济监管常态化、实现低空空域划设与使用规范化的有力举措,为低空经济的健康发展提供了技术支撑和安全保障。这些举措不仅推动了低空经济的集聚发展,也为构建军地民协同管理工作体系、实现低空空域资源利用最大化提供了实践案例。通过这些具体的操作手段,低空经济的发展环境得到了优化,监管体系得到了加强,为低空经济的高质量发展奠定了坚实的基础。这些案例的成功实施,不仅对北京市乃至京津冀地区的低空经济发展具有开创性意义,还为全国低空经济的发展提供了可借鉴的经验。

二、低空经济助力乡村振兴

低空经济作为新兴战略性产业,是推进乡村振兴的重要抓手。它不仅能促进农业现代化建设,提升农业生产效率,还能通过创新应用场景,如低空旅游、物流运输等,激活乡村经济新动能,助力乡村全面振兴。

(一)低空技术应用促进农业现代化转型

农业是我国国民经济的基础。随着低空经济的发展,无人机正逐渐成为助力农业生产的关键科技支撑,其价值在农业科技发展中日益凸显。发展低空经济对提高农业生产经营效率、推动农业向智能化方向发展、保障国家粮食安全和生态安全具有重要作用。

低空经济在农业层面的应用领域包括以下几点:

一是精准农业。通过农业监测无人机和低空遥感技术,农技人员能够获取高分辨率的农田图像和详细的地理信息,从而精确地了解土壤肥力、作物生长状况和病虫害分布等情况。无人机通过搭载精准播撒和喷洒系统，能在短时间内完成大规模播种与施肥作业。相比于传统方式，它能够根据土地的地形和作物需求精准控制投放量，避免种子和肥料的浪费，提高农业生产效率和农产品质量。

二是农业植保。低空飞行器通过搭载高清摄像头和 AI 算法，能够实时监控农作物的生长状态，精准识别病虫害的类型和分布区域。无人机在检测到问题后，会根据系统分析制定针对性防治方案，实现按需喷洒农药。因此，与传统方式相比，无人机作业具有效率高、危害小、施药均匀等优点。在应对大面积农田的病虫害暴发时，植保无人机能够迅速响应，及时控制病虫害的蔓延，保障农作物的产量和质量。

三是农业物流。这主要应用于特殊场景，例如在一些交通不便的山区或偏远地区，利用低空飞行器进行农产品的运输，可以大幅缩短运输时间，减少农产品在运输过程中的损耗，提高农产品的新鲜度和市场竞争力[1]。

发展低空经济、促进农业现代化转型需要从以下两方面入手：

一是提供高效服务手段，优化农业生产布局。低空经济的发展可以为农业生产提供更加便捷高效的服务手段，如无人机植保、无人机采摘等。通过无人机技术的应用，可以实现对农作物的精准施肥、喷药和采摘，提高农业生产的质量和效率。此外，低空经济还可以为农产品的物流配送提供支持，降低物流成本，提高物流效率。这些都将有助于推动农业现代化进程，提高农业的综合生产能力。结合国土空间规划和现代农作物种植布局，优化调整农业生产区域结构和布局。在粮食生产功能区、重要农产品生产保护区和其他特色农产品优势区等区域，鼓励发展适应低空飞行特点的农业飞行活动。推进高标准农田建

---

[1] 宋丹，徐政.低空经济赋能高质量发展的内在逻辑与实践路径[J].湖南社会科学，2024（5）：65-75.

设,改善农业生产条件和农田生态环境。

二是推广农业机械应用,培育新型经营主体。开展农业机械化转型升级试点示范,支持研发新型植保无人驾驶航空器、智能型高效施药机具及配套药剂、精准施药装备等农业机械。研制适用于丘陵山区、设施农业、水产养殖和林业植保等作业的小型农机航空器。加快先进适用农机的研发与推广应用,提升农业机械化水平。此外,低空经济的发展将带动一批新型农业经营主体的涌现,如无人机操作员、农用无人机生产商等。这些新型经营主体将利用先进的技术和设备,为农业生产提供更加专业化、个性化的服务,提升农业产业链的水平和竞争力。

【案例:中国融通智慧农业示范园】

在我国农业现代化发展进程中,多个地区积极探索低空经济在农业方面的应用,涌现出诸多典型案例。以黑龙江中国融通智慧农业示范园为例,其积极响应国家推动农业现代化以及低空经济助力农业发展的政策号召,深度融合无人机技术与智慧农业,开启了一场农业生产方式变革之旅。在具体实践方面,该示范园配备了20架大型无人机以及众多旋翼中小型无人机,为农业植保作业搭建起强有力的空中力量。这些无人机依据预设的作业程序路线精准飞行,将药剂均匀地喷洒在农作物上,作业质量和效率都得到了显著提升。尤其在面对雨季土壤泥泞、传统喷药机械难以进入田间作业的困境时,无人机发挥出独特优势,轻松化解难题。不仅如此,黑龙江省作为全国农业耕地面积最大的省份,其航空农林植保作业飞行时长占全国的40%,例如北安市农业农村局就充分利用无人机进行农业植保作业,凭借无人机成本低、效率高的特点,有效攻克了田间管理难题,当地现拥有近300架无人机,足以满足230余万亩的农业植保作业需求。此外,在更广阔的地域范围内,新疆、内蒙古、吉林等地也在加快推广大规模农林植保无人机装备,其中,新疆生产建设兵团石河子市的大型无人机生产制造基地即将实现量产交付,无疑将为无人机在农业植保领域的应用注入更强动力。

从低空经济发展角度来看,这些实践充分体现了各地积极促进低空经济在农业领域发展的手段。例如在精准农业方面,无人机依照预设路线作业,如同利用农业监测无人机和低空遥感技术获取农田信息一样,都是基于精准操作来实现对农作物生长各环节的把控,避免资源浪费,提高农产品质量。在农业植保环节,各地利用无人机实时监控、按需喷洒农药的做法,也契合低空飞行器搭载相关设备精准识别病虫害并制定防治方案的操作手段。对推动我国低空经济助力农业现代化、提升农业国际竞争力有着重要的建设性意义,让低空经济在保障国家粮食安全等方面发挥更大价值。

(二)低空场景布局加速城乡融合进程

我国坚持把乡村建设摆在社会主义现代化建设的重要位置,推进乡村资源优化配置,提升农业生产与流通效率,提升农民幸福感、获得感。而低空经济具有产业链条长、应用场景丰富等特点,要充分发挥低空经济在促进乡村振兴中的重要作用。

加强城乡基础设施一体化建设。低空经济的发展需要依托完善的基础设施体系,如通用机场、通信网络、导航设施等。因此要加强对农村基础设施建设的监管和管理,确保工程质量和安全,为低空经济的健康发展提供有力保障。一方面,要加快推进村庄通硬化路、通客车等道路建设和改造工作。鼓励地方政府加大投入力度,加快农村水利、电力、通信等基础设施建设步伐。推进智慧农业建设,加快农村宽带网络和移动互联网普及应用,提升农村信息化水平。另一方面，要加快通用机场建设。完善通用机场布局，促进民航与地方融合发展。加强通用机场专业运行能力建设，支持在偏远地区使用小型通用飞机开展医疗救护、灭火救援、气象观测、空中游览等业务。鼓励以民用无人驾驶航空器为基础的各类飞行器在农业植保、电力巡检、森林防火、应急救灾等领域应用。加强基础设施建设。

推进城乡空域一体化管理。加快修订适用于低空经济的飞行基本规则。制定1000米以下无人驾驶航空器的试飞管理相关标准及行业应用指导文件和1000米以下民用无人驾驶航空试验基地（站）建设指南和管理规定。鼓励地方政府在适宜乡村开展无人机物流配送示范试点，搭建无人机综合监管平台和短距离无人机飞行管理服务平台。制定民用无人驾驶航空试验基地（站）建设指南和管理规定。研究修订1000米以下固定翼航空器飞行管制办法。

促进城乡产业一体化发展。低空经济具有较强的渗透性和融合性，可以与文化旅游、体育健康、教育培训等多个产业相互融合，延伸低空经济产业链条，打造城乡产业集群。政府应积极推动低空经济与其他产业的融合发展，通过搭建平台、创造机会等方式，促进各类要素跨界配置和资源共享。一是支持地方发展通用航空制造业、维修保养业等无人机制造与应用产业；二是推进基于无人机的物流配送、环境监测等新兴服务业态发展；三是支持地方依托现有资源优势发展以飞行营地、空中观光为主体的低空旅游项目。同时，要加强对融合发展过程中的知识产权保护和管理，维护产业发展秩序。

助推城乡配套政策一体化布局。加强低空飞行服务保障体系建设，提供低空飞行计划申报、飞行计划审批、飞行动态监控、飞行许可办理等服务；搭建低空飞行活动综合管理平台和空中交通管理服务平台；建设区域性临时起降点和直升机停放点；提供飞行器材装备科研测试基地和维修服务站等设施；积极探索适合我国国情的低空飞行活动收费模式和收费标准。同时建立健全通用机场与交通运输、应急救援、公安、市场监管等相关部门的衔接机制与信息共享平台，完善消防安全管理体系、应急处置预案体系、监测预警系统。深化低空空域改革，完善低空空域管理政策，优化低空空域分类分级管理。简化通用机场建设程序与审批流程，降低通用机场建设投资成本。完善通用航空飞行计划制度和报备制度，优化飞行计划申报方式与审批流程。建立军民航协调联动机制，加强军民航协同管理。研究制定无人驾驶航空器飞行管理相关法规与标准。推动建立通用机场联合工作机制和运行调度平台。

【案例：低空经济加强城乡协同】

低空经济的兴起，特别是在农业农村领域，正成为缩小城乡服务差距、加强资源流通和促进经济联系的重要力量。在浙南山区，彭兆宁组建的飞防植保服务队，通过提供点单式服务，显著提升了农业生产效率和服务质量。这种服务模式不仅减轻了农民的劳动强度，还通过精准农业技术减少了农药和化肥的使用，这对于提高农产品质量和保护农村生态环境具有重要意义。同时，这种服务的普及也使得乡村地区能够享受到与城市相近的现代化服务，有效缩小了城乡之间的服务差距。桐庐县瑶琳镇通过无人机快速运送新鲜水果至民宿，大幅缩短了物流时间，提高了物流效率。低空物流网络的构建，不仅为乡村地区农产品的销售提供了新的渠道，还为城市居民提供了更快捷、更新鲜的农产品供应，加强了城乡之间的资源流通。此外，桐庐县利用"三通一达"的总部集聚优势，开通了多条乡村物流航线，构建起乡村低空物流网络，这不仅提升了乡村物流服务水平，还为城市与乡村之间的物资交换提供了更加便捷的途径。此外，低空旅游的发展，如浙江万丰通用航空有限公司在新昌打造的低空旅游线路，不仅为乡村地区带来了新的经济增长点，还为城市居民提供了新的旅游体验，促进了城乡之间的文化交流和经济互动。低空经济的发展不仅提升了乡村地区的服务水平和经济活力，也为城乡之间的资源流通和经济联系提供了新的途径，有力地推动了城乡一体化进程。

（三）低空模式探索助力乡村产业兴旺

低空经济作为新兴战略性产业，对于将脱贫攻坚成果与乡村振兴目标有效衔接具有显著作用[1]。它能够通过高效、便捷的物流运输方式，提升偏远地区的资源配置效率，激发脱贫地区的经济发展活力，还能通过提升农业生产的智能化水平，进一步促进农民增收，推动了乡村经济的多元化发展，为乡村振兴注入新动力。

挖掘低空商机，推进乡村振兴。低空经济在乡村的应用领域众多，带来众多商机，为农村地区带来新兴经济增长点，助力乡村振兴。一是农业无人机服务，利用无人机进行精准农业作业，比如农田监测、作物喷洒等。由此带来的商机包括：面向农户销售或租赁农业专用无人机；提供基于无人机采集数据的农田健康状况分析、作物生长周期监控等服务；为农户提供无人机操作培训和技术支持。因此，可以组建农业无人机服务公司，为农户提供无人机租赁、托管服务，或者提供农业数据分析解决方案。二是乡村旅游体验，利用无人机或eVTOL进行空中拍摄，吸引游客前来观光。由此带来的商机包括：为游客提供专业的无人机航拍服务，制作个性化的旅行纪念品；提供小型飞机、直升机，或者是eVTOL观光游等低空飞行体验项目；结合低空经济元素，打造特色民宿或度假村，提供独特的居住体验。因此，可鼓励具备条件的乡村旅游景点提供无人机拍摄的风景视频，或者开发低空飞行体验项目。三是物流配送服务，利用无人机或eVTOL进行物资配送。由此带来的商机包括：提供快递包

---

[1] 汪增洋.优化都市圈空间结构：小城镇和乡村发展的视角[J/OL].中国农村经济，2024（10）：104-131.https://doi.org/10.20077/j.cnki.11-1262/f.2024.10.006.

裹、生鲜食品、医疗物资等的无人机配送服务；布局建设无人机充电站、起降平台等"低空经济+物流"基础设施；在自然灾害发生时，提供无人机紧急物资配送服务。因此，可支持相关的物流企业利用无人机进行乡村区域快递包裹的投递，特别是在偏远山区。四是农产品营销服务，利用无人机拍摄的高清图片和视频来宣传农产品。由此带来的商机包括：通过社交媒体和电子商务平台进行农产品的品牌营销；结合乡村旅游，打造农旅融合的新业态；利用无人机技术建立农产品的全程追溯系统，提高消费者的信任度。因此，可鼓励相关文化传媒或平台企业利用无人机拍摄的优质素材，结合社交媒体平台进行农产品的品牌建设、营销推广和网络销售。

【案例："低空+农业"注入新动能】

浙江省在低空经济与农业农村发展的结合上走在前列。浙江省农业农村厅厅长王通林指出，低空经济正深刻改变农业农村农民的面貌，农业生产从有限平面向立体空间转变，乡村治理从有限管理向有效治理转变。浙江通过政策扶持，推动农业无人机等研发制造，加强技术集成创新，打造农业农村领域低空经济教育培训基地，为乡村振兴注入新活力。

在山东省泰安市岱岳区，低空经济的应用已成为乡村振兴的新动力。泰安市凯杰农业有限公司利用无人机技术，为山区黄精种植产业提供精准的飞防作业服务。无人机的灵活机动性和广覆盖范围，使得复杂地形的山区也能实现高效耕作。该公司负责人薛伟表示，得益于国家政策支持，企业已享受150多万元税费优惠，这为创新探索泰山黄精种子飞播模式提供了资金保障，助力种植技术普及。济南市莱芜区则以"低空+农业"模式，为传统农业注入新活力。在方下街道石泉官庄村，植保无人机的运用已成为现代化农业生产的重要组成部分，提高了作业效率，降低了成本，为粮食丰产、农民增收提供了科技支撑。

低空经济的蓬勃发展，不仅为区域经济注入新活力，更为乡村振兴提供了新思路和新方法。随着技术的不断进步和政策的持续优化，低空经济将在推动农业现代化、促进农民增收等方面发挥更大作用，为实现乡村振兴战略目标贡献力量。

三、低空经济保障弱势群体基本权益

在低空经济蓬勃发展的进程中，应高度重视弱势群体基本权益保障，为他们创造更多的发展机遇和更好的生活条件。

（一）助力弱势群体就业

落实弱势群体低空经济就业扶持，持续改善弱势群体就业环境，促进低空经济发展的平等参与和成果共享。保障弱势群体享有低空经济带来的就业服务，完善针对弱势群体的职业培训体系和就业帮扶政策。保障弱势群体平等享有受教育权利，开展低空经济相关技能培训，持续提高专业技能和综合素质。保障弱势群体平等享有经济权益，消除就业歧视，依法保障他们在低空经济领域的劳动报酬和福利待遇，保障农村弱势群体的土地权益在低空经济发展中的合理转化。

（二）提升弱势群体关爱服务水平

落实弱势群体在低空经济场景中的关爱服务，优化弱势群体发展环境，切实保障他们在低空经济中的生存权、发展权、受保护权和参与权。完善弱势群体健康服务体系,利用低空飞行器等快速运输医疗资源,为偏远地区弱势群体提供医疗救助,预防和控制疾病,减少因交通不便导致的医疗困境。保障弱势群体公平受教育权利,利用低空通信技术开展远程教育,加强弱势群体心理健康教育和服务。加强困境弱势群体分类保障,完善农村弱势群体关爱服务体系,健全孤寡弱势群体保障机制。完善落实弱势群体监护制度,严厉打击侵害弱势群体权益的违法犯罪行为,完善弱势群体综合保障体系。

(三)提升弱势群体保障和发展能力

健全弱势群体在低空场景下的帮扶机制,帮助弱势群体普遍参与低空经济相关保险,动态调整困难弱势群体补贴标准(相关应用见表12-1)。完善弱势群体就业支持体系,加强弱势群体劳动权益保障,优先为弱势群体提供低空经济职业技能培训,扶持弱势群体自主创业。推进适龄弱势群体教育全覆盖,提升特殊教育质量,利用低空技术为特殊教育提供支持。促进低空经济康复服务发展,提高康复辅助器具适配率,提升康复服务质量。开展重度弱势群体托养照护服务。加强弱势群体服务设施和综合服务能力建设,完善低空经济无障碍环境建设和维护政策体系,支持困难弱势群体家庭无障碍设施改造。

表12-2 低空经济保障弱势群体实践

具体人群	潜在低空场景
视障人士	无人机技术可以用于开发智能导航系统,通过高精度传感器和智能算法,为视障人士提供自由行走的可能性。例如,利用激光雷达技术实时扫描周围环境,精确探测障碍物,让视障用户自信地行走,无须担心意外的碰撞。
山区人士	无人机"送货员"的亮相,打破了山区配送的时间、空间和地域限制,有效解决了山区寄递物流"最后一公里"难题。

续表

具体人群	潜在低空场景
农业从业者	无人机在农业喷洒领域能够精准控制施药量,提高作物的产量及品质,减少对环境的影响。使用无人机进行农业作业可以将成本降低30%以上。
失业者	随着无人机在各领域的应用越来越广泛,对无人机操控员的需求也在不断增加。据中国民航局数据显示,全国实名登记的无人机达188万架,但仅有23万人拥有无人机操控员执照,行业就业人才缺口高达100万人。

【案例:低空经济发展保障弱势群体权益】

在低空经济的快速发展中,弱势群体的基本权益保障显得尤为重要。汕头市通过校企合作模式,深耕无人机教育领域,培养高技能人才,以支持粤东地区乃至全省的低空经济发展[1]。这种教育与培训的结合不仅提升了当地劳动力的专业技能,还为弱势群体提供了平等参与低空经济发展的机会。例如,深圳交培中心开展的低空经济培训班,助力飞行梦想起航,通过专业培训课程如无人机操作技术、航空原理等,帮助学员掌握必要的技能,并提供实习和就业见习机会,确保他们在劳动报酬和福利待遇方面享有平等权利。在"低空+医疗救护"领域,联合飞机推出的无人机一体化解决方案,通过无人机技术革新血液运输、医疗物资配送和急救物资快速响应三大关键医疗物流场景,显著提升了优质医疗资源向乡村分配的速度和效率。自贡市和成都市龙泉驿区的成功案例,展示了利用低空飞行器快速运输医疗资源,为偏远地区弱势群体提供医疗救助的实际效果,有效预防和控制疾病,减少因交通不便导致的医疗困境。锡山区低空联盟培训基地的成立,标志着地方政府在低空经济人才培养方面的前

---

[1] 深圳交培中心.翼启梦想,翱翔天际——低空经济培训班助力飞行梦想起航![EB/OL].(2024-05-18)[2024-11-21].https://www.szttc.cn/train/603.html.

瞻布局[1]。该培训基地由锡山区人社部门和高职院校联合打造，旨在通过系统性、专业性的培训，培养无人机应用高技能人才，推动无人机多元化新场景落地应用。这一举措不仅为低空经济的发展提供了人才支持，同时也为弱势群体提供了新的就业机会和发展平台。

各地低空经济的实践通过无人机技术提升弱势群体的就业能力和教育水平，以及通过无人机快速运输医疗资源，改善偏远地区弱势群体的医疗服务体系。这些实践不仅体现了低空经济在促进弱势群体就业、教育、健康等方面的积极作用，也展示了低空经济在保障和发展弱势群体权益方面的开创性和建设性意义。通过这些实践措施，低空经济的发展不仅能够带动经济增长，还能够促进机会公平，提高弱势群体的生活质量和经济地位。

---

[1] 无锡市锡山区人力资源社会保障局. 锡山加速入场"低空经济"赛道 全省首家低空联盟培训基地来了[EB/OL]. (2024-05-14)[2024-11-21]. https://www.jsxishan.gov.cn/doc/2024/05/14/4308764.shtml.

第十三章
推动绿色低空经济发展

发展低空经济，是塑造中国发展新动能新优势、打造经济增长新引擎的重要举措，或将深刻改变未来人类社会的出行方式和产业链格局。在生态文明建设的视域下，低空经济正面临重大战略机遇。作为绿色经济的重要载体，低空经济有很大潜力在生态环保与绿色发展领域实现更高层级发展，形成相互赋能、相互促进、深度融合的绿色低空经济发展模式。

一、提升低空生态系统质量和稳定性

绿色低空经济作为推动经济社会高质量发展的新引擎，其健康发展离不开低空生态系统的坚实支撑。低空生态系统，作为连接地面与高空的关键生态纽带，对于维护生态平衡、促进生物多样性及优化人类居住环境具有重要意义。因此，如何在发展低空经济的同时保护并提升低空生态系统的质量和稳定性，成为当前亟待解决的问题。

（一）优化低空飞行技术

优化飞行轨迹和高度等方法来训练低空飞行技术，有效提升低空生态系统质量和稳定性，精进低空飞行水平。运用合理的轨迹规划及高度选择，训练更为环保、高效的低空飞行技术，进而减少飞行带来的噪声污染以及排放污染[1]，助力低空生态环境的改善。

积极推广绿色飞行技术与节能减排措施，对于提升低空生态系统质量和稳定性意义重大。鼓励研发和应用低噪声、低排放的航空器，探索利用新能源为低空飞行工具提供动力，减少对化石能源的依赖，降低低空经济对环境的负面影响，推动低空生态系统朝着更健康的方向发展。

依靠技术创新提高低空飞行工具的可靠性和安全性，有利于提升低空生态系统质量和稳定性，精进低空飞行技术。通过创新可降低事故风险，减少对生态系统的潜在威胁，使得低空飞行活动能在安全的前提下，更好地与生态环境和谐共生。

> **【案例：航空工业通飞 AG-EX】**
>
> 航空工业通飞致力于 AG-EX 全尺寸技术验证机的研发与应用，这一成果在低空经济领域具有重要意义。AG-EX 所具备的垂直起降与常规滑跑起降能力，使其在城市区域运营独具优势，为粤港澳大湾区等大都市群的空中交通提供了高效便捷的解决方案。
>
> 该技术验证机采用分布式电推进技术，这一技术亮点使其在环保性能上表现卓越。在实际运行中，其起降噪声被控制在不大于 65dB，巡航噪

---

[1] 李嘉诚, 盛汉霖, 陈欣, 等. 混合动力分布式电推进飞行器总体设计 [J]. 航空动力学报, 2024, 39（9）: 156-168. DOI:10.13224/j.cnki.jasp.20220693.

声不大于40dB的极低水平，与传统燃油发动机航空器相比，极大地减少了噪声污染，同时也降低了排放污染，有效避免了对城市居民生活的干扰以及对低空生态环境的破坏。

AG-EX的出现对低空经济发展有着多方面积极影响并与前文举措紧密相连。在精进低空飞行技术方面，其通过采用先进的分布式电推进技术优化飞行过程中的动力源，类似于依靠技术创新提高飞行工具可靠性与安全性，降低因技术故障导致事故风险的同时，提升了飞行的稳定性与环保性，使低空飞行活动能更好地与城市生态环境相融合。在推广绿色飞行技术与节能减排措施上，它作为低噪声、低排放航空器的典型代表，为研发和应用此类飞行器提供了成功范例，鼓励更多企业投身绿色低空飞行工具的研发，减少对化石能源的依赖，推动整个低空经济朝着绿色、和谐的方向发展，促进低空生态系统的健康稳定，助力低空经济在环保与高效发展的道路上迈出坚实步伐。

（二）健全法律法规与监管机制

第一，制定和完善低空经济相关法律法规，明确低空飞行活动的合法范围、责任主体和监管要求，为低空生态系统的健康发展提供法律保障。第二，建立健全低空飞行活动的监管机制，加强对低空飞行工具的监测和管控，确保飞行活动符合环保和安全标准。第三，建立完善的低空生态系统监测与评估体系，定期开展生态质量评估，及时发现并应对低空生态风险，确保低空生态系统的持续健康发展[1]。

---

[1] 于文轩，胡泽弘."双碳"目标下的法律政策协同与法制因应——基于法政策学的视角[J].中国人口·资源与环境，2022，32（4）：57-65.

【案例：各地积极探索低空经济法规保障体系】

在我国低空经济蓬勃发展的进程中，多个城市纷纷出台相应政策与举措，助力低空经济健康有序发展。深圳市作为全国低空经济发展的领跑者，于2023年12月颁布了《深圳经济特区低空经济产业促进条例》[1]，从基础设施、飞行服务、产业应用、技术创新、安全管理等多维度对低空飞行活动进行全面规范，明确了合法范围、责任主体以及监管要求，为低空生态系统筑牢法律根基。苏州市同样高度重视低空经济发展，先是发布了《苏州市低空空中交通规则》（征求意见稿）[2]，尝试从服务管理、运营管理、空域管理、飞行活动管理、飞行保障等方面完善低空空中交通规则；而后又出台《苏州市低空经济高质量发展实施方案（2024—2026年）》[3]，对600米以下低空空域实施分层管理，拓展低空物流、空中交通、文体旅游、公共服务等应用场景，并定期开展生态质量评估。上海市交通委员会也发布了《上海市低空飞行服务管理能力建设实施方案》[4]，致力于提升本市低空飞行服务管理能力，保障低空飞行安全，推动低空经济高质量发展。

深圳颁布的条例，正是从法律法规层面，明确了低空飞行活动的合

---

[1] 深圳人大网.深圳经济特区低空经济产业促进条例[EB/OL]. (2024-01-03)[2024-11-21]. https://www.szrd.gov.cn/v2/zx/szfg/content/post_1123253.html.

[2] 苏州市交通运输局.关于公开征求《苏州市低空空中交通规则》（征求意见稿）意见的公告[EB/OL]. (2024-06-07)[2024-11-21]. https://www.suzhou.gov.cn/szsrmzf/yjzj/202406/6867d06df44a4e459ce4ca926bfaeb3f.shtml.

[3] 苏州市人民政府办公室.市政府办公室关于印发苏州市低空经济高质量发展实施方案（2024—2026年）的通知[EB/OL]. (2024-02-08)[2024-11-21]. https://www.suzhou.gov.cn/szsrmzf/zfbgswj/202402/1ea65ae34733413ba188c04f8690267a.shtml.

[4] 上海市交通委员会.上海市交通委员会关于印发《上海市低空飞行服务管理能力建设实施方案》的通知[EB/OL]. (2024-11-22)[2024-11-21]. https://jtw.sh.gov.cn/zxzfxx/20241122/509e2dac7cc74d16ae4e87c5632b52c2.html.

法界限等关键要素，为低空生态系统的健康发展提供了坚实的法律保障，对全国其他城市在低空经济法律规范方面有着开创性的示范作用。苏州市发布的相关规则与方案，一方面通过构建交通规则来规范低空飞行活动，健全了监管机制；另一方面借助定期开展生态质量评估，完善了低空生态系统监测与评估体系，在细化监管与生态维护方面为低空经济发展增添助力，也为其他地区提供了可参考借鉴的实践样本。上海市发布的实施方案着重加强对低空飞行活动的服务管理能力建设，保障飞行安全有序，这实则是在监管机制层面发力，为低空经济产业高质量发展创造良好条件。深圳、苏州和上海等市涉及空域管理、基础设施建设等多方面，从不同角度完善了低空经济发展的综合保障体系，对低空经济在全国范围内的协同、创新发展有着重要的建设性意义。

（三）完善城市规划与建设

秉持生态理念规划城市布局，呵护低空生态根基。在城市规划进程中，将生态保护理念深度融入其中，尤其是针对低空生态系统的保护进行专项考量。规划师与决策者需着眼于构建合理的低空生态廊道，这不仅能为低空飞行生物提供迁徙、觅食与栖息的通道，还可有效缓解城市建筑与交通设施对低空生态的分割与挤压[1]。同时，精心布局城市绿地等开放空间，让绿色植被成为低空生态系统的天然守护者，吸收有害气体、降低噪声污染、调节局部气候，减少人类密集活动区域对低空生态系统的干扰与破坏，从而为低空生物多样性的维持与发展奠定坚实基础。

---

[1] 张世昌，许芳菲.低空经济生成与发展的伦理考量——基于马克思空间思想的视角[J/OL].北京航空航天大学学报（社会科学版），2024（9）：1-9.https://doi.org/10.13766/j.bhsk.1008-2204.2024.0913.

强化城市绿化作业，营造低空适宜环境。城市绿化工作的扎实推进对营造低空生态系统具有重要意义。加大绿植栽种力度，从街道两旁的行道树到社区公园的景观植被，从城市中心的大型绿地到城郊的生态防护林，全方位提高城市绿化覆盖率。丰富绿植种类选择，引入适合本地气候与土壤条件且对低空生态有益的植物品种，如能吸附灰尘与污染物的灌木、为昆虫鸟类提供食物与栖息地的花卉果树等。通过这些绿化举措，改善城市空气质量、增加空气湿度、稳定局部生态小气候，为低空飞行生物打造一个清新、舒适且食物资源丰富的生存环境，促进低空生态系统的良性循环与稳定发展。

推动低空经济与生态文明融合，培育绿色增长亮点。积极探索低空经济发展与生态文明建设的有机结合路径，实现两者相互促进、协同共进。在低空经济项目规划与建设中，严格遵循生态环保标准，如低空旅游线路的设计避开生态敏感区域、低空物流配送采用环保节能飞行器等。鼓励低空产业相关企业开展绿色技术创新，研发低噪声、低排放的飞行器动力系统与运营模式。通过融合发展，一方面使低空经济在生态文明的框架内健康成长，另一方面借助低空经济的发展动力为城市生态文明建设注入新的活力与资源，不断挖掘并培育低空经济绿色发展的新增长点，为城市可持续发展增添新引擎。

【案例：交通运输部研究低空立体交通廊道建设】

2024年7月16日，交通运输部科学研究院与南湖交科院于北京组织召开了《基于路空协同的低空立体交通廊道关键技术与产业化应用研究》项目大纲评审会。此次会议聚焦推动基于路空协同的低空立体交通廊道建设研究，致力于对地面与低空交通资源进行全面统筹规划，以促进"路"与"空"在多方面的协同衔接，为低空经济典型场景的顺利落地给予关键支撑[1]。

该项目重点研究如何整合道路与低空交通资源，包括制定路空协同的交通规划标准，研发适应路空协同的管理技术与信息交互系统，以及规划配套基础设施建设等。例如，通过构建智能交通管控平台，实现低空飞行器与地面交通工具的运行信息共享，提高交通运行效率与安全性；在基础设施建设方面，规划建设兼具低空飞行器起降功能与地面交通枢纽功能的综合站点。

这一项目对低空经济发展有着深远意义并与前文举措紧密相连。在优化城市规划与建设方面，低空立体交通廊道的建设是城市规划布局的创新尝试，如同构建低空生态廊道一样，为低空飞行活动开辟有序空间，减少与地面交通及城市建筑的冲突，促进低空经济与城市生态的和谐发展。在推动低空经济与生态文明融合上，其强调路空协同的资源统筹与绿色发展理念，与鼓励低空产业采用环保技术、遵循生态标准相契合，有助于培育低空经济绿色增长亮点。例如，通过合理规划廊道线路避开生态敏感区，采用低噪声、低排放飞行器运营，既推动了低空经济发展，又保护了城市低空生态环境，为城市可持续发展的低空经济篇章增添浓墨重彩的一笔。

（四）加强低空生态保护与修复

利用无人机技术加强低空生态监测。无人机搭载多种先进设备，如红外热成像仪、多光谱相机、空气质量监测设备等，成为实时、精准、无干扰的生态

---

[1] 航空产业网.《基于路空协同的低空立体交通廊道关键技术与产业化应用研究》项目大纲评审会在京成功举行[EB/OL].(2024-07-16)[2024-11-21].https://www.chinaerospace.com/article/show/a1062c458cd88cd271fbcc41a34be4d8.

监测重要手段[1]。其飞行高度适宜，可快速采集环境信息并实时传输至地面控制中心，借助智能算法分析，能及时发现潜在污染源。

开展生态修复与加强监测评估双管齐下。积极开展生态修复工作，针对低空飞行活动破坏的生态环境，采取植树造林、湿地恢复等措施进行修复。同时，加强生态监测与评估，及时察觉并处理生态环境问题，确保低空生态系统健康稳定。

强化监管评估力度提升低空生态保护水平。加强对低空飞行活动生态影响的评估与监管，制定严格的生态保护举措，防止低空飞行活动对生态环境造成破坏与污染，切实提升低空生态保护力度。

【案例：生态环境部规范民用运输机场管理】

生态环境部在《关于加强环境影响评价管理推动民用运输机场绿色发展的通知》[2]中对民用运输机场进行了加强和规范管理。通过深化选址阶段的环境比选和影响分析论证，通知要求对规划实施可能造成的生态环境影响进行分析、预测和评估，并提出相应的预防或减轻不良环境影响的对策措施。

此举旨在从源头上推动绿色发展，以便最大限度地减少生态系统的破坏和恢复生态平衡，体现了国家对于低空生态保护的高度重视和系统性规划，确保机场建设与环境保护相协调，有助于推动可持续发展。

---

[1] 苗红，王浩桐，李伟伟，等.面向应用场景的前沿技术识别方法[J/OL].情报杂志，2024（7）：1-9.http://kns.cnki.net/kcms/detail/61.1167.G3.20240722.1713.004.html.

[2] 中国政府网.关于加强环境影响评价管理推动民用运输机场绿色发展的通知[EB/OL]. (2024-02-08)[2024-11-21]. https://www.gov.cn/zhengce/zhengceku/202404/content_6943612.htm.

二、持续改善低空环境质量

低空环境质量不仅直接关系到公众健康和生活质量，还关乎生态系统的平衡与保护。此外，良好的低空环境质量是低空经济可持续发展的基石，能够吸引更多绿色航空、无人机物流等新兴产业的投资与发展，促进经济结构的优化升级[1]。长远来看，改善低空环境质量更是应对全球气候变化、实现碳中和目标的关键一环，对于构建人与自然和谐共生的现代化社会具有不可替代的作用。

（一）加强技术研发与创新

提升飞行器的能效与环保性能，深化新能源、新材料在飞行器制造中的应用，提高飞行器的能效和环保性能。鼓励企业研发更加节能、高效的飞行器，减少能源消耗和排放。研发并推广使用更加环保、低噪声、低排放的低空飞行技术，如电动无人机、混合动力无人机等，以减少对低空环境的污染。优化飞行轨迹和高度，避免在人口密集区或敏感生态区域进行不必要的低空飞行，降低对环境和居民生活的影响。

【案例：北京理工大学绿色能源飞行器总体设计课程】

北京理工大学开设了《绿色能源飞行器总体设计》课程（图12-1），

---

[1] 河南省人民政府办公厅.促进全省低空经济高质量发展实施方案（2024—2027年）[EB/OL]. (2024-07-05)[2024-11-21]. https://www.henan.gov.cn/2024/08-12/3034467.html.

以提升飞行器的能效与环保性能，加大新能源与新材料在飞行器制造中的应用[1]。在课程实施过程中，系统教授绿色能源飞行器设计的核心方法与流程。学生们深入学习飞行器常用绿色能源的性能特点及实验测试手段，直面新能源应用于传统飞行器设计时所产生的特殊难题，并通过实践独立完成一款绿色能源飞行器的总体方案设计。例如，在课程实践环节，学生们会对电动动力系统与飞行器结构的适配性进行研究与优化，探索新型材料在减轻飞行器重量同时增强其环保性能方面的应用。

在加强技术研发与创新方面，此课程犹如创新摇篮，为培养专业人才提供土壤，这些人才将成为未来研发节能、高效飞行器的主力军，推动企业在低空飞行器制造领域积极应用新能源、新材料，从而减少能源消耗与排放，契合前文鼓励研发环保飞行器的理念。课程所培养的创新意识与环保理念，有助于在未来的低空飞行技术推广中，促使更多如电动无人机、混合动力无人机等低噪声、低排放技术的应用与优化。同时，学生对飞行

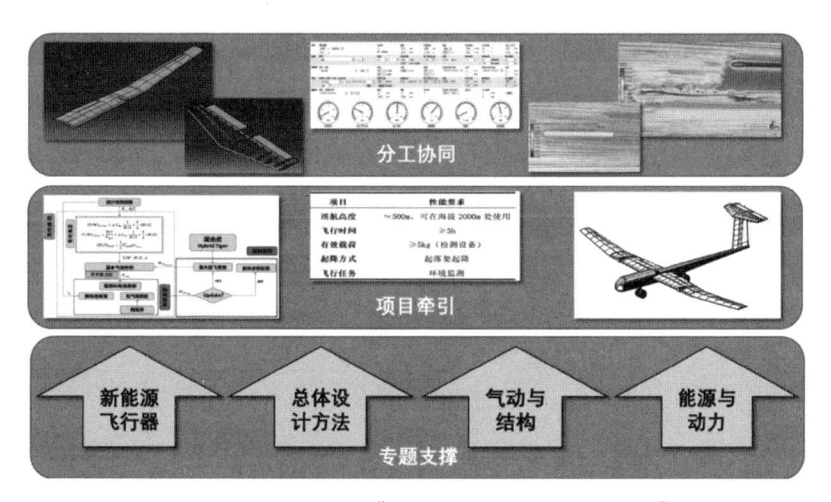

图 12-1　北京理工大学《绿色能源飞行器总体设计》课程

---

[1] 北京理工大学宇航学院. 绿色能源飞行器总体设计 [EB/OL]. (2023-04-04) [2024-11-21]. https://sae.bit.edu.cn/rcpy20/bksjx/jpkc/f60d86748d064775896f8bea5c90da36.htm.

轨迹与高度优化相关理论的学习与研究，也将为避免在人口密集区或敏感生态区域进行不必要低空飞行提供技术与策略支持，促进低空经济在环保与可持续发展的轨道上稳步前行。

（二）建立健全法律法规与监管机制

完善低空飞行法律法规：制定和完善低空飞行相关的法律法规，明确低空飞行的合法范围、责任主体和监管要求。加强对低空飞行活动的监管，确保飞行活动符合环保和安全标准[1]。

建立严格的环保标准：制定严格的低空飞行环保标准，包括噪声、排放等方面的限制。对违反环保标准的飞行活动进行严厉打击，确保低空环境的持续改善。

【案例：中国低空多层级政策体系】

中国基本形成了从中央到地方的多层级政策体系，具体内容聚焦低空飞行保障体系建设、低空制造业发展、低空飞行应用场景拓展、低空科技创新能力提升和低空经济保障措施。在低空经济法律层面，中国已经形成了以《中华人民共和国民用航空法》为核心，以通用航空领域和无人驾驶航空器领域的各项法规规章及规范性文件为主线的规范体系[2]。深圳市作为全国低空经济发展的领跑城市，先后颁布《深圳市支持低空经济高质量

---

[1] 上海市锦天城律师事务所.低空经济产业发展概况与法律尽调合规关注事项[EB/OL].(2024-08-07)[2024-11-21].https://www.allbrightlaw.com/CN/10475/b136e6e17cf3ad35.aspx.
[2] 孔得建，袁泽.低空经济政策法律体系的现状、经验与展望[J].北京航空航天大学学报（社会科学版），2024，37（5）：85-95.DOI:10.13766/j.bhsk.1008-2204.2024.1156.

发展的若干措施》[1]和《深圳经济特区低空经济产业促进条例》[2]，二者相互配合形成了低空经济政策法律高度协同的"深圳经验"。

为保障低空经济长期可持续发展，需要在低空经济政策法律领域实现政策与法律层面的协调、中央与地方层面的协调，并在京津冀地区、长三角地区和粤港澳大湾区等大型城市集群实现区域协调发展模式下的内部协调[3]。

（三）推动低空经济与绿色产业融合发展

将低空经济与新能源、节能环保等绿色产业相结合[4]，鼓励低空飞行技术在绿色产业中的应用，如环境监测、生态保护等，实现低空经济与环境保护双赢。

拓展低空飞行的应用场景，鼓励和支持低空飞行在农业、林业、物流等领域的商业化应用。通过拓展应用场景，在提高低空飞行的经济效益和社会效益的同时，减少对环境的负面影响。

【案例：绿色航空制造业发展纲要】

《绿色航空制造业发展纲要（2023—2035年）》[5]提出，到2035年

---

[1] 深圳市人民政府门户网站.20条措施支持低空经济高质量发展[EB/OL]. (2023-12-27)[2024-11-21]. https://www.sz.gov.cn/cn/xxgk/zfxxgj/zwdt/content/post_11075099.html.

[2] 深圳人大网.深圳经济特区低空经济产业促进条例[EB/OL]. (2023-12-29)[2024-11-21]. https://www.szrd.gov.cn/v2/zx/szfg/content/post_1123253.html.

[3] 中国经济网.长三角一体化示范区建设进程如何？低空经济串联产业协同发展[EB/OL]. (2024-11-09)[2024-11-21]. https://finance.sina.com.cn/jjxw/2024-11-09/doc-incvmmiu3144586.shtml.

[4] 欧阳日辉.低空经济助推新质生产力的运行机理与路径选择[J].新疆师范大学学报（哲学社会科学版），2025，46（1）：118-131. DOI:10.14100/j.cnki.65-1039/g4.20240716.001.

[5] 工业和信息化部网站.绿色航空制造业发展纲要（2023—2035年）[EB/OL]. (2023-10-10)[2024-11-21]. https://www.gov.cn/zhengce/zhengceku/202310/content_6908243.htm.

要建成具有完整性、先进性和安全性的绿色航空制造体系，推动低空经济航空器在节能、减排和降噪等方面的性能进一步提升，并全面提高航空器绿色制造水平和再制造能力。此外，纲要还倡导因地制宜建设一批低空经济航空器绿色制造产业集群，以促进低空经济与绿色产业的深度融合。

这一指导方针体现了对可持续发展的重视，推动了航空制造业在绿色技术和产业链整合方面的进步，有助于实现经济发展与环境保护的双赢目标。纲要的具体措施和目标有助于引导产业创新，并推动相关领域的结构优化和资源高效利用。

（四）加强宣传教育与公众参与

加强生态环境保护宣传教育，拓宽宣传渠道，通过举办科普讲座、制作宣传材料等方式，向公众普及低空经济的相关知识，提高公众对低空飞行活动环境影响的认知。建立公众参与机制，鼓励公众参与到低空生态安全屏障的建设和管理中来，建立公众举报和反馈机制，发挥公众的监督作用，共同维护低空生态系统的质量和稳定性，形成全社会共同保护低空生态系统的良好氛围。

三、加快低空发展方式绿色转型

加快低空经济发展方式的绿色转型，对于推动经济高质量发展、促进生态文明建设具有深远意义。这一转型不仅有助于降低低空经济活动对环境的负面影响，还能促进低空经济产业结构的优化升级，引导资本、技术等资源向绿色、低碳领域聚集[1]。同时，绿色转型能够增强低空经济的可持续发展能力，为新兴业态（如绿色航空、无人机物流等）提供广阔的发展空间，助力经济社会与生态环境和谐共生，为实现碳中和目标贡献力量。

（一）加强顶层设计与政策支持

制定绿色发展规划：政府应制定低空经济绿色发展长期规划，明确发展目标、路径和措施，确保绿色转型的有序推进。规划应涵盖通用机场建设、电动航空器制造、航油生产与使用、低空短途运输等多个领域，形成完整的绿色产业链。

完善政策体系：出台一系列支持低空经济绿色发展的政策措施，如税收优惠、资金补贴、土地供应等，降低企业绿色转型的成本。加强部门协同，推动标准规范国际合作互认，提升我国绿色低空经济的国际竞争力和市场话语权。

强化部门协同：启动低空经济绿色发展配套标准编制，为通用机场建设、电动航空器制造、航油生产与使用、低空短途运输等领域绿色转型提供更多政策支撑。

加强标准研制：推动标准规范国际合作互认，提升我国绿色低空经济的国际竞争力和市场话语权。注重低空绿色标准研制，为通用机场建设、电动航空器制造、航油生产与使用、无人机发展、低空短途运输等领域提供行业标准支撑。

（二）推动绿色航空制造业发展

促进技术创新与融合：鼓励新能源、新材料、新一代信息技术与航空动

---

[1] 沈映春.低空经济——中国经济增长新引擎[J].科技中国，2024（9）：3.

力、整机制造和通航服务的一体化全产业链条加速融合。推动航空器电池、电机、传感器、飞控系统等相关技术的绿色化、智能化、高端化。构建市场导向的低空经济绿色技术创新体系，探索形成可持续的商业模式和成熟的服务方案，会聚绿色低空经济专业技术复合型人才。

提升绿色制造水平：优先选用碳足迹较低的钢材、铝合金、高分子材料等作为低空飞行航空器生产制造原材料。提高航空器的节能、减排、降噪性能，全面提升航空器绿色制造水平和再制造能力。加快推动纯电动、油电混用飞行器制造及在低空领域的全面运用，实施通用机场节能降碳改造，推动无人机对燃油类有人机的替代，推进绿色发展，实现生产生活方式的绿色转型。

（三）拓展低空经济的绿色应用场景

丰富应用场景：依托低空经济技术研究的快速迭代特征，持续拓展其在生态环保领域的应用空间维度。发挥通用航空器灵敏度高、灵活性强等优势，开展生态环境状况日常监测、生态保护修复成效评估等工作[1]。

促进跨领域融合：支持北斗卫星导航系统等在低空绿色产业链上的融合应用，打造低空智能网联系统[2]。鼓励将低空环境监测活动中采集的环境信息接入生态环境大数据综合管理平台，服务重污染天气应对、水环境治理等重点领域。针对工农业生产、自然资源、防灾救灾等应用场景，鼓励将低空环境监测活动中采集的环境信息接入生态环境大数据综合管理平台，更好地服务重污染天气应对、水环境治理、"无废城市"建设等重点领域，实现更高水平精准治

---

[1] 中国低空经济产业网.低空经济的应用场景——生态环境监测[EB/OL].(2024-10-17)[2024-11-21].http://www.claei.com.cn/detail.php?id=344.

[2] 生态中国网.将绿色元素融入低空经济全链条发展潜力巨大[EB/OL].(2024-11-14)[2024-11-21].https://www.eco.gov.cn/news_info/70841.html.

污、科学治污。

支持智慧农业与乡村生态振兴：利用无人机技术参与智慧农业建设，防治农业面源污染。推动低空经济在乡村地区的广泛应用，助力乡村生态振兴。

【案例：北部湾海洋生态环境立体化监测网络】

广东省科学院广州地理研究所、中科云图与广西海洋环境监测中心站共同建设的北部湾海洋生态环境立体化监测网络，实现了陆海污染智能监控和精准溯源关键技术，研发了无人机低空遥感全自动监测技术设备，构建了陆海协同的近海水质监控"北部湾模式"[1]。研究成果的应用显著提升了北部湾入海河流、近岸海域污染治理的精准性和科学性，推动了近岸海域监测、管理模式的转变和行业的技术进步。

（四）构建绿色技术创新体系与金融服务

构建技术创新体系：构建市场导向的低空经济绿色技术创新体系，探索形成可持续的商业模式和成熟的服务方案。会聚低空绿色经济专业技术复合型人才，推动技术创新与成果转化。

引导绿色金融投入：做好绿色金融大文章，引导国有资本和社会资本更多地投向绿色低空经济领域。打造"绿色低空经济生态圈"，鼓励有条件的地方打造低空经济绿色低碳产业综合示范区。

【案例：地方转型金融目录】

湖州、重庆、天津、上海、河北五地出台了地方转型金融目录或标

---

[1] 广西壮族自治区科学技术厅网站.北部湾天空地海一体化监测网络初步建成 海洋环境智能监测获科技奖[EB/OL].(2024-06-26)[2024-11-21].http://kjt.gxzf.gov.cn/dtxx_59340/kjdt/t18608932.shtml.

准。这些政策旨在为高排放或难以减排领域的低碳转型提供关键的资金支持，通过明确的规则与指引，助力金融机构及地方金融组织精准识别转型主体与活动，进而开发并提供相应的转型金融产品与服务。

以湖州为例，其转型金融目录详细列举了符合转型要求的产业领域及具体项目标准，金融机构依据此目录，为当地传统制造业向绿色制造升级提供低息贷款与专项金融扶持。重庆则通过建立转型金融信息平台，实现转型企业与金融资源的高效对接，加速资金流向绿色低碳项目。这些举措充分展现了地方政府在推动绿色技术创新与产业转型进程中的积极担当与主动作为。

该地方转型金融目录对低空经济发展有着重要意义并与前文举措紧密相连。在构建绿色技术创新体系方面，其为低空经济领域会聚专业技术复合型人才提供了资金保障，吸引人才投身于低空绿色技术研发与创新，促进技术创新成果的转化应用，有助于探索形成低空经济可持续的商业模式与成熟服务方案。在引导绿色金融投入方面，这些地方政策为国有资本和社会资本进入低空经济绿色低碳产业综合示范区树立了范例，鼓励资本更多地投向绿色低空经济项目，如支持低空环保飞行器研发制造、低空绿色物流设施建设等，推动低空经济在绿色金融的助力下实现快速、可持续发展，构建起完善的"绿色低空经济生态圈"。

（五）加强国际合作与交流

借鉴国际经验：加强与国际先进国家在绿色低空经济领域的合作与交流，引进先进技术和管理经验。积极参与国际绿色低空经济标准制定和规则制定，提升我国在国际绿色低空经济领域的话语权和影响力。

拓展国际市场：鼓励国内低空经济企业"走出去"，拓展国际市场，参与国际竞争。推动绿色低空经济产品和技术出口，提升我国绿色低空经济的国际竞争力。

【案例：上海市 2025 国际低空经济博览会】

上海市政府批准于 2025 年举办首届国际低空经济博览会，此次博览会以"启航低空经济，赋能千行百业"为主题，聚焦展示低空基础设施、制造与配套服务等全面的产业链，以及涵盖交通运输、城乡管理、商业融合应用和个人消费等多维度的应用链。这一盛会将汇聚来自管理、研究、生产、服务和应用等各个领域的展商与观众，搭建起一个广阔的国际交流与合作平台。

在博览会期间，将会设置各类专业展区，如先进低空飞行器制造展区，展示国际前沿的飞行器制造技术与创新成果；低空服务创新展区，呈现多元化的配套服务模式与解决方案。同时，还将举办多场高端论坛与研讨会，邀请国际知名专家学者、企业高管分享绿色低空经济的最新理念、技术趋势以及管理经验等。

该博览会对低空经济发展有着极为重要的推动作用并与前文举措深度契合。在加强国际合作与交流方面，其为我国与国际先进国家在绿色低空经济领域的深度合作提供了绝佳契机，通过展商交流、论坛研讨等形式，能够直接引进国外先进技术和管理经验，并且在全球范围内提升我国在国际绿色低空经济标准制定和规则制定过程中的话语权和影响力。在拓展国际市场方面，为国内低空经济企业提供了一个国际化的展示舞台，有助于企业展示自身绿色低空经济产品和技术优势，吸引国际合作与投资，推动我国绿色低空经济产品和技术出口，增强我国绿色低空经济的国际竞争力，促进我国低空经济全面融入国际市场，实现与全球低空经济的协同共进与可持续发展。

第五篇 低空经济开放合作与安全保障

百年未有之大变局下，低空经济正以前所未有的开放姿态，展翅翱翔于国际合作与安全发展的新蓝海。本篇内容将挖掘低空经济在对外开放与国际合作中的广阔前景，分析安全保障体系建设的基本思路，并揭示低空领域推进落实国防现代化与军民融合的独特路径。

基于"对外开放与国际合作"视角，我们建议建设更高水平的开放型低空经济新体制，推动共建"一带一路"低空经济高质量发展，同时积极参与低空经济全球治理体系改革和建设，贡献中国智慧、彰显中国力量，推动构建开放、包容、普惠、共赢的低空经济国际合作新架构。

基于"安全保障体系建设"视角，我们建议加强低空经济国家安全体系和能力建设，保障国家在低空领域的战略安全与发展利益；强化国家低空经济安全保障，防范化解各类风险挑战；全面提高低空公共安全保障能力，让人民群众在低空经济的发展中享受到更加安全、便捷的服务。

基于"国防现代化与军民融合"视角，我们建议提高低空国防和军队现代化建设水平，培育国家在低空领域的战略优势；促进低空国防实力和经济实力同步提升，实现国防建设与经济发展的良性互动；深化低空赋能军民融合效率提升，推动国防科技工业与民用科技工业的深度融合，激发低空经济的无限潜力。

第十四章
对外开放与国际合作

建设低空高水平对外开放格局，推动"一带一路"发展，参与全球治理体系改革，加强国际合作，提升我国低空经济国际影响力，实现互利共赢。

一、建设更高水平开放型低空经济新体制

全面提高低空经济对外开放水平，推动低空产品贸易与商业投资自由化便利化，持续深化低空商品、人才等要素流动型开放，稳步拓展低空管理规制、运行标准等制度型开放。

（一）加快推进低空经济制度型开放

在全球经济一体化不断深入的背景下，低空经济作为新兴领域，其发展离不开国际合作。积极参与低空行业的国际磋商与协作是构建与国际通行规则相包容的制度体系与监管模式的关键前提。

国际磋商应是多层次、全方位的。一方面，政府部门应牵头与主要航空发达国家和地区建立定期的低空经济对话机制。在这些对话中，涉及低空飞行安全标准、空域管理协调、飞行设备认证互认等核心议题。例如，与美国、欧盟等在航空领域具有先进经验的经济体交流，了解它们在低空飞行管理方面的成熟做法和最新发展趋势。通过这种交流，可以汲取有益的经验，避免在制度建设过程中走弯路。另一方面，行业协会和企业也应积极参与国际航空组织和行业联盟的活动。低空经济中的企业，无论是设备制造商还是运营服务商，都在国际市场竞争和合作中扮演重要角色。它们可以通过参与国际航空运输协会（IATA）、国际民用航空组织（ICAO）等组织的相关会议和项目，反馈实际运营中的问题和需求。比如，无人机制造商在国际无人机行业联盟中分享在不同国家和地区市场遇到的关于飞行限制和认证程序的差异，促使国际组织在制定相关规则时更加考虑全球产业发展的多样性。

在构建制度体系方面，要注重与国际通行规则的融合。以空域管理为例，国际上普遍采用分类管理的方式，根据飞行活动的性质、飞行器性能等因素划分不同的空域类别，如管制空域、非管制空域等。我国在低空经济发展中，可以借鉴这种分类管理思路，结合国内实际情况，制定出既符合国际惯例又能满足国内需求的空域管理制度。同时，在飞行设备的适航标准制定上，参考国际上成熟的适航认证体系，如美国联邦航空管理局（FAA）和欧洲航空安全局（EASA）的标准，建立与国际互认的适航标准框架，降低国内企业出口产品的认证成本，同时也方便国外先进设备的引进[1]。

监管模式的构建需要综合考虑国际经验和国内低空经济发展特点。国际上一些国家采用的基于风险的监管模式值得我们研究和借鉴。这种监管模式根据

---

[1] 金卯.认证为先赢取未来——本刊总编辑刘柱对话Verocel公司总裁George Romanski先生[J].航空制造技术，2011（13）：38-39.

飞行活动对公共安全和国家安全的潜在风险程度进行分类监管。对于高风险的低空飞行活动，如载人eVTOL商业运营[1]，实施严格的事前审批、飞行过程监控和事后评估机制；而对于低风险的小型无人机娱乐飞行等，可以适当简化监管程序，采用报备制或在线注册制等方式。同时，利用现代信息技术，如卫星定位、通信网络、大数据分析等，建立实时、高效的低空飞行监管系统。这个监管系统要能够与国际航空监管信息平台实现数据共享和交互，确保在跨国低空飞行活动中，各国监管机构能够及时获取飞行信息，保障飞行安全[2]。

【案例：成都·迪拜投资合作推介会】

在全球低空经济积极谋求国际合作与发展的大背景下，2024年7月1日，一场备受瞩目的"2024成都·迪拜投资合作推介会"在成都盛大开幕。此次推介会会聚了众多政商精英以及行业权威人士，搭建起了一座极具价值的国际合作桥梁。会上，来自成都的沃飞长空与阿联酋的M6公司达成了重要合作，双方正式签署合作协议，聚焦低空旅游以及通勤这两个极具潜力的领域，开启AE200飞行器商业示范运营及飞行验证项目。这一合作充分依托阿联酋接轨国际的空中交通政策来保障运营的规范性，同时凭借沃飞长空AE200飞行器所具备的先进技术优势，共同探索低空经济发展的新路径，吸引了行业内外的广泛关注。

这一合作对于低空经济在国际层面的发展有着多方面的深远意义。在国际磋商协作方面，此次政企之间的深度互动堪称鲜活样本，双方相互借鉴空中交通政策以及适航认证等方面的宝贵经验，进一步充实全球低空经济发展的"智慧库"，助力我国更好地融入国际对话机制，拓展国际合作

---

[1] 赖幸君,林磊.低空空域无人机监管实验平台方案[J].数字通信世界,2023（6）：149-151.
[2] 石世杰.低空经济背景下基于计算思维的飞行器类人才培养[J].时代教育,2024（13）：76-78.

空间。从制度体系构建角度来看，借鉴阿联酋的运营规范，有助于我国低空业务规则朝着更加贴合国际惯例的方向"校准"，例如，在空域分类管理以及飞行设备认证等关键环节，能够有效降低国内企业产品出口的"门槛"，推动我国低空经济产业与国际市场的深度接轨。在监管模式层面，依据飞行风险对运营进行分类管理的做法契合国际通用思路，借助阿联酋现有的基础设施以及认证体系来完善我国的监管机制，建立起数据共享机制，协同跨国监管工作，为我国低空经济"出海"保驾护航，进一步催生活力，驱动整个低空经济产业升级，促使其在国际前沿舞台上阔步前行。

（二）打造各类低空经济国际平台

统筹各类低空经济开放平台建设，从多维度发力，以构建开放层次更高、营商环境更优、辐射作用更强的低空经济开放新高地为目标导向。在国际规则对接、贸易投资便利化、国际合作机制创新等方面下功夫，增强我国低空经济在国际市场中的竞争力和影响力。

完善低空经济试验区规划布局是打造国际平台的关键支撑。应赋予试验区更大的改革自主权，促使其依据自身独特禀赋条件与区位优势，深入开展首创性、集成化、差别化改革探索。例如，在空域资源丰富且旅游资源独特的试验区，可探索低空旅游与生态保护协同发展的新模式，通过建立低空生态旅游航线，运用先进的环保飞行技术和设备，在保障生态环境不受破坏的前提下，为游客提供沉浸式的自然景观体验。在航空产业基础良好且交通枢纽优势明显的试验区，可围绕低空物流和通勤[1]，开展基于大数据和智能调度系统的物流配送及人员通勤模式创新，提高运输效率和服务质量。在此过程中，注重从实践

---

[1] 樊一江，李卫波.我国低空经济阶段特征及应用场景研究[J].中国物价，2024（4）：98-103.

中凝练成功经验和一般规律，形成可复制可推广的方案。通过组织专业研讨会、发布指导手册等方式，将这些经验推广至其他试验区和相关产业园区，促进低空经济协同发展[1]。

全面推行"极简审批"投资制度是保障低空经济国际平台建设的重要举措。这需要优化审批流程，建立跨部门联合审批机制，运用信息化手段实现审批事项的在线办理和信息共享[2]。同时，实现更加开放的低空人才、运输等低空政策。在低空人才政策方面，建立国际人才交流合作机制，设立国际化的低空人才评价标准和资质认证体系，吸引国外优秀人才投身我国低空经济建设。在低空运输政策上，完善国际低空运输航线规划和运营管理规范，加强与国际航空运输组织的协调与合作，推动低空运输服务的国际化、标准化。

此外，必须破除阻碍先进低空技术、优质低空人才、高质量低空产品跨域流动的政策和制度体系，消除地域和行业壁垒，建立统一、开放、竞争、有序的低空经济市场，保障各类资源在国际平台上的高效流通和优化配置[3]。各国构建的低空经济平台如表14-1所示：

表14-1 低空经济国际平台

地区	低空经济平台
美国	美国航空航天局（NASA）下设5个任务理事会，其中航空科研任务理事会（ARMD）承担了NASA在先进城市空中交通（AAM）体系建设方面的主要探索研究任务。截至2022年10月，ARMD设立4大任务包，正开展约17个项目，其中约6个项目与AAM体系建设直接相关，围绕AAM体系建设与运行中可能遇到的问题开展全面研究。目前，已有超过40家企业通过与NASA签署合同参与到AAMNC项目中，其中以美国企业为主，乔比、维斯克、伊莱卡、贝尔等AAM飞机研制企业均在其中。

---

[1] 王宝义.我国低空经济的技术经济范式分析与发展对策[J].中国流通经济，2024，38（9）：14-26.
[2] 霍建国.对接国际高标准开放规则稳步推进制度型开放[J].中国发展观察，2023（8）：5-8.
[3] 雷童尧.我国低空经济发展现状、制约因素及对策建议[J].新西部，2024（5）：87-90.

续表

地区	低空经济平台
英国	未来空中交通国际论坛（Advanced Air Mobility International Conference, AAMIC）是由英国皇家航空学会（Royal Aeronautical Society）中国代表处联合多方机构举办的专业会议。AAMIC是中国地区首个聚焦未来空中交通领域的国际低空经济产业年度盛会，具有全球规模和影响力。论坛围绕赋能城市空中交通发展路径，探索低空经济未来发展趋势，得到了有关部门、地方政府以及低空产业链上下游国内外知名企业的关注与认可。
欧洲	2004年，欧洲提出欧洲单一天空空管研究项目（Single European Sky ATM Research, SESAR），致力于开发新一代空中交通管理系统。通过提升系统性能，新一代空中交通管理系统预计将把当前空域运行容量扩大3倍，将安全性能提升10倍，将航空公司运行成本降低50%，将航空运输对环境的影响减少10%。2017年，SESAR联合执行体首次提出"欧洲数字天空运行"概念。此后，欧盟委员会成立了专门的工作组，就欧洲单一天空项目的持续开展情况进行研究。2019年4月，欧盟委员会发布了《欧洲单一天空的未来》报告；同年9月，欧洲数字天空发展战略正式确立；12月，欧盟发布了第三版《欧洲空中交通管理总体规划》，提出了欧洲数字天空转型目标，同时增加了无人机交通管理规划以及有人/无人融合运行场景。 目前，欧洲已确定交付部署的SESAR解决方案分为高效率的机场运营、先进的空中交通服务、优化的空中交通管理网络、航空基础设施升级四大场景领域，涉及空管系统、机载设备、航企运控、机场运行指挥等方面。
日韩	日本UTM协会（Japan UTM，JUTM）和新能源和工业技术开发组织（New Energy and Industrial Technology Development Organization, NEDO）共同建立了国家UTM项目。UTM项目包括一个飞行情报管理系统（Flight Information Management System, FIMS）、无人机服务提供商、数据源提供商（Source Data Service Provider, SDSP）和运营商。FIMS负责管理所有飞行计划，处理紧急警报并提供避免指令。 韩国国土交通部推出了"K-UAM"计划，旨在建立城市空中出行系统，推动无人机和飞行汽车等新型航空交通工具的研发与商业化。此外，政府还制定了相应的安全规范和运营指南，为低空经济的发展提供了法律框架。

【案例：成都国际低空经济合作伙伴大会】

2024年中国（成都）国际低空经济合作伙伴大会上，闫楚良院士阐释了国家航空航天产业生态圈战略要点，为低空经济宏观布局提供关键指引；程承旗教授深入解读科技创新驱动低空经济发展以及低空交通管理创新思路，明晰行业前行路径。沃飞长空等企业代表踊跃分享自身成长历程、技术成果与运营心得，促进业内经验交流互鉴。大会秉持开放融合、创新发展导向，凭借研讨、项目签约、成果展示等多元活动，深挖低空经济潜力，拓宽产业发展空间。

大会进程中，重大产业项目签约成果斐然，8个项目现场敲定。其中，四川天府新区管理委员会与相关公司签署金融保险服务协议，强化产业风险防控保障，稳定低空经济运营环境；成都交通投资集团有限公司同电子第五研究所达成中试平台合作协议，搭建科研成果向实用技术转化的高效平台，助力低空技术快速落地应用。国际展团踊跃参与，中外企业围绕技术引进、联合研发、市场推广等核心议题积极洽谈，拓展低空经济国际合作广度与深度。在技术创新与成果展示板块，2024成都国际低空装备及服务博览会发挥重要作用，其五大展区各有侧重，飞行装备展区陈列前沿飞行器彰显科技硬实力，低空服务展区展示多元精细服务类别，智联低空凸显智能化管控与联结技术，低空生态聚焦绿色可持续发展模式，项目路演及体验区让参会者直观感知低空经济魅力，航空消防救援专区直观展现低空应急救援能力与装备水平。

此次大会深度契合低空经济发展策略体系。在低空经济试验区规划布局层面，大会集聚各地实践智慧，总结提炼低空旅游与生态协同、低空物流及通勤模式创新等经验成果，为试验区开展首创性、差别化改革提供翔实参考案例与实操借鉴思路，加速改革探索进程。就全面推行"极简审批"投资制度而言，大会彰显高效协同、信息互通理念，其成功举办反映出优化审批流程、搭建跨部门联合审批机制以及运用信息化手段实现线上办理、信息共享的积极意义，吸引更多优质项目落地生根。在低空人才与运输政策维度,借大会的国际影响力与交流平台优势,吸引国外优秀人才关注,助力建立国际人才交流合作机制,同时依据专家见解、企业实践反馈,完善国际低空运输航线规划及运营管理规范,切实增强我国低空经济在国际市场中的竞争力与影响力,有力推动低空经济稳健前行。

(三)优化区域低空开放布局

鼓励各地利用比较优势,走特色化的低空经济对外开放道路,强化区域间开放联动(如表14-2所示)。巩固超级特大城市低空经济开放的先导地位,结合国际经验推动低空技术升级与商业模式探索走深走实。加快城市间低空经济过渡与衔接地带的开放步伐,积极承接国内外产业转移,培育区域低空设备制造基地与低空港口交通枢纽[1]。

表14-2 面向都市圈的低空经济架构

都市圈	低空经济架构				政策建议
	枢纽城市	配套城市	重点要素	目标	
南京都市圈	南京	扬州、镇江、马鞍山、滁州	无人机物流枢纽、医疗应急无人机网络、低空交通走廊、智能物流中心	提升区域物资配送效率,完善应急管理功能	◇ 推动区域低空经济立法,明确无人机物流和空中交通的运营规范。 ◇ 加大对低空应急救援系统的财政支持。 ◇ 支持跨城市低空交通试点运营。

---

[1] 王宝义.我国低空经济的技术经济范式分析与发展对策[J].中国流通经济,2024,38(9):14-26.

续表

都市圈	低空经济架构				政策建议
	枢纽城市	配套城市	重点要素	目标	
长三角都市圈	上海	杭州、苏州、南京、宁波	无人机配送中心、空中巡航系统、跨区域低空货运走廊、智能枢纽港口	服务高效物流，推动智能制造升级	◇ 建立跨区域低空交通管理平台，协调低空经济运行。 ◇ 扩大低空经济相关企业的税收减免范围。 ◇ 促进无人机标准化技术研发与国际化对接。
珠三角都市圈	广州	深圳、珠海、东莞、佛山	无人机物流网、低空绿色出行服务、智能化低空经济园区	强化对粤港澳大湾区的经济联通性	◇ 制定面向低空物流的跨境管理政策，推动粤港澳合作。 ◇ 鼓励低空绿色出行模式，完善相关基础设施。 ◇ 加大对低空创新企业的投融资支持。
成渝都市圈	成都、重庆	绵阳、德阳、泸州	山区无人机配送网络、应急救援枢纽、农村低空物流站点	改善山区交通，促进城乡物流一体化	◇ 加强山区低空物流网络建设，重点补贴边远地区项目。 ◇ 建立成渝一体化低空交通运营平台。 ◇ 鼓励低空技术在农业、医疗等领域的创新应用。

低空经济的空间整体发展单元是都市圈，而非行政区域。第一，低空经济作为高科技新兴产业，需要依赖于科技创新和高端人才的集聚。科技基础设施和人才资源高度集聚在都市圈之内，这是低空经济发展的必要基础。都市圈中的科研机构、高等院校和高新技术企业可以形成良好的互动，推动低空经济的技术创新和产业升级。第二，低空经济的应用场景多在城市内部及城市之间启

动，都市圈由于其高密度的人口和经济活动，具有庞大的市场需求和多样化的应用场景，为低空经济的发展提供了广阔的市场空间。第三，低空经济产业链条长，涉及研发设计、原材料供应、装备制造、系统搭建、基础设施建设等多个环节，需要产业链上下游的协同合作。都市圈具有较高的经济发展水平和产业集聚效应，更容易实现产业链的协同和资源整合。第四，低空经济需要较强的区域协同。都市圈由于其紧密的经济联系和便捷的交通网络，更容易实现区域间的协同发展。另外，都市圈常常作为改革试点和先行示范区，能够率先探索低空经济政策管理改革的新模式和新机制，为其他地区提供可复制、可推广的经验[1]。

【案例：苏州通用机场建设】

2024年3月，在苏州，由苏州交通投资集团有限责任公司主导的苏州通用机场（暂定名）选址报告及可研报告编制及上报服务项目开启公开招标。政策层面，依托《苏州市低空经济高质量发展实施方案（2024—2026年）》，锚定2026年建成1至2个通用机场与200个以上垂直起降点、开通多条通用航空短途运输航线的目标，布局低空交通网络，助力低空经济"起飞"。该机场定位A1级，承载短途运输、公务飞行等多元功能，补全苏州综合交通运输产业链短板，抢跑低空经济赛道。建成后，其将发挥多领域关键作用，于短途运输上，加密长三角城市间快速往来通道；公务飞行可提升商务出行效率；通航物流助力货物高效流转；飞行培训为行业持续输送人才；航空游览拓展文旅新业态；应急救援强化区域应急保障能力。

---

[1] 张雄化.低空经济兴起及高质量发展的理论与实践：深圳的视角[J].特区经济，2023，415（8）：15-19.

此建设项目对苏州低空经济意义深远，契合都市圈驱动低空经济发展逻辑。在集聚创新与人才方面，依托苏州都市圈科研、高校资源，吸引专业人才投身机场运维、低空业务拓展，催生技术革新。应用场景上，基于都市圈庞大人口与多样需求，解锁多元低空业务，挖掘市场潜力。产业链协同上，借助都市圈产业集聚，整合本地及周边资源，高效构建从建设材料供应到运营服务的完整链条。区域协同维度，融入长三角都市圈交通、经济网络，强化区域联动，还能探索政策改革路径，为低空经济区域协调发展输出"苏州经验"。

（四）健全低空开放安全保障体系

建立健全低空监管体系，确保有序开放与安全运行并行。通过整合各方资源与力量，构建与更高水平开放相匹配的低空监管体系。明确监管主体职责，运用现代化技术手段，对低空飞行器、飞行活动以及相关产业运营进行全面且细致的监督管理。针对可能出现的违规飞行、非法运营等行为及时发现并处理，保障低空领域的飞行秩序与运营规范，使低空开放在严格监管框架下稳步推进，有效预防因监管缺失导致的安全隐患与秩序混乱。

完善风险防控体系，应对多元挑战保障低空稳定。着力打造一套全面的风险防控体系，涵盖经贸摩擦、国家安全等多方面风险应对。健全低空产业损害预警体系，实时监测产业动态，通过丰富贸易调整援助、贸易救济等政策工具，在经贸摩擦发生时能够迅速反应，妥善应对，减少对低空产业的冲击与损害。同时，健全低空领域外商投资国家安全审查、反垄断审查和相关清单制度，防范外资对我国低空产业安全与市场秩序的潜在威胁，确保低空经济在开放过程中的自主性与稳定性，抵御各类风险因素对低空领域的干扰与破坏。

构建全球供应链风险预警与境外投资监管体系，拓展低空发展安全边界。积极建立低空经济发展重要资源和中间品全球供应链风险预警系统，密切关注全球供应链动态，提前预判资源短缺、供应中断等风险，以便及时调整策略，保障低空产业供应链的稳定畅通。完善境外低空投资分类分级监管体系，依据投资规模、地域、领域等因素进行科学分类分级监管，确保境外投资的合规性与安全性。并且构建海外利益保护和风险预警防范体系，在低空企业拓展海外业务时，为其提供全方位的安全保障与风险预警服务，增强我国低空经济在全球范围内的抗风险能力与竞争力，促进低空经济在国际舞台上健康有序发展（如表14-3所示）。

表14-3 低空安全保障体系建设

安全类型	保障门类	样例
产业自主性	核心技术自主可控	◇ 大疆创新依靠自有产品的技术研发创新，为产品带来差异化的卖点，依靠视觉识别技术对画面进行识别，根据锁定目标可以自动跟随拍摄，完成自身避障安全飞行。 ◇ 中航（成都）无人机系统股份有限公司的"翼龙"无人机，是在已有技术基础上，大胆突破核心技术，自行研制的系列化、中空长航时、多用途无人机。 ◇ 浙江大学的科研团队解决了未知复杂环境下，机器人单机与群体的智能导航与快速避障方法等一系列核心技术难题，成功研发出自主导航的集群飞行系统。
	关键资源储备与保护	◇ 在无人机轻量化的趋势下，工程塑料逐步取代了原有的金属材料，并应用于无人机的材料构成中。 ◇ 中国无人机除机身中段采用部分金属材质外，机身基本全部采用复合材料，具有很高的隐身功能。
	领军人才吸收和引进	◇ 雄安新区在《关于支持低空经济产业发展的若干措施》中提到，将创新选人用人机制，对低空经济领域高端人才实行"特岗特薪"，并支持用人单位设置特聘岗位，对符合条件的人才给予奖励。

续表

安全类型	保障门类	样例
产业自主性	领军人才吸收和引进	◇ 广东省在推动低空经济高质量发展行动方案中提到,将编制出台省级低空经济产业人才支持专项政策,精准引进、培养低空领域行业领军人才、科技创新团队等多类型人才。 ◇ 浙江省在《关于高水平建设民航强省 打造低空经济发展高地的若干意见》中提出,将建立航空(低空经济)领域人才目录体系,加大航空高端和紧缺人才的引进力度,并纳入属地人才政策一体保障。
空域稳定性	低空飞行器识别与管理	◇ 民航局在深圳地区无人机飞行管理试点工作正式启动,并上线无人驾驶航空器空管信息服务系统(UTMISS)。 ◇ 民航二所研发的"无人机交通管理信息服务系统"作为行业试点在深圳试运行,该系统完全满足国际民航组织针对无人机空中交通管理提出的身份识别、合作目标监视、电子围栏三项关键功能需求,且具备无人机飞行风险评估、飞行轨迹避撞告警、实时警告等信息推送方面的功能。
	低空威胁捕捉与反制	◇ 福建灵信信息科技有限公司构建了一套无人机低空安全管制综合解决方案,该方案集无人机监测、识别、跟踪、预警、反制、信息管理于一体,通过多重探测手段和高效的反制设备,针对不同场景和威胁,智能化、高效地保障低空安全。 ◇ 云上筋斗(南京)科技有限公司在低空无人机防御系统方面已经形成产品、技术服务的体系化发展。在军工、边防、人防、司法公安、能源、重大安保场所等广泛行业取得了深入的应用。

二、推动共建"一带一路"低空经济高质量发展

"一带一路"沿线地形地貌情况复杂,国家民族种类多样,具备广阔的低空市场前景与产业需求。要坚持共商共建共享原则,秉持绿色、开放、廉洁理

念，深化低空经济领域务实合作，加强安全保障，促进共同发展。

（一）加强低空发展战略和政策对接

在现有一带一路合作框架内，积极探索引入低空经济发展规划与合作方案，是推动"一带一路"倡议高质量发展的重要举措。通过推进战略、规划、机制对接，加强政策、规则、标准联通，可以为低空经济的发展提供坚实的制度保障和政策支持[1]。同时，设置低空事务机构，创新对接方式，推进已签文件落实见效，推动与更多国家商签投资保护协定、避免双重征税协定等，加强海关、税收、监管等合作，将有助于构建更加开放、包容的国际经济合作环境。

在国际合作方面，优先加强与共建"一带一路"国家和亚太地区的技术合作，力争形成区域性的技术同盟，扩大"朋友圈"，多层次参与国际组织工作和国际合作，逐步实现"技术、产品、标准、国际化"四位一体系统推进。通过与国际组织和其他国家合作，参与或借鉴国际上的成功经验和实践，参与国际标准和规范制定，提升区域低空经济国际竞争力。

【案例：乌鲁木齐国际航空枢纽建设论坛】

2023年7月，首届乌鲁木齐国际航空枢纽建设论坛在乌鲁木齐盛大召开，这一盛会汇聚了新疆地方政府、机场集团、南航新疆分公司等多方主体，以及江苏亚捷航空发展集团有限公司等外部优质企业力量，背后依托国家"一带一路"倡议下促进民航业开放合作、发展低空经济的政策导

---

[1] 赵坤，黎明，顾永涛，等.当前低空经济发展制约因素分析及对策研究——基于苏州、长沙、成都等城市调研的思考[J].中国经贸导刊，2024（8）：69-71.

向，旨在借论坛搭台，强化区域航空枢纽建设，深挖低空经济潜力，实现与国际发展议程紧密对接。会上达成系列重磅合作，拉开新疆低空经济加速发展大幕。

此后，新疆民航业发展成绩斐然。在航空服务网络层面，"东西成扇、疆内成网"格局持续完善，天缘通用航空公司疆内航线稳健运营，伊宁机场国际航空口岸开通、ARJ21 中亚航线首航成功，新疆机场集团上半年旅客、货邮吞吐量与起降架次大幅增长。乌鲁木齐国际机场改扩建快马加鞭，南航新疆分公司以乌市为核心织密航线网，辐射国内外多地。同时，新疆天缘通用航空有限责任公司在多方合作下诞生，力推"短途运输＋电动垂直起降"联合运行模式，构建"1 小时航空经济圈"；新疆航空产业（低空经济）研究院挂牌，夯实理论技术根基。

新疆此番作为极具开创性与建设性。在政策对接上，契合"一带一路"倡议下制度、规则联通需求，借助论坛及系列合作，与沿线国家潜在政策协同，为低空经济谋政策利好，类似投资协定商签、税收监管合作可顺势推进。飞行管理上，随着航线拓展、运营模式创新，倒逼低空飞行管理政策优化，提升空域使用效率。基础设施建设方面，机场改扩建、通用航空公司运营等夯实硬件基础，融入覆盖广泛服务网。国际合作维度，依托地缘优势，与中亚等周边交流，借鉴经验、参与标准制定，提升区域低空国际竞争力，助力低空经济沿"一带一路"腾飞。

（二）推进低空基础设施互联互通

在当前全球化和区域经济一体化的大背景下，"一带一路"倡议作为中国对外开放和国际合作的重要平台，其核心目标之一是通过构建陆海空天四位一体的互联互通网络，推动沿线国家的经济发展和文化交流。低空产业作为新型物流运输模式的重要组成部分,其发展不仅能够提升物流效率,还能促进区域经济的高质量发展。

低空运输与中欧班列的结合,可以有效提升中欧班列的服务对象和覆盖范围。中欧班列作为连接中国与欧洲的重要物流通道[1],其运输效率和服务质量直接影响到中欧贸易的便利性和成本效益。通过整合低空运输资源,可以为中欧班列提供更加灵活和高效的运输方式,尤其是在地形复杂或传统交通方式受限的地区。此外,低空运输还可以作为中欧班列的补充,特别是在紧急或特殊货物运输方面,提供更快捷的服务。

低空航线与陆海新通道的结合,可以进一步拓展"一带一路"的物流网络。陆海新通道是连接中国西部与东南亚、南亚乃至中东的重要物流通道,其发展对于促进区域经济一体化具有重要意义。通过低空航线的建设,可以实现对陆海新通道的有效补充和支撑,特别是在提高运输效率和降低成本方面具有显著优势。

在布局设计方面,应重点考虑一带一路沿途的关键城市和主要航线。这不仅需要考虑到地理、经济和政治因素,还需要充分考虑沿线国家的需求和发展潜力。例如,新疆作为连接中国与中亚、西亚的重要枢纽,其在低空产业发展中的作用不容忽视。同时,福建作为面向海洋的重要省份,其在低空产业发展中也具有独特的地理优势。

此外,推动重大合作项目的有序建设,是实现高质量、可持续发展的关键。这包括加强国际合作,共同开发低空运输技术和标准,以及建立有效的风险管理和应对机制。同时,还需要关注低空产业发展的环境影响,推动低碳和

---

[1] 王姣娥,景悦,王成金."中欧班列"运输组织策略研究[J].中国科学院院刊,2017,32(4):370-376.

绿色发展的理念[1][2]。

【案例：深圳低空智能融合基础设施"四张网"】

2022年12月，深圳这座创新前沿阵地，在政府部门牵头下，携手本土科技企业，依托SILAS系统，重磅开启低空智能融合基础设施"四张网"建设项目。此项目契合国家助力低空经济高质量发展、融入"一带一路"倡议大框架下强化物流运输及区域协同的政策导向，旨在以数字化、智能化赋能低空经济，筑牢基础支撑，打通低空运行脉络，激发产业新活力，聚焦"设施网""空联网""航路网""服务网"一体构建，为低空飞行与经济活动全方位"护航"。

该"四张网"各显神通、协同发力。"设施网"布起降点、建导航基站，筑牢物理根基；"空联网"凭顶尖感知、通信技术，让低空飞行器与地面"无缝对接"、信息畅达；"航路网"借数字之力，精细规划航线，规整飞行秩序；"服务网"聚焦审批、监管等服务环节，实现数字化"一站式"管控。它们整合海量数据，精准预判低空态势，革新低空空域管理模式，让低空运营步入智能高效"快车道"。像在城市物流配送场景，依托"四张网"，无人机可依最优路径、实时信息交互，灵活穿梭，提升效率。

"四张网"对低空经济发展意义非凡，极具开创性。于技术创新层面，为低空飞行器智能化升级搭"试验台"，催生适应复杂场景新技术，契合"一带一路"对先进低空运输技术需求，助国产装备"出海"竞优。布局设计上，其数据支撑可精准锚定如新疆、福建等"一带一路"关键节点建设重点，优化低空网络布局。在与中欧班列、陆海新通道协同中，提升运

---

[1] 高俊. 汇聚"空中丝绸之路"建设合力[J]. 空运商务，2022（7）：23-27.

[2] 孙阿晨，刘崇献. "一带一路"倡议下我国空中丝绸之路发展的前景及对策[J]. 时代经贸，2020（16）：44-45.

输灵活度、应急响应力，强化物流效能。同时，强化低空安全管控，融入风险防控体系，护航"一带一路"低空经济稳健、绿色、可持续前行。

（三）深化低空产业经贸投资合作

依托低空经济的可达性与机动性优势，提升跨境丝路电商的交易体量与辐射范围，推动共建"一带一路"国家贸易投资合作优化升级。深化无人机、eVTOL和直升机等低空设备的国际产能合作与第三方市场合作，构建互利共赢的低空产业链供应链合作体系，扩大双向贸易和投资。创新低空产业融资合作框架，共建"一带一路"低空经济专项贷款与丝路基金，建立健全一带一路低空金融合作网络。推动低空金融基础设施互联互通，支持多边和各国金融机构共同参与投融资。

在"一带一路"倡议下，跨境电商已成为推动区域经济高质量发展的新引擎。通过利用互联网技术，跨境电商不仅能够实现优进优出，还能促进消费，推动经济形态发生改变[1]。跨境电商的发展策略包括建设跨境电子商务的"网上丝绸之路"，构建新的贸易通道和桥梁，创新传统贸易商业模式，振兴贸易发展态势等。这些措施有助于实现"一带一路"沿途国家间的生产分工协作、资源与产品共享以及相互市场开放[2]。

为了进一步提升跨境电商的发展水平，政府应加大监管力度，打造区域性金融服务网络系统，降低信用风险，并健全跨境电商物流体系[3]。此外，金融

---

[1] 杨达利."一带一路"战略下中国"跨境电商"面临的机遇和挑战[J].商场现代化，2016（20）：52-54.

[2] 田群芳."一带一路"背景下的跨境电子商务发展策略研究[J].中国市场，2018（17）：195-196.

[3] 韦茜，李冬冬.我国与"一带一路"沿线国家跨境电商国际合作策略优化研究[J].环渤海经济瞭望，2021（7）：54-57.

互联互通在支持中小企业跨境电商发展过程中起着重要作用。当前存在的问题包括资金短缺、信用机制差异、货币结（清）算渠道不畅等，可以通过构建金融服务网络、投融资联动及金融服务功能互联互通体系来解决。

为了推动低空金融基础设施互联互通，可以加强国家间金融合作，引导金融机构提升服务，建立信息共享平台。这将有助于中资企业在参与共建"一带一路"的过程中提升资金结算效率、拓宽外部融资渠道、优化汇率风险管理。通过创新低空产业融资合作框架，共建"一带一路"低空经济专项贷款与丝路基金，可以建立健全一带一路低空金融合作网络。

【案例：深圳宝安区与Lilium签署投资合作协议】

2024年6月10日，在德国慕尼黑，全球知名的eVTOL飞行器开发商、区域空中移动领域先锋Lilium与深圳宝安区达成合作协议，这一成果深化自2023年6月双方签署的合作备忘录，依此，Lilium计划落地亚太地区总部于宝安区，且深度参与中国低空经济项目建设，携手本土基础设施商与机构，攻克飞行器与当地设施适配难题，激活供应链新潜能，背后彰显"一带一路"倡议下促进低空经济国际合作、技术落地与产业协同的政策导向。

Lilium专注的eVTOL技术，在全球低空经济领域掀起变革浪潮。其旗舰产品Lilium Jet，兼具垂直起降与固定翼优势，突破传统交通局限，为城市空中交通"解锁"新范式。不过，从技术到运营，挑战重重，如通信安全、电池技术革新、认证法规适配等。为融入公共空域，Lilium开启全方位行动，从飞行路线精算、地形图绘制，到起降港选址、充电设施布局，乃至人员调度，环环紧扣，只为契合本土基建生态，释放运营与经济效能。经研究，其空中出租车模式在合理运营下可获正向回报，成本控降、航程拓展后商业前景更优。

此次合作对低空经济发展极具开创性。在产业协同上，契合"一带一路"共建互利低空产业链诉求，借亚太总部"桥头堡"，整合中外资源，助力中国低空设备国际产能、第三方市场合作"升级"，如参与项目可带动国产配件适配出口。融资创新维度，吸引国际资本聚焦，有望充实"一带一路"低空经济专项贷款等金融池，为类似项目融资"探路"。于跨境电商物流提升，其高效机动性可补传统短板，加速配送，扩大"网上丝绸之路"辐射，携手金融合作网络，为跨境丝路电商注入新动力，拓宽贸易投资新版图。

（四）架设低空文化互学互鉴桥梁

围绕低空产业概念，推进数字经济、公共卫生、绿色发展、科技教育和文化艺术等相关领域的人文活动，加强官方机构与民间组织就低空文化展开的宣传交流与往来合作。通过举办国际研讨会、展览和文化节等活动，促进不同国家和地区之间的低空产业技术和经验的交流[1]。同时，鼓励企业和研究机构在数字经济领域开展合作项目，共同开发创新的低空技术解决方案，以提高效率和安全性。在公共卫生领域，利用低空技术进行紧急医疗物资的快速运输，提升应对突发公共卫生事件的能力。在绿色发展方面，推动低空产业与环保技术的结合，研发低噪声、低排放的飞行器，减少对环境的影响。科技教育领域，加强人才培养和学术交流，为低空产业的可持续发展提供智力支持。文化艺术领域，通过低空视角展示各国独特的自然风光和文化遗产，增进不同文化之间的理解和尊重。

---

[1] Gao A., Hui G. Thoughts on electromagnetic environmental protection in the era of Low-Altitude Economy[J]. China Radio, 2024(5), 40–41.

低空经济的高质量发展能够为共建"一带一路"提供多重支持，尤其体现在互联互通、技术合作、绿色发展与经济发展方面。在互联互通方面，依托无人机、直升机等低空飞行器的应用，低空经济可以构建便捷的低空交通和物流网络，帮助解决"一带一路"沿线交通不便地区的短途运输难题，提升区域内互联互通水平。在绿色发展方面，中国在低空智能制造、新能源动力、智能控制系统等领域的先进技术和绿色制造标准，能够为沿线国家提供技术支持，推动绿色、智能的产业合作，助力这些国家实现低碳发展。在绿色发展方面，低空经济的发展还可以带动观光、短途旅行等新兴服务产业，为沿线国家提供经济增长的新动能，并在应急救援和灾害监测中发挥积极作用。在经济发展方面，通过设立低空经济示范区，推广低空技术、环保制造和全生命周期管理的成功经验，为"一带一路"沿线国家提供可借鉴的发展模式，助推区域共同繁荣。低空经济的广泛应用不仅促进了人文交流与科技合作，也为"一带一路"倡议的高质量、可持续发展提供了强大支撑。

【案例：新晨科技低空基建系统产业园解决方案】

在第八届"一带一路"园区建设国际合作峰会暨第十一次全国企业营商环境研讨会上，新晨科技这一民营上市且手握国家空管数据优势的企业，作为行业"先锋"登场，分享其深耕低空经济领域所沉淀的实践"硕果"与前沿探索成果，重磅推出"低空基建系统产业园解决方案"，背后呼应国家助推低空经济融入"一带一路"、实现高质量发展，强化国际人文交流与产业协同的政策风向，聚焦因地制宜，紧扣监管、需求、行业协同发力，为低空经济"落地生根"筑牢基建、开拓新路。

该方案立足低空经济多元特性与我国低空发展进阶态势定制。深知各地地理有别、经济"冷暖"不同、需求各异，新晨科技谋定而后动，规划契合本土实情的低空通信、导航等基建"蓝图"，保障飞行顺畅；严守监管与需求"平衡木"，依循法规、贴合市场脉搏；践行技术创新"引擎"驱动、市场需求"导向"引领、行业标准"规矩"护航的"三结合"思路。具体实操上，在技术端攻坚通信、导航智能化升级，革新低空"感官"与"大脑"；大兴土木建起降场、编织智联网络，筑牢运行"安全岛"；还与地方"牵手"，促政策"落地开花"，投身示范区建设"热场"。同期分论坛聚焦低空经济等热门产业，搭起交流"鹊桥"，凝聚各方智慧经验。

新晨科技此举对低空经济发展意义深远、开创先行。于人文交流，其方案助力建低空基建"硬支撑"，托举国际研讨、展览等活动开展，畅通跨国技术与文化交流"高速路"。在"一带一路"协同上，契合沿线国家互联互通、绿色发展诉求，依智能基建补交通短板、借绿色制造推动环保升级，还在经济维度，凭示范建设、技术共享，添沿线增长新"燃料"，为低空经济铺就高质量、可持续发展"轨道"。

三、积极参与低空经济全球治理体系改革和建设

推进低空经济高水平对外开放，是新时代中国积极参与全球治理、发挥全球影响力的重要内涵。要以低空产业对外开放为媒介，推动构建新型国际关系，推动全球治理体系朝着更加公正合理的方向发展。

（一）维护和完善低空经济多边治理机制

维护低空多边贸易体制，积极参与全球低空经贸规则制定，坚决维护发展中国家共享低空经济发展红利的正当权益。依托二十国集团、亚太经合组织、金砖国家等全球治理平台，建设性提出低空经济发展的中国倡议与中国方案。

推动主要多边金融机构深化治理改革，支持亚洲基础设施投资银行和新开发银行更好地发挥作用，提高低空金融的国际参与水平与国际治理能力。推动国际低空经济政策有序沟通，协同发力。搭建国际低空产业发展合作平台，共同维护全球低空产业链供应链稳定畅通、全球低空金融市场稳定，合力促进世界经济增长[1]。

【案例：全球低空经济论坛】

2024年11月27日，全球低空经济论坛2024年年会于北京中国大饭店隆重开幕。此次年会会聚了众多来自国内外的重要人物，包括两院院士、专家学者、企业界人士以及相关政府部门代表等。会议围绕低空经济展开了深入探讨，其间中国低空经济联盟执行理事长罗军发布了《低空经济发展趋势报告》，对无人机、eVTOL等低空经济相关产业的发展趋势进行了详细阐述，同时各方人士还就低空经济的技术路线、商业模式、应用场景等多个议题进行了广泛交流与深入讨论。

全球低空经济论坛年会的召开与推动低空经济在全球范围内的发展息息相关，在论坛年会上，各界精英齐聚一堂，共同探讨低空经济的未来发展，这本身就是推动国际低空经济政策有序沟通、协同发力的重要体现。通过这样的交流平台，各国专家学者和企业界人士能够分享经验、交流观点，为维护低空多边贸易体制、参与全球低空经贸规则制定提供了丰富的思路和建议。此外，中国低空经济联盟等相关组织及专家在年会上发布的报告和提出的观点，也可视为建设性地提出低空经济发展的中国倡议与中国方案的一部分。这些成果有助于推动主要多边金融机构深化治理改革，支持亚洲基础设施投资银行和新开发银行更好地发挥作用，从而提高低空

---

[1]《广东科技》编辑部.抢抓新机遇 助推低空经济"展翅高飞"[J].广东科技，2024，33（3）：5.

金融的国际参与水平与国际治理能力，为搭建国际低空产业发展合作平台奠定了坚实基础，进而共同维护全球低空产业链供应链的稳定畅通以及全球低空金融市场的稳定，促进世界经济增长。

全球低空经济论坛2024年年会具有重大意义。首先，它为全球低空经济领域的各方提供了一个高端交流合作平台，促进了信息共享和技术交流，有助于凝聚共识，明确未来发展方向，推动低空经济产业的快速发展。其次，年会上发布的《低空经济发展趋势报告》等成果，为各国政府、企业和研究机构制定低空经济发展战略和政策提供了重要参考依据，有利于各国更好地把握低空经济的发展机遇，提升自身在全球低空经济格局中的竞争力。最后，此次年会对于推动全球低空经济治理体系的完善具有积极作用，通过各国之间的交流与合作，能够在维护多边贸易体制、制定经贸规则等方面形成合力，确保全球低空经济的健康稳定发展，使各国特别是发展中国家能够共享低空经济发展红利，为世界经济增长注入新的动力，推动全球经济朝着更加均衡、包容、可持续的方向发展。

（二）构建高标准低空示范区网络

实施低空经济示范区共建战略，提供面向全球的低空基础设施建设与商业运营解决方案。持续改进低空经济示范区合作模式，围绕低空经济合作深化区域全面经济伙伴关系协定，开启与各主要经济体低空经济示范区谈判进程，稳步提升中国方案的全球话语权与影响力，推动商签更多高标准低空经济产品服务经贸协定[1]。

---

[1] 宋志勇.高质量建设低空飞行服务保障体系[J].大飞机，2024（5）：11-13.

【案例：上海市低空协同管理示范区】

2024年3月29日上午，在上海湾区高新区华东无人机基地，上海市低空协同管理示范区正式揭牌，获民航华东局、市交通委等多部门协同支持，凸显上海市政府聚力发展低空经济的战略布局与坚定决心。此揭牌乃上海紧扣国家低空经济进阶式发展导向，依托本地航空产业雄厚根基，系统性谋划推进低空经济高质量发展进程中的关键节点，契合实施低空经济示范区共建战略，输出本土实践、提升国际影响力的宏观思路。

自揭牌前，上海凭借虹桥、浦东机场航空枢纽优势，航班起降量与客货邮吞吐量居全国前列，叠加ARJ21、C919批量交付积累的产业底蕴，持续深耕低空经济。伴随《上海市低空经济产业高质量发展行动方案（2024—2027年）》印发，锚定2027年构建完整低空产业体系、冲刺500亿核心产业规模目标，从研发设计到商业运营全链布局。上海市通信管理局同步发力，出台《上海市信息通信业加快建设低空智联网 助力我市低空经济发展的指导意见》，借5G-A等前沿通信技术，筑牢低空经济信息"高速路"，夯实产业数字化根基。金山区作为先行阵地，依托华东无人机基地，以美团无人机常态化航线运营为范例，率先开展低空协同管理示范，具象化低空经济应用场景，为后续工作探路铺石。

上海此番作为对低空经济发展极具开创性与建设性。于全球规则制定场域，其示范实践积累运营管理、产业协同等经验，充实我国在全球谈判中的低空经济"方案库"，助提中国倡议话语权，契合深化区域协定、商签高标准经贸协定诉求。在基础设施共建维度，低空智联网铺设、示范区实体运作，对标国际先进，为全球提供可借鉴基建与运营范式，推动更多经济体参与低空经济示范区共建，携手稳固低空产业链，壮大全球低空经济版图。

（三）营造低空产业对外开放的外部环境

积极发展低空全球合作伙伴关系，推进低空领域大国协调与合作。深化与周边国家的低空经贸往来，加强同发展中国家在低空领域的团结合作。推进与低空领域大国的协调与合作，通过高层次的政策对话和务实合作项目，共同推动低空经济的国际规则和标准制定，促进低空技术的创新与应用[1]。此外，加强与发展中国家在低空领域的团结合作，通过技术交流、人才培养和联合研发等方式，帮助这些国家提升低空经济发展能力，实现共同发展。

在这一过程中，重视参与低空经济基础设施建设的跨国合作与标准制定，包括信息网络设施、物理基础设施和数字化管理服务系统。鼓励和支持企业、研究机构和政府部门之间的合作，共同推进低空飞行通信、导航、监视、气象监测等关键基础设施的建设与运营[2]。

低空经济的对外开放需要在上游、中游和下游领域采取平衡和全面的战略，培养全球合作、技术创新和协调一致的监管框架，同时参与标准制定并促进人才培养。借此加强我国低空产业在全球低空经济中的竞争力，吸引国际投资，并为这一新兴行业的全球发展做出贡献。

具体来说，低空上游产业应通过积极参与国际贸易协议、寻求外国投资与合作、引进全球最佳制造和材料科学实践，以及与国际科技公司建立合作关系，来实现对外开放，从而提升产品质量和成本效益，增强国内企业的国际竞争力，并减少对特种材料的进口依赖。低空中游产业如无人机、飞机和部件制造，应通过鼓励外国投资、加强知识产权保护、创建联合创新中心以及采用全

---

[1] 金伟.把握低空经济发展三"航道"[J].中国发展观察，2024（4）：41-45.
[2] 宋志勇.高质量建设低空飞行服务保障体系[J].大飞机，2024（5）：11-13.

球监管标准来实现对外开放，以促进技术升级、增强国际合作、加速新技术开发，并确保产品符合国际认证要求，从而提升中国制造业的全球竞争力。低空下游产业如应用、运营等需要通过制定国际市场渗透策略、扩大跨境运营合作、推动跨境产业整合等方面来实现对外开放，借此推广国内低空产品参与国际竞争，拓展无人机和飞行器的市场潜力和应用场景。

除此之外，对于监管和标准化体系，中国应积极参与国际航空组织，推动认证互认，并分享监管最佳实践，以促进低空产品全球市场的融入。在人才培养和学科建设方面，增加国际交流项目，吸引外国专家，并开发国际培训项目，以培养符合全球标准的低空经济人才。

【案例：中国科技公司成功首飞 E20 eVTOL 原型机】

2023 年，我国某科技公司成功实现 E20 eVTOL 原型机首飞，这一里程碑事件彰显我国在电动垂直起降飞行器技术攻坚上的卓越成果，契合国家积极投身低空经济前沿技术创新、助力产业升级迈向国际前列的战略导向。彼时，公司依托专业科研团队、雄厚技术储备，历经严谨设计迭代、精细总装调试，推动项目稳步进展，如今已步入倾转测试关键环节，且收获国内多家运营商意向订单，商业前景初绽曙光，同步谋划借力"一带一路"东风，叩响海外市场大门。

自项目启动，公司秉持创新驱动理念，于技术细节精雕细琢。在材料运用上，甄选先进复合材料，革新机体结构设计，既控降成本，又缩时提效；动力系统层面，潜心钻研，锻造高功率密度直接驱动电机，攻克长航程动力"瓶颈"，应对 eVTOL 技术共性难题。当下，正依循商业规划，深度对接"一带一路"沿线，铺展海外拓展路径，强化国际合作纽带。

该公司作为对低空经济发展开创、建设性兼具。于产业上游，借技术突破、国际拓展，吸引外资、引介前沿制造工艺，优化特种材料供给，提升国产eVTOL品质与效益，强化国际话语权。在中游，以创新成果为基，吸引外方投资，借联合研发、遵循国际监管，加速技术迭代、契合认证规范，提升全球制造竞争力。下游运营端，借海外市场渗透、跨境合作整合，拓宽应用场景，激活商业潜能。同时，在监管与人才维度，凭技术先行积累经验，助益国际标准完善、认证互认，且依托国际交流项目，培育适配全球的低空专业人才，全方位夯实我国低空经济国际根基。

第十五章
安全保障体系建设

加强国家安全体系和能力建设，保障国家低空经济安全，强化公共安全保障，提高应急管理能力，防范各类安全风险，确保低空经济安全有序发展。

一、加强低空经济国家安全体系和能力建设

坚持政治安全、人民安全、国家利益至上有机统一，以人民安全为宗旨，以政治安全为根本，以经济安全为基础，不断增强国家低空经济领域安全能力。探索构建集中统一、高效权威的国家低空经济领域安全领导体制，健全国家低空经济领域安全法治体系、战略体系、政策体系、人才体系和运行机制。巩固国家安全人民防线，加强国家安全宣传教育，增强全民国家安全意识，建立健全国家低空经济领域安全风险研判、防控协同、防范化解机制。

（一）推进低空经济国家安全立法

完善适应低空经济特点的立法体系，筑牢法治根基。针对低空经济所涉及的各类风险，如经济风险、科技风险、数据风险、恐怖主义风险和军事风险等，需不断完善立法技术。明确立法的目标在于规范低空经济活动、保障国家安全等，清晰界定需求，让立法工作有的放矢[1]。同时，确定监管主体及其具体职责，使监管有章可循。强化法律责任与处罚措施，对违法违规行为形成有力威慑。并建立健全配套制度，逐步构建起完善的低空经济国家安全法律规范，从而约束从事低空经济活动的单位和个人，让其严格遵守相关法律法规，有力打击借发展之名危害国家安全的不法行径。

以法律形式确立行业标准，规范市场准入机制与监管措施。通过法律手段将低空经济领域的行业标准固定下来，使其具有权威性和规范性。在此基础上，建立健全市场准入制度，明确规定哪些主体具备进入低空经济市场的资格条件，严格把关，防止不符合要求的单位或个人随意进入，扰乱市场秩序。同时，完善监管制度，对已进入市场的主体进行全方位、持续性监管，确保其经营活动合法合规，保障低空经济市场的健康、有序运行。

统筹协调服务管理机制，保障低空经济有序发展。积极搭建协调机制，将涉及低空经济发展的各方力量、各个环节整合起来。明确服务管理制度，确定在低空经济发展过程中，不同主体应提供哪些服务，如何进行管理等具体内容。通过这样的机制，能够有效协调各方资源，化解发展过程中可能出现的矛盾与问题，确保低空经济在和谐、有序的环境中健康发展，不断推动低空经济

---

[1] 吕人力.低空经济的背景、内涵与全球格局[J].人民论坛·学术前沿，2024（15）：45-56. DOI: 10.16619/j.cnki.rmltxsqy.2024.15.004.

朝着规范化、可持续的方向前进[1]。

【案例：深圳市低空系列政策和法规】

2024年，深圳在低空经济领域成果斐然，凭借《深圳市支持低空经济高质量发展的若干措施》与《深圳经济特区低空经济产业促进条例》双管齐下，打造政策法规"组合拳"，彰显地方政府紧扣国家低空经济规范、促进行业高质量发展战略导向，为本地低空经济筑牢根基、明晰路径，契合完善立法、规范市场、统筹管理等宏观布局。

前者聚焦引培企业、激励创新、拓应用场景、优产业配套，细化二十项举措，给予合规企业最高5000万元资金扶持，"真金白银"撬动产业活力；后者作为全国首部低空经济专项法规，自2月1日施行，九章六十一条严密规范基础设施、飞行服务等多板块，明晰权责、强化安全管理与法律责任，以法治"硬约束"锚定行业标准、把控市场准入。实践层面，市属公园无人机配送航线顺畅运营，"天空之城"布局加速，依系列"路线图"，计划2025年底前建成超1000个起降点，同步推进低空智能融合设施、专用三维风洞建设与起降设施全域规划，全方位夯实硬件基础。

深圳此番作为极具开创性与建设性。立法上，率先破题，为全国低空经济立法"探路"，明晰各类风险应对规范，帮助完善国家层面适应低空特点立法体系，框定监管职责、强化惩处，威慑不法。市场规范维度，依条例精准设准入门槛，筛选优质主体，配套持续监管，稳市场秩序。统筹协调看，借政策协同、法规落地，整合各方，化解低空建设运营矛盾，凝聚发展合力，推动

---

[1] 王颖，王谋，印春峰.中国低空经济发展热现象下的冷思考[J].中国工程咨询，2024（3）：48-52.

低空经济规范、可持续前行，树立全国典范，输出可借鉴"深圳模式"。

（二）加强低空经济国家安全监管

明确监管主体，立法明确低空经济国家安全监管的主管部门及其国家安全维护职责，合理安排低空经济国家安全主管部门的职责划分，推进低空经济监管工作规范化、常态化。健全国家低空经济领域安全审查和监管制度，加大对企业低空经济活动的国家安全监管和执法力度，对一切威胁、危害国家安全的违法违规行为进行严厉打击，切实维护低空经济领域安全。建立低空经济信息共享平台，实现各监管部门之间的信息共享和协同监管，形成低空经济相关活动全过程智能化追溯体系，提高监管效能[1]。

【案例：电科集团专家观点】

在低空经济蓬勃发展之际，安全监管难题越发凸显。伴随无人机等低空飞行器大量涌入市场，低空经济虽成增长新引擎，但其高频次、多样化飞行态势，与有限空域资源碰撞，冲击传统监管模式，重塑空域管理与安全管控格局，亟待破局。

中国电科集团首席专家左涛点明关键，强调发展低空经济须筑牢安全根基，聚焦构建双轨并行管控体系：针对非合作目标，强化监管处置"硬实力"；面向合作目标，搭建低成本管控架构，契合强化监管执法、明晰职责，守护低空安全诉求，此亦成电科研发攻坚方向。当下，低空飞行器剧增致空中交通安全承压，基于人工智能技术的管控研究顺势发力，以

---

[1] 王宇. 有效监管是激活低空经济的不二法门——访中国人民公安大学低空安全研究中心主任孙永生[J]. 交通建设与管理，2023（5）：32-35.

实践决策精简飞行审批流程、自主式决策实现飞行实时"盯梢"、数据驱动式决策靶向打击违规，多管齐下提效率、保安全。低空智联网（LAIN）依托空天地海基建编织智能网，开拓安全管控新思路，可频谱干扰、资源紧俏等"拦路虎"仍待攻克，需持续技术深耕、示范推广。

电科集团及相关技术作为，对低空经济监管革新意义深远。在监管规范化层面，借前沿技术赋能，助监管部门明晰职责、精准发力，依智能决策细化执法依据，强化安全审查制度落地，严惩危害安全行径。于信息共享维度，低空智联网等搭建数据交互"桥梁"，关联多部门信息，串联飞行全程，回溯异常，协同监管，契合建信息共享平台构想，提监管效能，护航低空经济稳健、有序拓展。

（三）加强低空经济国家安全法治宣传教育

加强低空经济国家安全宣传教育，提升公众认知。通过多渠道、多形式开展低空经济国家安全的宣传与教育活动，如举办专题讲座、发放宣传资料、利用新媒体平台推送相关知识等。将低空经济国家安全知识进行广泛普及，深入阐释其内涵与重要性，使公众清晰了解在低空经济领域中涉及国家安全的诸多议题，包括空域安全、数据安全、设施安全等。以此增进公众对低空经济国家安全的认识与理解，逐步增强公民的守法意识，培养其良好的法治素养，让公众在思想层面筑牢低空经济国家安全防线。

鼓励公众参与监督维护，发挥社会监督效能。积极构建公众参与低空经济国家安全监督维护的有效机制，为公众提供便捷的监督渠道，如设立举报热线、开通网络举报平台等。激发公众的责任感与使命感，鼓励他们踊跃参与到低空经济国家安全的监督中来，对发现的可疑行为、潜在风险及时上报。充分发挥社会监督的全面性与及时性优势，借助公众的力量，及时察觉低空经济国家安全法治实施过程中的薄弱环节，精准定位问题所在，如某些地区低空飞行监管漏洞、部分企业数据安全管理不善等，从而为完善低空经济国家安全保障体系提供有力的信息支撑。

营造关注低空经济议题的社会氛围，筑牢安全发展根基。借助宣传教育与公众参与监督维护的持续推进，在全社会范围内营造共同关注、支持和维护低空经济安全发展的良好氛围。政府部门、企业、社会组织以及广大公民形成合力，政府加大政策扶持与监管力度，企业自觉遵守国家安全法规并加强内部安全管理，社会组织积极开展相关公益活动与研究，公民主动提升安全意识并参与监督。各方协同努力，为维护和保障低空经济国家安全奠定坚实的社会基础，确保低空经济在安全稳定的环境中蓬勃发展，有力推动国家整体安全战略在低空经济领域的深入落实。

【案例：第二届CATA（中国航空运输协会）航空大会】

2024年10月25日，第二届CATA（中国航空运输协会）航空大会拉开帷幕，诸多业内专家学者齐聚，聚焦低空经济发展议题深度研讨交流，共商发展路径，其中着重突出要平衡好低空经济安全与发展二者之间的关系，严守安全基准线。中国航空工业集团董事长周新民明确指出，鉴于未来低空经济将呈现多产业深度融合且越发开放的态势，集团正全力投入安全、高效低空航空器研制工作，强化产品本质安全属性，契合国家筑牢低空经济安全根基、推动产业高质量发展的导向。

回溯低空经济历程，得益于国家政策有力支撑，其应用场景多元拓展，飞播造林助力生态改善、物流运输添速增效、空中游览丰富旅游体验、低空通勤便捷日常出行。但发展与挑战并存，低空空域服务保障专业性强、标准高，当下基础配套设施建设与实际运行需求有差距，技术研发受科技革新节奏、资金投入等因素制约，不确定性突出，既有政策保障体系涵盖面与精细度也有待优化。应对之策明晰，科研层面强化核心技术攻坚，力求攻克难题；基础设施建设持续强化，夯实运行基础；配套政策持续完善补充，增强扶持力度。监管维度，苏州市先行出台全国首部地方性低空空中交通规则，清晰界定微型、轻型、小型民用无人驾驶航空器适飞空域，规范低空飞行秩序；区块链融入低空智联网，整合链上、链下信息实施协同监管，筑牢无人机运行安全防线。

该航空大会对低空经济安全推进意义重大。在宣传教育层面，借专家实践分享、深度解读，向公众普及低空经济国家安全涵盖空域、数据、设施等核心要点，强化公众认知理解，提升守法意识。监督维护角度，凸显监管革新与隐患排查，借助设立举报热线、网络举报平台等，激发公众参与，定位监管及企业安全漏洞，助力完善保障体系。整体上，凝聚政府、企业、社会组织与公众之力，政府强化政策扶持与监管，企业严守法规、强化内部管理，社会组织开展公益研究，公众提升意识、参与监督，共同营造良好氛围，保障低空经济安全、稳定、持续发展，助力国家低空经济安全战略落地。

二、强化国家低空经济安全保障

强化低空经济安全风险预警、防控机制和能力建设，实现重要产业、基础设施、战略资源、重大科技等关键领域安全可控，着力提升经济、科技、数据安全发展能力[1]。

---

[1] 雷童尧.我国低空经济发展现状、制约因素及对策建议[J].新西部，2024（5）：87-90.

（一）实施经济安全战略

构建低空经济产业链分类保障体系，筑牢产业安全根基。依据低空经济产业链的不同环节与特性，实施分类保障战略，精心打造全方位覆盖的产业链保障体系。从原材料供应到零部件制造，从飞行器组装到后期运维服务，对每个环节都制定严格的保障措施，确保产业链条的绝对安全与稳定运行。通过建立应急储备机制、加强供应链风险监测等手段，有效应对可能出现的外部冲击与内部隐患，为低空经济的持续发展提供坚实的产业支撑。

强化科技创新攻坚，提升自主可控水平。始终将科技创新置于低空经济发展的核心位置，坚定不移地推进关键领域"卡脖子"技术攻关。加大科研投入力度，鼓励企业与科研机构深度合作，集中优势力量攻克如低空飞行器核心动力系统、智能导航与控制系统等关键技术难题。通过技术创新突破国外技术封锁，逐步提高我国低空经济在核心技术、关键设备等方面的自主研发与生产能力，实现从依赖进口到自主可控的转变，从而在全球低空经济竞争格局中占据主动地位，引领低空经济技术发展潮流。

培育低空消费市场，激发经济增长活力。积极采取措施加快低空消费市场的培育壮大，深度挖掘低空飞行在旅游、运动、摄影、娱乐、表演等多领域的消费潜力。通过政策引导、市场推广等手段，推动低空飞行与各类消费活动的有机融合，催生出丰富多样的低空消费新产品、新服务与新业态。例如，开发特色低空旅游线路、举办低空飞行表演赛事、设立低空摄影创作基地等，吸引广大消费者参与低空消费，提升低空消费的经济效益、扩大市场规模，使低空消费成为拉动经济增长的新动力源泉，促进低空经济与消费市场的协同繁荣。

明确低空经济战略定位，打造经济增长新引擎。从宏观战略层面重视低空经济发展，积极鼓励各级政府敏锐捕捉低空空域改革、技术创新和规模应用带来的宝贵机遇。以构建现代化产业体系为目标，科学规划低空经济产业布局，加大基础设施建设投入，完善配套政策法规。通过整合各方资源，培育低空经济龙头企业，带动上下游产业协同发展，形成完整的产业链条与产业集群，将低空经济打造成为推动区域乃至全国经济增长的全新引擎，加速新质生产力的形成与发展，为经济转型升级注入强劲动力。

【案例：重庆市西部低空之城空域实验室】

　　2024年10月18日，西部低空之城空域实验室在重庆市梁平区正式揭牌。该实验室由梁平区携手重庆市测绘科学技术研究院、武汉大学、重庆交通大学共同组建，梁平区委书记钱建超和市规划和自然资源局党组成员、二级巡视员桑东升共同为其揭牌。在构建低空经济产业链分类保障体系方面，该实验室的建设是对低空经济产业链的重要补充和完善。从原材料供应到零部件制造，再到飞行器组装以及后期运维服务，实验室的科研成果能够为各环节提供技术支持和保障，确保产业链的稳定运行。例如，通过相关技术研发，可提高零部件制造的精度和可靠性，进而提升整个飞行器的质量和安全性。在强化科技创新攻坚上，实验室将科技创新作为核心，致力于攻克低空飞行器核心动力系统、智能导航与控制系统等关键技术难题。通过加大科研投入，鼓励各方合作，实验室有望在相关技术领域取得突破，提高我国低空经济的自主可控水平，打破国外技术封锁。此外，在培育低空消费市场和明确低空经济战略定位方面，实验室的成立也具有重要意义。它将为低空消费市场提供更多的新产品、新服务和新业态，如开发特色低空旅游线路等，吸引消费者参与低空消费，促进低空经济与消费市场的协同繁荣。同时，实验室的建设也是梁平区明确低空经济战略定位的重要举措，有助于打造低空经济产业集群，推动区域经济增长，加速新质生产力的形成。

西部低空之城空域实验室的揭牌具有多方面的重要意义。首先，它为低空经济的发展提供了强大的技术支撑，有助于提高我国在低空经济领域的核心竞争力，实现从依赖进口到自主可控的转变，从而在全球低空经济竞争格局中占据主动地位。其次，实验室的成立能够带动相关产业的协同发展，形成完整的产业链条，为经济转型升级注入强劲动力。再者，通过培育低空消费市场，能够激发经济增长活力，创造更多的就业机会和经济效益，促进区域经济的繁荣发展。最后，该实验室的建设也为其他地区发展低空经济提供了宝贵的经验和借鉴，推动我国低空经济产业的整体发展。

（二）实施科技安全战略

推动关键技术创新突破，引领低空智能化集群化。坚持技术创新核心路径，聚焦无人机、电动垂直起降航空器等关键技术领域，全力突破轻质高强新型复材结构、新能源动力、复杂环境适应性等核心技术。加大科研投入，鼓励企业与科研机构深度合作，组建专业研发团队，攻克技术难题。通过这些关键技术的突破，为低空飞行器的性能提升提供有力支撑，推动低空经济朝着智能化与集群化方向发展。智能化体现在飞行操控的自动化、智能化决策以及数据的智能处理等方面；集群化则促进低空飞行器在物流配送、应急救援等多领域形成规模化作业效应，从而疏通低空经济发展命脉，牢牢掌握低空经济发展主动权。

夯实低空经济科技基础，提升国产化与服务水平。夯筑低空经济领域科技发展基础，做好全面战略规划。明确科技研发重点方向，合理分配资源，提高我国在关键技术和高端装备方面的国产化率。通过自主研发与创新，减少对国外技术的依赖，增强低空经济的自主可控性。同时，注重提升低空经济相关产品的性能和服务能力,从飞行器的飞行稳定性、载重能力到服务的及时性、精准性等多维度进行优化。加强质量管控与技术改进,促使低空经济产品与服务在市场竞争中脱颖而出,满足日益增长的低空经济市场需求,为低空经济的可持续发展奠定坚实的物质与技术基础。

攻克低空安全管控难题,构建应急处置大模型。着力攻克低空安全管控的关键技术,针对低空飞行的特殊性与复杂性,研发相应的监测、预警与防御技术。完善低空风险应急管控体系,整合各方资源,形成高效的应急指挥与处置机制。充分利用人工智能、大数据等前沿技术手段,构建低空安全风险预测与应急处置大模型。通过对海量低空飞行数据的分析,精准预测安全风险,提前制定应对策略。实现对异构、多样、高速低空飞行器的立体防御,无论是小型无人机还是大型电动垂直起降航空器,都能在该体系下得到有效监管。同时,对于非常态化低空安全隐患,如突发的恶劣天气影响、非法飞行入侵等,能够实现高效处置,保障低空飞行的安全与秩序,为低空经济发展营造稳定的环境。

【案例:象限空间公司提高低空设备部件研发能力】

2024年,象限空间(天津)科技有限公司在低空经济关键技术领域成绩斐然,作为专注航空发动机研制与飞行器动力集成的创新型企业,锚定轻小型无人机、轻型运动类通航飞行器动力市场,稳步推进自主研发进程。自2017年切入航空发动机研发生产赛道,已成功推出系列化EP发动机,适配不同吨位航空器,动力多元、性能卓越,达国际先进、国内领先水准,且国产化率出众,仅少量零件依赖进口,彰显技术深耕与产业把控能力。

公司研发进程扎实严谨,严守系统工程方法论,搭建正向研制流程驱动的标准体系,精细管控各环节,从设计、试制到量产严密把关,借物料清单精细梳理、产品数据集成管理,筑牢研发根基,提升自主研制效能。

在产业协同上，与中国科学院等科研力量紧密合作，汲取科研"养分"，攻克涡轮机零部件国产化难题，还引入复合加工技术精研零件，强化制造精度、可靠性，稳固低空设备质量"基石"。

象限空间作为对低空经济发展开创、建设性兼具。在技术创新突破层面，契合推动关键技术攻坚导向，其发动机成果助力低空飞行器动力革新，优化飞行性能，赋能智能化操控、集群作业，疏通产业技术"脉络"。于科技基础夯实维度，提升国产化率，削减国外技术掣肘，强化自主可控，以优质产品提升低空经济物质、技术"储备"。低空安全管控视角，可靠发动机及精密零部件是安全"根基"，配合管控体系，融入数据监测，助益构建应急处置机制，为低空稳定运行"护航"，铺垫可持续发展前路。

（三）实施数据安全战略

建立数据风险全流程制度体系，强化安全管理。针对低空经济领域数据风险，建立一套涵盖预防、预警、处置、问责的全面制度体系[1]，在数据生产环节，规范数据采集源头，确保数据的准确性与合法性；传输过程中，采用加密技术与安全协议，防止数据被窃取或篡改；存储阶段，设置严格的访问权限与存储环境安全标准；处理时，遵循既定的数据处理规范与流程；使用环节，明确数据使用范围与用途。实施实时监控系统，对数据流转全程进行动态监测，及时评估风险等级，一旦发现隐私保护、数据安全等方面的风险隐患，严格按照责任追究制度，落实数据监管责任，对数据使用违法违规行为绝不姑息，细化处罚标准，以制度为纲，守住数据安全底线。

---

[1] 王浩，冯登超，王亦楠，等.低空安全天网工程的发展与探讨[J].计算机测量与控制，2022，30（6）：1-10.

完善数据安全治理能力体系，提升防护水平。着力完善低空经济数据安全治理能力体系建设，从多方面提升数据安全防护能力。开展数据资产登记，清晰梳理低空经济数据资产的规模、类型与分布情况；进行数据分类分级，依据数据的重要性与敏感性划分不同等级，实施差异化保护策略；针对敏感数据，采取特殊的保护措施，如加密存储、单独备份等；建立数据访问控制机制，根据用户角色与业务需求，严控数据访问权限，确保只有授权人员才能访问相应数据；运用数据加密技术，对重要数据进行加密处理，即使数据泄露也难以被非法利用。通过这些能力建设，全方位提升低空经济数据安全治理能力，有效避免数据泄露和滥用，切实保护个人合法权益以及国家、企业的相关利益。

建立集中统一领导机制，夯实治理基础。构建国家层面低空经济数据领域集中统一领导机制，整合各方资源与力量，形成数据安全治理的强大合力。由专门的领导机构统筹规划低空经济数据安全战略，协调各部门、各地区之间的数据安全工作，打破数据孤岛与管理壁垒。在这一机制下，明确各参与主体的职责与分工，促进信息共享与协同作战，为数据安全治理提供坚实的组织保障。通过统一领导与协调管理，夯实低空经济数据安全治理基础，确保数据安全保障工作在全国范围内有序、高效开展，推动低空经济在数据安全的轨道上稳健发展。

【案例：江苏互联网大会数据安全议题】

2024年10月30日，第十一届江苏互联网大会网络与数据安全分论坛拉开帷幕，聚焦低空经济、无人驾驶与人工智能等前沿领域的数据安全困境。与会专家点明，伴随低空经济及相关智能技术蓬勃兴起，运营方对网络安全，尤其内部员工数字身份管控亟待强化。当下，数字身份跨组织、系统多元分布，整合运维挑战重重，关乎企业数据安全"根基"，成为低空经济稳健运营关键命题。

低空经济里，智能无人机在多领域"大显身手"，可数据安全"暗礁"频现。从侦察到农业应用，常遇黑客、数据拦截等侵袭，致系统保密性、完整性受损。因其隐蔽自主，隐私侵权难察觉、难溯源，像农业无人机数据遭窃取，影响种植规划，危害农户权益。无人驾驶层面，智能网联汽车虽革新出行，却因于落后身份认证、薄弱加密，信息"裸奔"风险高。而区块链"崭露头角"，凭去中心化等特性，构建分布式认证，直击隐私与数据权属难题，有望护航低空、无人驾驶数据安全。

该论坛对低空经济数据安全推进意义深远。在制度体系构建上，凸显数据风险，助细化各环节规则，依流程规范采集、加密传输、严控存储使用，借监控、问责，守安全底线。在安全治理能力维度，明晰数据资产、分类分级需求，促企业设置访问控制、加密保护，依敏感程度差异化防护，防泄露滥用。在领导机制层面，警示跨部门协同、统一管理紧迫性，为国家统筹资源、明晰分工"敲钟"，引导各方聚力，筑牢低空经济数据安全治理基石，保障产业持续发展。

三、全面提高低空公共安全保障能力

坚持人民至上、生命至上，健全低空公共安全体制机制，严格落实低空公共安全责任和管理制度，保障人民生命安全。

（一）提高低空安全水平

健全低空安全责任制度体系，强化主体担当。通过完善和落实低空安全责任体系，构建起全方位的责任网络。明确各参与方在低空安全中的职责，建立公共安全隐患排查和安全预防控制体系，将责任细化到每一个环节、每一个岗位。尤其注重压实企业参与低空经济活动的主体责任，促使企业在飞行器维护、飞行操作规范、人员培训等方面严格把关，主动投入资源提升安全管理水平，从源头上减少低空安全事故的发生概率。

秉持包容审慎理念构建监管机制，提升综合防控。坚持包容审慎的安全风险管控理念，积极探索建立跨部门、跨领域联合监管机制。整合航空管理、数据安全、公安等多部门力量，形成监管合力。在飞行活动监管方面，严格审查飞行计划、飞行资质，确保飞行活动合法合规；针对数据信息安全，加强数据加密、传输监管以及存储安全管理，防止数据泄露与恶意篡改；重视公民隐私保护，规范数据收集与使用流程。同时，不断强化低空飞行应急处置能力，制定完善应急预案，定期开展应急演练，提高应对突发安全事件的响应速度与处理能力，全方位保障低空飞行的安全性与稳定性。

落实联合监管与督促预防举措，防范安全风险。切实落实低空飞行联合监管责任，明确联合监管主体的具体职责与工作流程。加强对从事低空飞行活动主体的监督与指导，督促其主动采取预防措施。例如，要求飞行运营企业定期开展飞行器安全检查、飞行人员安全培训与心理评估等工作。通过主动预防，将安全隐患消除在萌芽状态，降低安全事故发生风险。

加大违规飞行打击力度，维护低空秩序。加强对低空违规飞行等行为的监管打击力度，运用先进的监测技术与设备，如雷达监测、无人机反制系统等，及时发现并制止违规飞行活动。对违规者依法依规进行严肃处理，提高违法成本，形成强大威慑力。以此确保空防安全、公共安全和飞行安全，营造良好的低空飞行环境，促进低空经济健康有序发展[1]。

---

[1] 王李青，孙忠良，易晓宇.基于无人驾驶航空器的低空安全风险应对策略探析[J].中国机械，2023（21）：52-55.

【案例：台州低空公共安全交流会】

台州市积极开展低空公共安全交流会暨"猎空2024"无人机探测反制设备实测活动，这一行动积聚多方关键力量，涵盖中国安全防范产品行业协会、公安系统相关单位及地方管委会等，紧扣低空公共安全核心议题，深入研讨政策走向、深挖技术实践路径，借助实地设备评测，搭建产学研用互动"桥梁"，筑牢低空经济高质量发展的安全"护盾"，契合强化低空安全保障、规范低空秩序的战略导向。

在低空经济蓬勃兴起背景下，无人机虽成生产"利器"，但"黑飞"频现，冲击公共安全，挑战监管工作。台州市率先破局，运用无线电频谱、光电侦测、雷达探测等多元技术，强化无人机运行"安检"，应对复杂场景。科研层面攻坚多模式探测、多源数据融合等关键技术，构建高效探测防范系统。政策实践上，针对城市遮蔽难题，巧用空中警用直升机搭"空基"侦测平台，融合5G-A通感技术，革新监管效能，精准应对低空安全隐患。

该活动对低空经济安全保障价值显著。于责任制度落实，凝聚多方凸显各主体职责，促企业自查自纠、规范操作，压实安全责任"链条"。监管机制构建维度，契合包容审慎理念，整合多部门"攥指成拳"，依飞行、数据等环节分类监管，严守合规底线，强化应急"兜底"。联合监管与预防上，借设备实测、交流研讨，强化对飞行主体监督指导，督促隐患排查、人员培训。打击违规层面，展示监测反制实力，威慑"黑飞"，提升违法成本，维护低空秩序，为低空经济持续健康发展铺就稳固基石。

（二）加强低空安全风险防控

构建低空安全风险防控治理体系，增强国家治理效能。通过整合资源、完善制度，建立健全低空安全风险防控和治理体系，全方位覆盖风险监测、预警、应对等环节。完善国家低空安全风险监测预警体系，运用先进技术手段，如传感器网络、卫星监测等，实时收集低空领域各类数据信息，精准分析潜在风险。同时，健全防控应急预案制度，明确不同风险等级下的应对措施与责任分工，加强低空领域风险研判能力，组织专业团队对风险趋势进行深入研究，为及时有效的风险防控提供科学依据，全面提升国家低空安全治理能力。

强化低空空域协同管理机制，提升立体管控水平。加强低空空域管理和保障工作，以强化军民地空域协同管理为核心，打破部门壁垒，建立相关部门参与的低空空域协同管理机制。在这一机制下，各方明确职责、共享信息，共同制定科学合理的空域使用规划与管理规则。梯次配备多种软硬反制设备，如电子干扰设备、拦截无人机系统等，根据不同空域特点与安全需求，构建多层次的防御网络，提高立体管控能力。建立一体化指挥体系架构，实现对低空飞行活动的统一指挥、快速调度，从而构建起快速预警、精准识别、有效处置的低空安防解决方案，并在重点区域形成示范应用集成，为全国低空安全保障提供可借鉴的范例。

推进低空安全国际合作进程，参与国际规则塑造。积极拓展低空安全领域国际合作渠道，加强与世界各国在低空安全技术研发、信息共享、经验交流等方面的合作。主动参与低空安全国际规则制定，派遣专业团队参与国际组织的相关会议与研讨活动，充分表达我国在低空安全方面的立场与诉求，借鉴国际先进经验的同时，将我国在低空安全管理中的成功实践与理念融入国际规则制定过程，提升我国在低空安全国际事务中的话语权与影响力，为我国低空经济的国际化发展营造有利的国际环境。低空安全类别及其内涵如表15-1所示：

表 15-1 低空安全分类

类别	内容
低空飞行安全	低空飞行器品质过关，低空基础设施稳定，低空飞行通信畅通，低空飞行监管全覆盖，气象预警系统完善，低空飞行法规标准健全。
低空国家安全	低空应急事态反制手段完备，低空违法惩罚处理机制完善，掌握低空关键装备和技术。
低空数据安全	低空数据采集合法合规，数据存储与传输系统安全稳定，敏感数据商业化应用的保护机制完善。
低空环境安全	低空生产各级产业链制造绿色化，低空飞行活动节能减排，控制低空飞行产生的噪声，保障居民的生活品质。

【案例：北京历正科技低空安防创新】

北京历正科技有限责任公司长期深耕低空空域安防领域，凭借卓越技术创新，在无人机反制层面成果斐然，彰显我国低空安全防护技术攻坚实力，契合国家构建低空安全保障体系、强化管控效能的战略导向。

该公司聚焦无人机"低、慢、小"管控难点，传统反制手段遇阻背景下，深研突破，将 TDOA 时间差与 CRPC 协议破解技术精妙融合，打破技术"瓶颈"。借此，对"黑飞"无人机达成精准识别、定位与防御，一改过往管控低效困境。在研发进程中，秉持多元融合思路，视觉监测凭低成本、隐蔽性优特质，担纲预警、跟踪要务；雷达探测技术适时"加盟"，多技术协同"发力"，全方位提升探测反制系统性能，筑起低空安全坚实"壁垒"，稳固市场地位。

历正科技作为对低空经济安全防护极具开创性与建设性。于风险防控治理体系，其技术充实监测"手段库"，为低空全域数据收集、风险研判献力，依精准识别定位，助预警机制敏化，夯实防控科学依据。空域协同管理维度，产品适配不同空域，形成防御网络关键"拼图"，融入一体化指挥，强化统一调度，在重点区域示范，引全国借鉴，提立体管控精度。国际合作层面，携技术优势"出海"，展中国创新实力，助我国在国际规则研讨发声有"底气"，推动低空安全国际"话语权"提升，护航低空经济国际拓展。

（三）加快低空安全基础设施建设

加快规划多维度低空网络体系建设。通过整合资源与统筹布局，加快规划建设"设施网""空联网""航路网""服务网"。设施网方面，要融合5G及5G-A（通感一体）、北斗、卫星互联网、广播式自动相关监视（ADS-B）、雷达等技术，构建完善低空通信、导航、监视、识别、气象、反制等配套设施网络，为低空飞行提供坚实的硬件基础。空联网着眼于实现低空飞行器之间以及与地面系统的高效互联，促进信息的实时交互与共享。航路网则致力于规划科学合理的低空飞行路线，提高飞行效率与安全性。服务网侧重于为低空飞行提供各类保障服务，包括飞行审批、应急救援等，逐步形成完整统一、服务全国的低空智联网，全方位保障低空飞行活动的顺利开展。

建立协同管理与安全运行机制。积极建立军民地低空飞行协同管理机制，明确各方职责与分工，加强信息交流与协作配合。在这一机制下，构建低空安全运行体系，针对低空飞行可能面临的各种风险与挑战制定应对策略。例如，加强对低空飞行器的监管，规范飞行操作流程，确保飞行活动符合安全标准。同时，通过技术手段实时监测低空飞行环境，及时预警气象变化、空域冲突等潜在危险，有效保障低空飞行的安全稳定运行，使低空飞行在有序的管理框架和安全的运行环境中蓬勃发展。

完善低空飞行算力与防御体系建设。着力建设完善多层次的算力供给体系，以满足规模化低空飞行中异构、高密度、高频次和高复杂度的感知需求。

强大的算力能够快速处理海量的低空飞行数据，为飞行决策、航线规划、风险评估等提供精准支持。此外，针对管制区域和重大活动，开展要地低空防御建设。采用先进的防御技术与设备，如低空探测雷达、反无人机系统等，对重点区域实施严密监控与防护，防止非法入侵和恶意干扰，确保低空飞行在关键区域和特殊时期的安全与秩序，为低空飞行的广泛应用筑牢安全防线[1]。

【案例：黄宇红强调低空信息基础重要性】

在中国移动2024低空经济产业创新发展大会上，中国移动研究院院长黄宇红聚焦低空经济规模化发展"痛点"，郑重强调信息基础设施的关键支撑作用。鉴于低空经济迈向大规模低空物流、交通等多元应用阶段，面临复杂飞行环境、远程高密度飞行、严苛安全管理难题，需借感知、监管、AI赋能低空飞行器，保障产业可管可控、安全高效，点明发展方向与迫切需求，契合国家夯实低空基础、规范运行秩序的战略布局。

低空智联网（LAIN）顺势登场，依托空天地海基建搭建数字智能网络体系，拓展智能服务至低空，助力第六代通信实现无缝互联，潜力巨大。可当下LAIN在低空领域"荆棘"丛生，像安全管控棘手、频谱干扰频现、多维资源匮乏，制约其"腾飞"。为此，行业正深挖频谱、网络、空域资源管理角度，细究国内外技术现状，拆解空地频谱共享、感传算组网、智能监管等核心技术，探寻破局路径，力求突破瓶颈、革新低空管控。

黄宇红此番观点对低空经济进阶意义深远。在网络体系规划维度，印证融合多技术建"设施网"必要，补低空通信等硬件短板，协同"空联

---

[1] 廖小罕，徐晨晨，叶虎平，等.无人机应用发展关键基础设施与低空公共航路网规划[J].中国科学院院刊，2022，37（7）：977-988.

网""航路网""服务网",夯实低空智联网根基。协同管理机制上,凸显高效监管诉求,助明晰军民地职责,依技术强化监测预警,稳飞行秩序。算力与防御体系层面,借 AI 等赋能,支撑强大算力搭建,速解飞行数据,指导决策;借剖析低空防御困境,促要地防护升级,筑牢低空安全"堡垒",护航低空经济稳健拓展。

（四）完善国家低空应急管理体系

优化低空应急管理能力体系建设。整合全国航空应急资源、加强与低空运营企业合作是优化低空应急管理能力体系建设的重要操作手段。我国有着丰富的航空应急资源,通过合理整合,能使其发挥出更大效能[1]。同时,低空运营企业有着独特的运营优势与经验,与之深度合作,能充分发挥通航飞机、直升机、无人机高低搭配、功能互补的特点。在此基础上构建起统一指挥、反应灵敏、上下联动的应急管理体制,让整个低空应急管理能够有序且高效运转,进而不断优化国家低空应急管理能力体系建设,全方位提升应对各类突发状况的能力。

强化低空飞行器多领域示范应用及救护体系融合。加大低空飞行器在多领域的示范应用并积极推进航空医疗救护联合试点工作,是强化低空应急相关体系建设的关键所在。在应急救援方面,低空飞行器能够快速抵达事发地点,在消防救援中可及时对火势进行空中观察和辅助灭火;水上救援时,能迅速定位遇险人员并实施救援。在应急通信、应急指挥等领域也起着不可或缺的作用,比如保障信息传递、辅助现场指挥调度等。而搜寻搜救、应急值守、医疗转运等工作同样离不开低空飞行器的助力。此外,积极推进航空医疗救护联合试点

---

[1] 孙旻,何淼,王亮.低空经济发展趋势及价值展望[J].现代交通技术,2024,21(5):1-8.

工作，持续推动航空医疗救护融入航空应急救援体系建设，能让受伤人员在第一时间得到专业救治，进一步完善整个低空应急救援体系。

构建低空应急指挥与监测预警网络及通信保障。构建低空应急指挥信息和综合监测预警网络体系，加强极端条件低空应急救援通信保障能力建设，是筑牢低空应急保障基础的必要措施。构建起完善的网络体系，能实现对低空情况的实时监测，提前发现潜在危险并及时预警，让指挥中心能够依据准确信息进行科学指挥。而在极端条件下，比如恶劣天气、复杂地形等情况出现时，低空应急救援通信保障能力就显得尤为重要，确保通信顺畅，让救援力量之间紧密配合，保障救援行动顺利开展，最大限度守护人民群众生命财产安全。

【案例：无人机大会专家观点】

2024年5月24日，在深圳会展中心开幕的第八届世界无人机大会暨国际低空经济与无人系统博览会备受瞩目，应急管理部国家消防救援局原助理总监闫鹏等多位专家，于会上聚焦低空应急救援议题各抒高见，点明航空应急救援产业在低空经济中的关键地位，契合当下国内从中央到地方全力推进应急救援体系现代化建设大势。彼时，鉴于我国人口规模巨大、地质灾害多发致救援需求高企，力倡发展通用航空，构建政府主导、市场运作的特色救援体系。

会间剖析无人机应急救援现状，伴随技术迭代、应用拓宽，其在地震、洪水场景，可灵活承担现场监测、通信中继、搜索救援等多元任务，"身手不凡"。可诸多短板仍存，法规待完善、人才匮乏、装备有缺，制约效能释放。为破困局，需在体制机制上"精修"，激励技术创新"突破"，强化人才培育、组队"蓄力"，促有人机与无人机协同"作战"。当下，中央"平急两用"基建部署，凸显低空经济战略价值，无人机作为"先锋"，于城市空运等多领域潜力巨大，正待深挖应用、释放能量。

此番大会见解对低空应急体系构建意义深远。在应急管理能力优化上，呼应整合资源、与企业合作诉求，借专家发声，凝聚各界，助力搭建高效联动体制，盘活航空应急资源。示范应用及救护融合维度，凸显无人机多领域"用武之地"，推进航空医疗救护试点，完善救援链条。指挥与保障构建层面，强调体系、通信建设必要，助完善监测预警网，强化极端条件通信，筑牢救援根基，护航低空应急工作科学、高效开展。

第十六章
国防现代化与军民融合

加快低空国防和军队现代化，提高国防质量效益，促进国防与经济实力同步提升，深化军民融合，推动低空技术在国防与经济领域的双向赋能，实现富国和强军相统一。

一、提高低空国防和军队现代化质量效益

首先，必须提升低空领域的军事理论水平。低空作为连接空域与陆域的重要"接合部"，其战略地位在现代战争中的作用愈加突出。低空制权作为一种战术级别的制权形式，具有分散性、区域性、流动性和全程性等特点，即使在缺乏传统制空权的情况下，仍然可以通过灵活的战术行动夺取局部时段内的低空制权，从而形成战场优势。现代战场的布局已不再是固定不变，以无人机为代表的新型空中力量正在加速朝着小型化、隐身化和智能化方向发展，使局部战争的"空中化"与"低空化"趋势愈加明显。这些低空空袭武器在陆战场上展现出了极大的战术打击能力，并对战场整体形势产生战略性影响，直接决定

陆地作战的成败。面对日益复杂的低空安全威胁，我国必须加快构建高质量的低空国防体系，并推进低空领域的新型军队现代化建设[1]。

为切实提高低空国防和军队现代化建设的质量效益，必须加大低空作战装备的研发和应用力度[2]。低空领域作为未来战争的重要战场，已在多起地区性冲突中展现出不可忽视的作用，尤其是以无人机为代表的低空飞行器正成为战场新宠。以俄乌冲突为例，乌克兰广泛使用"拜拉克塔尔"无人机精准打击俄罗斯的装甲车辆和导弹发射器，凸显出无人机在现代战争中的战略价值。中国应积极借鉴这一经验，进一步加快无人机及其相关智能化技术的研发进程，尤其在智能飞行、侦察打击一体化和自主作战能力上取得突破，确保低空作战装备朝着高效化、智能化和系统化方向发展。

同时，结合信息化和人工智能技术，构建现代化智能低空作战体系，提升指挥效能和作战应变能力。未来作战将很可能由少数指挥人员操控庞大的无人机集群，实现一体化的联合作战[3]。依托大数据和人工智能等前沿技术的作战管理平台，实时监测低空飞行器的动态状态，并对低空战场进行动态分析，提供精准的战术指引。近年来，中国军队在低空作战训练中引入了人工智能辅助决策系统，大幅提升了指挥效率和战术应变能力，为现代化低空作战体系的建设提供了宝贵经验。

---

[1] 沈淳，李健兵，高航，等.低空复杂风场全天候雷达精细探测技术[J].电子学报，2024，52（4）：1189-1204.

[2] 中央出台指导意见：推进军工企业专业化重组[J].企业研究，2016（10）.

[3] 宋丹，徐政.低空经济赋能高质量发展的内在逻辑与实践路径[J].湖南社会科学，2024（5）：65-75.

二、促进低空国防实力和经济实力同步提升

低空经济的快速发展为我国国防实力的提升提供了坚实支撑，而国防建设的推进同样为低空经济的安全发展创造了重要保障。为实现国防和经济的双向促进，必须科学开发与优化配置低空资源，深入推进军民融合，推动低空领域技术在国防与经济两大领域的双向赋能。

低空资源的科学开发和高效配置，不仅是提升国防实力的关键基础，也是驱动经济增长的重要动力。要确保低空国防实力与经济实力同步提升，必须统筹空域资源、技术研发和基础设施建设，确保各类资源合理调配。在满足国家安全需求的同时，积极促进低空经济的发展壮大。技术创新在这一过程中具有决定性作用，尤其是无人机、智能低空导航、感知网络等前沿技术的突破，将有力推动国防与经济的双向驱动，进一步实现战斗力和生产力的协同提升[1]。

深入推进军民融合战略，构建完善的低空产业链，促进资源共享和协同发展。应强化国防科技对经济发展的辐射带动作用，反过来，经济的繁荣也将为国防实力提供更加充足的物质基础和技术支持。在军民融合的框架下，低空技术的军用与民用双向转化具有广阔前景[2]。例如，军用技术在物流、农业、城市管理等民用低空领域的广泛应用，极大提高了生产效率和经济效益。京东和顺丰等企业已经在无人机物流配送中广泛采用军民融合的技术方案，显著提高了配送效率。同时，民用低空技术的军用化也推动了国防能力的跃升，智能感

---

[1] 陈琪，韩雪涛，刘侃.关于低空防空导弹武器系统发展的思考[J].四川兵工学报，2010，31（1）：45-47.

[2] 黄巧龙，蔡雪雄.低空经济产业：发展现状、问题与政策建议[J].发展研究，2024，41（5）：58-64.

知系统、自主导航技术等民用领域的创新，已经在低空侦察、情报收集等军事任务中展现出重要价值。

低空国防实力与经济实力的同步提升，既是我国综合国力增强的重要组成部分，也是确保国家安全与经济可持续发展的必然路径。通过深化军民融合、优化资源配置和推动技术创新，我国有望实现低空领域的跨越式发展，为建设强大的现代化国防和繁荣的低空经济奠定坚实基础。

【案例：低空战争领域实例】

近期，在纳卡、俄乌、巴以等冲突里，无人机/反无人机作战崛起为关键样式，深度左右战局走向，凸显低空科技于军用领域"基石"地位，各国遂竞相发力无人机及反无人机装备布局，美国海军在"布什"号航母部署全球首个舰载无人机作战中心便是例证。该中心整合航空任务控制系统与地面控制站，志在担当操控舰载无人机"大脑"，肩负制空、陆海打击等多元重任，契合现代海战超视距、广覆盖等特性，打破舰机协同"壁垒"，深挖战场信息价值，提航母感知、决策效能，昭示未来海空作战新趋向。

详观其运作，借技术集成，中心可统一调度无人机，却也面临严苛挑战。在海上复杂气象、电磁"夹击"下，舰载无人机起降难题待解，虽宣称精准降落，实操尚缺验证；伴随无人装备扩容，整合入网亦存困境。即便如此，美国此番实践仍具先导意义。

之于我国，此案例启发深远。资源配置维度，彰显海空低空资源统筹关键，我国应依国防、经济需求，合理规划空域、调配基建，如航母适配低空设施布局，防"重战轻经"或"重经轻战"。技术创新层面，激励攻克无人机适海难题，为国防添力同时，民用物流等领域借鉴转化，双向赋能。军民融合上，美海军整合军用系统、控制站，恰似军民融合微观缩影，我国可借鉴推动低空技术跨军民用，促国防与经济在低空领域协同"共进"，筑牢综合国力根基。

三、深化低空赋能军民融合

低空领域在军民融合进程中蕴含着巨大潜力，其赋能作用对于提升军民融合效率意义非凡。一方面，低空资源的军民共享为融合发展开辟了广阔空间；另一方面，低空技术与产业的协同创新成为推动军民融合深入的关键动力。为显著提升低空赋能军民融合效率，亟待全方位构建协同机制、强化创新驱动以及完善保障体系[1]。

低空资源的军民共享乃是深化融合的基石。合理规划与调配低空飞行空域，是确保军民双方在低空活动中高效有序运行的前提。例如，在军事训练空域闲时，可适当开放给民用通航企业用于飞行培训、航空测绘等业务，既提高了空域利用率，又促进了民用低空产业的发展。同时，机场等基础设施的军民共建共用也极为关键，一些地区的通用机场在满足民用通航起降需求的基础上，预留军事保障功能区，以便在战时或特殊时期能够迅速转换用途，为军事行动提供支持[2]。

创新驱动在低空赋能军民融合中占据核心地位。军民双方在低空技术研发领域的深度合作能够加速技术突破与成果转化[3]。在航空发动机技术方面，军

---

[1] 军民融合，砥砺前行，共筑我国低空安全的智慧长城[J].电子测量技术，2018，41（9）：1.

[2] 刘华林.借力军民融合强化城市低空安保能力[C]中国科学技术协会，陕西省人民政府.第十八届中国科协年会——分6军民融合高端论坛论文集.零八一电子集团有限公司，2016：5.

[3] 郭辰阳，敖万忠，吕宜宏.低空经济与通用航空、无人机、UAM 的关系分析[J].财经界，2023（28）：30-32. DOI:10.19887/j.cnki.cn11-4098/f.2023.28.012.

方科研机构与民用航空企业携手，将军事航空发动机的耐高温、高可靠性技术应用于民用通航发动机研发，提升了民用发动机的性能，同时民用发动机在燃油经济性等方面的创新成果也为军方所借鉴，推动了军事装备的轻量化与长航时化发展。此外，在低空通信与导航技术领域，军民联合研发的新型通信导航系统，既满足了民用通航精准定位与稳定通信的需求，又为军事低空作战中的信息传输与战场态势感知提供了有力支撑。

完善的保障体系是低空赋能军民融合效率提升的重要支撑。政策法规保障方面，需制定专门针对低空军民融合的法律法规，明确各方权利义务、安全责任与利益分配机制，为低空领域的军民融合活动提供坚实的法律依据。人才培养保障也不可或缺，通过军队院校与地方高校联合开设低空相关专业课程，培养既懂军事又通民用的复合型人才，为低空军民融合发展注入源源不断的智力资源[1]。同时，资金保障体系要进一步健全，政府设立专项扶持资金，鼓励军民企业开展低空融合项目，引导社会资本参与低空基础设施建设与技术研发投资，确保低空军民融合发展拥有充足的资金储备。

深化低空赋能军民融合，是实现国家战略目标的重要举措。通过持续推动低空资源共享、创新驱动与保障体系完善，我国低空军民融合必将迈向更高水平，为国防现代化建设与经济社会发展注入强劲动力，有力保障国家综合实力的稳步提升与战略安全的坚实稳固。

【案例：广西低空领域军民融合】

广西壮族自治区于低空领域军民融合建树颇丰，契合国家深挖低空融合潜力、提升融合效率战略导向。近年，凭借系列政策规划"深耕细作"，

---

[1] 张晶巍，李坤，王涛，等.新时代军民融合战略下通用航空发展的思考[J].民航管理,2019（2）：102-106.

设立低空空域协同运行管理委员会，专项统筹低空飞行保障事宜，精细擘画通用机场布局，创新空域使用"灵活策"，搭建信息化服务系统，盘活低空资源，让空域在军民间"流转"有序、高效利用。例如，闲时军事训练空域开放，助民用通航拓展业务，战时民用机场速转军事用途，筑牢国防根基。

法规制定上，明晰主体权责、协调机制，推进"政社结合"管理，稳市场秩序，护航低空经济圈成形。创新驱动"引擎"轰鸣，军民携手攻坚通信导航系统，民用获精准定位、稳通信之利，军事收获信息传输、态势感知"利器"，技术成果双向"奔赴"，催低空产业协同升级、经济高质量发展。

广西的探索和时间对低空军民融合具有典范意义。在资源共享层面，是空域统筹、基建共建共用实操范例，证明合理调配空域、预留军事功能区可行，各地可依此拓展"共享版图"。在创新维度上，显军民深度合作"乘数效应"，激励更多技术领域协同，加速突破转化。保障体系视角，法规、人才、资金协同"发力"，法规框定权责，高校联合培育复合型人才，专项资金引资本"活水"，为全国低空军民融合铺就可鉴"路径"，助国家战略落地，强综合实力、固战略安全。

图书在版编目（CIP）数据

低空经济蓝皮书 / 钟惠波，高兴编著 . — 北京：中国青年出版社，2025.1. — ISBN 978-7-5153-7632-5

I . F561.9

中国国家版本馆 CIP 数据核字第 20257LG770 号

责任编辑：彭岩
出版发行：中国青年出版社
社　　址：北京市东城区东四十二条 21 号
网　　址：www.cyp.com.cn
编辑中心：010-57350407
营销中心：010-57350370
经　　销：新华书店
印　　刷：中煤（北京）印务有限公司
规　　格：710mm×1000mm　1/16
印　　张：20.25
字　　数：270 千字
版　　次：2025 年 1 月北京第 1 版
印　　次：2025 年 1 月北京第 1 次印刷
定　　价：68.00 元

如有印装质量问题，请凭购书发票与质检部联系调换
联系电话：010-57350337